東垣考古美術研究所 東垣學術叢書 05

박물관에서 속닥속닥
- 경주박물관 속 신라인 이야기 -

진인진

일러두기

- 도판 캡션은 유물 명칭, 연대, 출토지, 소장처만 간략히 표기하고, 자세한 내용은 도판목록에 정리하였다. 공예품의 경우 유물에 대한 명칭이 여러 가지가 있을 수 있으므로, 필요한 경우에는 명칭 병기를 해 놓았다. 대부분의 도판은 국립중앙박물관과 국립경주박물관을 비롯한 여러 박물관에서 제공해 주었으며, 도판을 제공해 준 기관과 소장자에게 이 자리를 빌려 감사의 인사를 전한다.
- 인용한 참고문헌은 함께 읽어보면 좋은 책들에 정리하여, 학술적 자료가 필요한 분들이 참고할 수 있도록 하였다.

東垣考古美術研究所 東垣學術叢書 05

박물관에서 속닥속닥 - 경주박물관 속 신라인 이야기 -

초판 1쇄 발행 | 2023년 3월 17일
초판 2쇄 발행 | 2024년 9월 13일

지은이 | 이난영
교열 및 도판 정리 | 주경미, 김진영
편　 집 | 배원일, 김민경
발행인 | 김태진
발행처 | 진인진
등　 록 | 제25100-2005-000003호
주　 소 | 경기도 과천시 관문로 92, 101-1818
전　 화 | 02-507-3077-8
팩　 스 | 02-507-3079
홈페이지 | http://www.zininzin.co.kr
이메일 | pub@zininzin.co.kr

ⓒ 동원고고미술연구소 2024
ISBN 978-89-6347-553-0 03060

* 책값은 표지 뒤에 있습니다.
* 이 책에 수록된 사진은 저작권을 가진 기관·개인으로부터 게재 허가를 받았거나, 게재 허가를 진행 중입니다. 만일 이 출판물에 수록된 사진 중 저작권을 가지고 있으면서 게재 허가를 하지 않은 경우가 있으면 사단법인 동원고고미술연구소로 연락바랍니다.
* The photographs in this book have received permission for publication from the institutions or individuals that hold the copyright, or permission for publication is in the process of being published.
If you have copyright-protected image(s) in this publication and you have not given us permission, please contact the Institute of Dongwon Archaeology and Art.

목차

Ⅰ. 옛 박물관장이 들려주는 박물관 이야기 ___5

Ⅱ. 신라인은 어떤 사람들이었을까? ___9
· 신라 제일의 미인 ___9
· 잘생긴 남자도 찾아보자 ___17

Ⅲ. 신라 속의 이방인과 이국적 문물 ___25
· 신라 속의 이방인 ___25
· 신라의 교역과 이국적 문물 ___34
· 신라인의 기술과 전문기능인 ___54

Ⅳ. 신라인은 무엇을 입고 살았을까 ___69
· 신라인의 삶 이모저모를 보여주는 토우와 상형토기 ___70
· 신라 귀부인의 사치와 조하금(朝霞錦)이라는 비단 ___79
· 의생활용 가구 ___93

Ⅴ. 신라인은 무엇을 먹고 살았을까 ___97
· 식재료의 확보와 가공 ___98
· 음식 조리하기와 보관하기 ___107
· 식기와 수저 ___124

Ⅵ. 신라인은 어디에서 살았을까 ___145
· 신라인의 집 형태 ___146
· 신라인의 실내 생활과 등촉구 ___151
· 향과 향도구 ___169
· 인생과 역사를 담은 거울 이야기 ___186

Ⅶ. 신라의 동물원 ___203

- 개 ___205
- 돼지 ___207
- 말 ___210
- 소 ___219
- 사슴 ___221
- 토끼 ___222
- 원숭이 ___223
- 각종 새 ___224
- 물고기와 각종 수생 동물 ___226

Ⅷ. 신라인은 어떻게 살았을까 ___231

- 신라인의 직업 ___234
- 신라인의 풍류와 오락 ___242
- 신라인의 희로애락 ___254
- 신라인의 정신세계 ___259

Ⅸ. 성덕대왕신종 이야기 ___267

- 종과 방울 소리의 추억과 서양의 종 ___268
- 고대의 방울과 타악기 ___273
- 세종대왕이 지켜준 성덕대왕신종 ___280
- 신라종과 그 이후의 종들 ___290

Ⅹ. 박물관 관람의 주의 사항을 곁들여 ___297

함께 읽으면 좋은 책들 ___312

도판목록 ___317

저자 약력 ___333

제I장   옛 박물관장이 들려주는 박물관 이야기

　　내가 고등학교에 다닐 때는 교육학 수업 시간이 있었다. 그때 담당 선생님의 말씀이 기억난다. "교육이란 말을 물가에 데리고 가는 것이다"라고 하시면서 수업을 시작하였다. 그 말이 물을 마시고 안 마시고는 스스로의 일이라 선생님이 억지로 먹일 수는 없다고 하셨다. 그 뒤로 왠지 그 말씀이 항상 마음속에 남아 있었다.

　　그 후 나는 박물관 전문직이 되었다. 국제박물관협의회(International Council of Museums, ICOM)에서는 "박물관이란 교육적인 역할을 할 때만 박물관"이라고 정의한다. 이 말은 박물관이 단지 오래된 자료들을 모아놓기만 하는 공간으로 있어서는 안 된다는 뜻이다. 교육기관으로서의 박물관은 일반 학교에서의 교육과 달리 강제성이 없는 사회교육 또는 평생학습의 장소라고 정의한다. 박물관은 커리큘럼이 없는 교육기관이다. 교육에 대한 강제성이 없으므로 박물관에 찾아온 관람객은 스스로 보고 배워야 한다. 박물관이라는 샘을 찾아왔으니 스스로 그 물을 마셔야 하는 것이다.

　　박물관을 찾는 사람들은 키가 작아 전시품을 잘 볼 수 없는 꼬마부터 어른이나 전문학자에 이르기까지 폭넓고 다양하다. 그래서 박물관학에서는 공공박물관 전시의 눈높이를 그 나라 의무교육의 마지막

학력 수준에 맞추라고 한다. 하지만 실제로 그렇게 하기는 참으로 어렵다. '박물관에 왔으니 이건 꼭 보고 배우고 가시오' 라고 강요하지도 못한다. 강제성이 없으므로 교과과정에 따른 학교 교육처럼 관람객에게 요구할 수는 없는 것이다. 다만 박물관은 찾아온 분들이 가능하면 많이 보고, 많이 배우고, 많이 느끼기를 원한다. 그것을 위해 박물관은 그 방안을 끊임없이 모색하고 있다. 가능한 한 많은 것을 스스로 보고 배우도록 하는 것이 박물관의 기능이라 할 것이다. 이를 위해 박물관은 재미있고 언제나 다시 찾고 싶은 곳이 되어야 한다는 것이다.

박물관에 오래 몸담아 온 나로서도 어떻게 하면 이러한 박물관의 교육 또는 학습 기능을 더욱 활성화할 수 있을까 늘 생각해 왔다. 일찍부터 전시실 운영의 과감한 변신과 그 전시품을 바라보는 시각을 폭넓게 바꿔보고도 싶었고 이를 뒷받침하는 책자를 하나 써 보고자 하는 꿈을 가지고 있었다. 그러나 박물관 전시는 정확한 고증과 조사연구를 거친 보편타당성이 있는 결과라야 한다는 원칙 때문에 현직에 있을 때는 좀처럼 실행하기가 어려웠다.

이제는 박물관장이 아닌 아흔을 바라보는 '할머니'로서, 학술적인 논리나 틀에서 벗어나 자유롭게 이야기할 수 있지 않나 싶다. 이를테면 박물관에는 문외한인 가까운 친구나 조카와 그 아이들에게 전시품을 설명해주듯이, 편안하게 그리고 좀 더 재미있게, 때로는 샛길로 빠지기도 하면서 박물관 이야기를 들려주고 싶다. 오랜 세월을 거친 박물관 전시품들이 오늘날의 우리와 어떠한 연결고리를 숨기고 있는지도 함께 찾아보고자 한다. 그리하여 친구와는 옛날 이야기로 공감대를 이루고, 조카들과는 그들이 몰랐던 이야기를 소재로 대화하는 '박물관에서 속닥속닥'을 꿈꾼다.

한 줄 한 줄 이 글을 써 내려가면서 스스로에게 놀라고 있다. 도 대체 무슨 이야기가 오락가락해도 너무하다 싶어서이다. 독자들의 양해를 구한다. 더구나 말로 하면 훨씬 자유롭고 편안할 텐데 이렇게 활자화하면 좀 딱딱해질 수밖에 없다. 그래도 이 책이 한 번쯤은 일상이나 틀에서 벗어나 박물관을 재미있는 곳으로 여기는 데 도움이 되기를 바란다. 굳이 덧붙인다면 박물관을 사랑하는 사람으로서 옛 박물관장으로 돌아가 오래된 박물관 이야기를 들려주고 싶을 따름이다.

이 책은 (사)동원고고미술연구소의 지원으로 나올 수 있었다. 연구소 측에 감사드린다.

제Ⅱ장 신라인은 어떤 사람들이었을까?

서양에서 가장 오래된 미인은 빌렌도르프의 비너스(Venus of Willendorf)라고 알려진 돌로 만든 여인상이다(도 2-1). 이 여인상은 오늘의 우리 시각으로 보면 그다지 미인이라 생각되지 않지만 미의 여신이라는 비너스로 불리고 있다. 이 상은 원시사회에서 여인의 능력, 즉 다산(多産)과 풍요(豊饒)를 대변하고 기원하는 모습을 표현한 것으로 해석하고 있다. 이러한 상을 보면서, 옛날 우리나라에는 어떤 사람들이 있었는지 생각해보게 되었다. 신라에도 미인들이 있었을 것이며, 미남도 있었을 것이다. 국립경주박물관에 가서 신라시대의 미인과 미남을 찾아보는 것으로 이야기를 시작해보자.

도 2-1 빌렌도르프의 비너스
기원전 23000년 | 오스트리아 빌렌도르프 출토 | 오스트리아 비엔나 자연사박물관 소장.

신라 제일의 미인

신라의 미인은 먼저 토우(土偶)에서 찾아볼 수 있다. 경주 황성동 석실분에서 출토된 신라 토용(土俑) 중에는 아름다운 여인상이 한 점 있다(도 2-2~4). 소매와 옷자락이 풍성한 겉옷을 입고 가슴 높이에서 띠를 둘렀다. 오른손은 늘어뜨려서 병(瓶)을 잡고 있고, 왼손은 소맷자락에 파묻힌 손으로 살짝 입을 가리고 있으며, 목은 살며시 오른쪽을 향해 꼬고 있다. 머리는 정면에서 가르마를 타고 뒤에서 틀어 여몄으며, 늘어진 치맛자락 아래로 두 발의 끝부분이 옷자락을 들어 올리면서 살짝 내보이고 있다.

이 여인상이 오른손에 들고 있는 병(도 2-4)은 경주 석굴암의 십일면관음보살상이 들고 있는 병(도 2-5)이나, 경주 단석산 신선사(神仙寺) 마애불상군의 미륵삼존상 중에서 동쪽 보살상이 오른쪽 손에 들고 있는 병(도 2-6)과 같은 형식으로, 중국 당나라시대에 유행한 대표적인 보병(寶甁) 형태를 따르고 있다.

중국 불교계에서 보병이라고 부르던 이렇게 목이 긴 장경병(長頸甁)과 정병(淨甁)은 형태의 차이가 있긴 하지만 불교 의례에 사용되었던 병으로 보인다. 신라에는 중국 당나라시대에 유행한 이러한 보병이나 정병이 일찍부터 전래되었던 것으로 보이며, 실제 청동제 정병은 최근 여러 점이 발견되었다. 그중에서도 출토지가 확실한 신라의 청동제 정병으로는 군위 인각사지 출토품(도 2-7)과 삼척 흥전리사지 출토품 등이 유명하다.

경주 황성동 석실분에서 이 여인상이 처음 출토되었을 때, 모두 이 상을 보고 "수로부인(水路夫人)이다"라고 탄성을 질렀다. 수로부인은 신라의 기록에 나오는 여인 중에 가장 아름다운 여성의 이름이다. 『삼국유사(三國遺事)』에 의하면, 그녀는 강릉 태수의 부인으로 남편과 함께 부임지로 가다가 벼랑에 핀 꽃을 탐내자 황소를 끌고 가던 노인이 꽃을 따 바치며 헌화가(獻花歌)를 불렀다고 전한다.

자주빛 바위 갓에 잡은 손 암소 놓고
날 아니 부끄러이 하려든,

도 2-2   토용 여인상 앞면
신라 7세기 | 경주 황성동 석실분 출토 | 국립경주박물관 소장.

도 2-3   토용 여인상(도 2-2)의 뒷면
국립경주박물관 소장.

도 2-4   토용 여인상(도 2-2)의 오른쪽 옆면
국립경주박물관 소장.

도 2-5   십일면관음보살이 들고 있는 병
통일신라 8세기 중엽 | 경주 석굴암.

도 2-6   보살이 들고 있는 병
신라 7세기 | 경주 단석산 신선사 마애불상군.

도 2-7   청동정병
통일신라 9세기경 | 군위 인각사지 출토 | 불교중앙박물관 소장.

이 꽃 꺾어 바치오리다. **(이병도 박사 번역)**

소를 끌고 가던 노인이 이러한 헌화가를 바쳤다고 하니,『삼국유사』의 기록에 나오는 소를 끌고 가는 노인을 무시할 수 없다. 흥미로운 것은 황성동 석실분에서는 노인과 소가 함께 출토되었다는 점이다. 이 스토리에 매우 잘 어울리는 유물들이 아닌가?

황성동 석실분에서 같이 출토된 토용 중에는 노인의 머리가 한 점 있다. 발굴보고서에서는 '문관상(文官像)'이라고 보고되었다. 이 노인 두상(頭像)은 단정한 복두(幞頭)의 꼭대기가 약간 결실되었으나 오뚝한 코가 특징적이며 턱수염은 섬세하게 선각으로 길게 새겼다. 감은 두 눈과 오목한 입이 온화한 인상을 풍긴다**(도 2-8)**.

경주 황성동 석실분에서 함께 출토된 소는 흙으로 만든 토용의 일종이다**(도 2-9)**. 두 눈이 불거지고 가슴걸이 굴레, 고삐 등이 잘 표현되어 있다. 몸체는 뚱뚱하고 꼬리는 살짝 왼쪽으로 감았으며, 두 개의 뿔은 안쪽을 향하여 휘어져 있다.

경주 지역의 고분에서 수레바퀴 형태의 토용이 가끔 출토되기는 한다. 황성동 석실분에서 출토된 수레바퀴는 아쉽게도 큼직한 바퀴 두 점만 남아 있다**(도 2-10)**. 그런데 두 바퀴의 살은 깊이 선각하여 만든 것과 가느다란 음각선으로 그어진 것 등으로 표현 양식이 서로 다르다. 이렇게 바큇살 표현 양식이 다소 다른 두 종류가 출토된 것으로 볼 때 원래 무덤에는 두 개체 수레가 있었을 것으로 생각된다.

고구려의 고분벽화에 당당하게 생긴 소가 수레를 끄는 장면이 자주 보인다**(도 2-11)**. 소가 끄는 수레를 우차(牛車)라고 하는데, 동수묘(冬壽墓)라고도 알려진 유명한 안악3호분에서도 수레 그림과 함께 소들이

도 2-8 **노인의 머리**(남자 문관상 두상)
신라 7세기 | 경주 황성동 석실분 출토 | 국립경주박물관 소장.

도 2-9 **토용 소**
신라 7세기 | 경주 황성동 석실분 출토 | 국립경주박물관 소장.

도 2-10 **토제수레바퀴**(1, 2: 앞면, 3, 4: 뒷면)
신라 7세기 | 경주 황성동 석실분 출토 | 국립경주박물관 소장.

도 2-11　소가 끄는 수레
고구려 408년 | 덕흥리 고분.

도 2-12　소가 있는 외양간
고구려 4세기 | 안악 3호분.

있는 외양간 그림이 그려져 있다(도 2-12). 신라 고분에서 출토되는 장식토우(裝飾土偶)에서도 소는 자주 찾아볼 수 있다.

　　수로부인은 미인이었던 죄(?)로 또 한차례 수난을 겪었다. 부군(夫君)을 따라 동해안을 순행하다가 다시 임해정에서 점심을 먹는데 동해 용왕이 부인을 납치해 갔다. 그러자 한 노인이 나타나서 여러 사람의 입은 쇠도 녹인다 하면서 백성을 모아 아래와 같은 노래를 지어 부르게 하였다.

　　"거북아 거북이 부인을 내놓아라.
　　남의 부인을 빼앗아 간 죄 얼마나 큰지 아는가.
　　만일 부인을 내놓지 않으면 너를 잡아 구워 먹겠다."

　　이렇게 사람들이 모여 노래를 부르고 땅을 두드리며 시위를 하여 용왕으로부터 수로부인을 되돌려 받았다는 이야기가 함께 전한다. 이는 아마도 한국 최초의 데모였을 것이다. 트로이의 미인 헬렌(Helene)은 나라 사이의 전쟁을 일으켰지만 신라의 미인 수로부인의 납치는 데모로 해결되었던 것이다.

신라의 미인 이야기를 하면 세 분의 여왕 이야기를 빼놓을 수 없다. 신라에는 세 분의 여왕이 계셨다. 특히 선덕여왕은 초대 여왕으로 유명한 세 가지 선견지명(先見之明) 이야기를 거론하는 것이 일반적이지만, 삼국통일의 기틀을 마련하고 불교를 크게 발전시킨 분으로서 매우 중요하다.

나는 1952년 가을, 한국전쟁 중에 고등학교 수학여행으로 경주에 왔었다. 당시 경주박물관에 전시되어 있었던 분황사 사리장엄구(舍利莊嚴具)를 보면서 (도 2-13) 그 유물들 가운데 금은제 바늘이 있는 것을 처음 보았다. 박물관에서 당시에 설명하던 사람은 이 바늘이 여왕이 쓰던 것이라 하였는데, 당시 어렸던 나는 과연 "여왕이 바느질을 할 수 있었을까? 바느질이나 할 여유가 있었을까? 여왕이면 바느질을 해야 했는가?"라는 생각이 들어서 그 설명이 매우 의심스러웠다. 여왕은 금은제 바늘로 바느질을 했단 말인가? 당시 나는 여자고등학교에 다니고 있었는데 고등학교 재봉시간과 가사시간이 항상 불만이었다. 남자고등학교에서는 그 시간에 외국어와 같은 정규과목을 공부하고 있

도 2-13 공양품
신라 7세기 | 경주 분황사 탑 출토 | 국립경주박물관 소장.

을텐데, 여자인 우리는 가사와 재봉이라니 공평하지 않다고 생각했다. 후일 알고 보니 신라에서 당으로 가져갔던 물품 중에는 바늘과 바늘통이 자주 포함되고 있었다. 그만큼 당시에는 신라의 바늘이 인기 상품이었나 보다.

내가 어릴 때는 바늘의 녹을 방지하기 위하여 머리카락을 뭉쳐 반구형의 바늘꽂이를 만들고, 거기에 바늘을 찔러 넣어 보관하였다. 이렇게 보관하면 녹을 방지한다고 하였다. 어머니들은 바늘을 쓰기 시작하려면 언제나 먼저 바늘을 머릿결에 몇 차례 문질러서 사용하곤 하였다. 환경 탓인가, 근래에는 바늘이 녹슬어 못쓴다는 말을 들은 적이 없다. 아니 요즘은 바늘을 쓸 일이 실제로 얼마나 있겠는가?

참고로 근래 어떤 계기로 국립경주박물관에서 이 바늘통과 금은제 바늘을 재조사했는데 바늘의 상태가 아주 좋아서 완형(完形)에 가깝다고 한다. 이 말을 듣고 참으로 기뻤다. 역시 귀금속제로구나 하는 마음도 있었고, 더 나아가 그 긴 시간 박물관 전시실에서 전시조명에 눈부셔하고 관람객의 입김과 눈총에 시달리며 고생을 했을 텐데도 완형에 가까운 상태를 유지하고 있으니 신라시대의 바늘 제작기법이 얼마나 뛰어났는지, 또 박물관의 전시자료 관리가 얼마나 완벽했는지를 대변하는 듯하여 참으로 고맙고 기뻤다. 이 바늘을 보면 언제나 내가 이 바늘을 처음 보았던 1952년 가을 한국전쟁 중의 수학여행이 생각난다.

신라의 여왕들은 어쩌면 정무를 돌보는 틈틈이 수를 놓으며 마음을 가다듬는 경우가 있었을 것이라고 짐작되는데 진덕여왕이 〈태평송〉을 지어 수놓은 비단을 당나라 왕실에 보냈다 하는 기록이 있다. 그러한 섬세한 마음이 당 왕실에 전해져 김춘추, 김유신이 삼국통일의 대업을 이루는 밑거름이 된 것이다. 〈태평송〉은 당에서도 명시로 전하는데 신라에서는 진덕여왕이 〈태평송〉을 지어 보냈다는 얘기만 전할 뿐 외교적인 성과는 가벼이 보고 있다. 그러나 이러한 일들이 결국 김춘추가 나당연합군을 결성할 때 필요했던 당나라의 전폭적인 지지를 이끌어내는 힘이 되었을 것이다.

선덕여왕을 짝사랑한 지귀(志鬼)가 너무나도 여왕을 사랑하여 여왕이 준 팔찌를 안고 사랑에 불타 죽었다는 전설적인 이야기는 참으로 인간적이다.

그 밖에도 신라에는 아름다운 여인들의 이야기가 매우 다양하게 전해지고 있다. 초기 화랑도에서 원화로 활동하던 두 여성의 이야기, 태종무열왕의 부인이 된 김유신의 누이 문희와 보희 이야기, 치술령에서 남편을 그리며 순사한 박제상의 부인 이야기, 김유신의 애인 천관녀와 김유신의 두 번째 부인이었던 지조부인(智照夫人, 혹은 지소부인[智炤夫人]이라고도 함) 이야기, 원효대사를 사랑한 요석공주와 그녀의 아들 설총 이야기 등 흥미로운 이야기가 많다. 이러한 신라 미인들의 이야기는 『삼국유사』를 찬찬히 읽어 보면서 즐겨 보기를 바란다.

잘생긴 남자도 찾아보자

신라에는 미인만 있었던 것이 아니라, 당연히 잘생긴 남자들도 많았을 것이다. 토우나 토용에 남아 있는 남자들의 모양새를 보면서 잘생긴 남자들도 한번 찾아보자. 아무래도 가장 오랫동안 신라의 잘난 남자로 알려진 것은 경주 금령총(金鈴塚) 출토 기마인물상(騎馬人物像)이 아닐까 싶다. 일제강점기에 발굴 조사된 금령총에서는 무덤 주인공인 작은 공자(公子)와 종자(從者)로 생각되는 두 점의 기마인물상이 출토되었다. 금령총은 부장품의 성격으로 볼 때 작은 공자의 무덤이라

추측하고 있는데, 주인공으로 추정되는 기마인물상은 말 탄 종자를 거느리고 있다(도 2-14).

금령총에서 출토된 기마인물상은 신라 남자들의 복식을 잘 보여주는 중요한 상들이다. 당시 상류층 남자들은 머리에 관모(冠帽)를 쓰는 것이 일반적이었던 것으로 보인다. 경주에서는 금령총뿐만 아니라 금관총, 식리총, 천마총 등 여러 고분에서 신라의 금제(金製) 보관(寶冠), 즉 금관(金冠)이 출토된 예가 헤아릴 수 없이 많다. 금동관(金銅冠)도 상당히 많아서 출토 예를 열거할 수도 없을 지경이다. 이렇게 의관(衣冠)을 정제하는 것이 삶의 첫째 규범이 되었던 것으로 보인다. 비단 왕족이나 상류계급에서 뿐만 아니라 서민 사이에서도 관모, 즉 모자의 사용이 상례(常例)가 되었다. 여기에서는 단독으로 출토된 금관과 같은 관모 이외에 일반인이 사용하던 모자를 중심으로 살펴보기로 한다.

금령총 출토 두 점의 기마인물상 중에서 무덤 주인공으로 보이는 인물, 즉 공자상은 가장자리에 테를 두른 삼각형의 관(冠)을 쓰고 있다(도 2-15). 테의 앞뒤가 뾰족하게 나와 있고, 끈으로 아래턱에서 여며서 머리에 올렸지만, 그냥 머리에 얹혀 있는 듯한 모양새이다. 테에는 동그란 장식들이 여러 개 붙어 있으며, 관 정상에는 무슨 장식이 솟아 있었던 모양인데 지금은 흔적만 남아 있다. 왼쪽 허리에는 칼을 차고 있으며, 찰갑(札甲)으로 하반신을 꾸미고 발은 등자에 얹혀 있다.

종자로 보이는 또 다른 기마인물상의 인물은 상투를 튼 머리에 망건(網巾)처럼 보이는 넓은 띠를 두른 모습을 하고 있다(도 2-16). 종자라고 해석되는 이 인물은 발목에서 바지를 여미고, 어깨에는 기다랗고 굵은 전대 같은 것을 둘러메고 있으며, 오른손에는 망치를 들고 있다. 타고 있는 말의 마구(馬具)도 무덤 주인공과 비교하면 훨씬 간략하여 차이가 있다.

도 2-14 토제기마인물상
신라 6세기 | 경주 금령총 출토 | 국립중앙박물관 소장.

도 2-15 토제기마인물상 중 공자 얼굴
국립중앙박물관 소장.

도 2-16 토제기마인물상 중 종자
국립중앙박물관 소장.

　금령총에서는 두 점의 주형토기(舟形土器)가 함께 출토되었는데, 배에서 노를 젓고 있는 나체의 인물들은 머리에 아무런 장식이 없다 **(도 2-17, 18)**. 이처럼 금령총 출토 토제 인물상들의 표현을 보면, 결국 신라의 관모는 신분의 차이를 말해주는 것으로 해석할 수가 있다. 말을 타거나 특이한 동작을 하는 경우에는 관모의 흔적이 있는 경우가

도 2-17 **주형토기**
신라 6세기 | 경주 금령총 출토 | 국립중앙박물관 소장.

도 2-18 **주형토기(도 2-17)의 세부 인물상**
국립중앙박물관 소장.

많지만, 나체의 인물이나 노동하는 인물들의 머리에는 별다른 장식 흔적이 없다.

신라 고분에서 출토된 장식 토우들의 머리에 쓴 모자들은 대체로 원추모(圓錐帽)와 반모(변모[弁帽], 혹은 계모[笄帽]라고도 함)의 두 가지 형태로 구분이 가능하다. 도판에서 보이는 얼굴들은 대부분 겨우 2cm 크기의 아주 작은 것들인데도 형상이 상당히 잘 표현되어 있다. 원추모는 뾰족한 정상에서 아래로 내려오면서 넓어진 모자를 따로 만들어 붙인 모양을 하고 있으며, 모자 차양에는 장식도 붙어 있다(도 2-19). 뚜렷하게 모자의 형식을 말해주고 있으며 매우 개성적이다. 반모는 마치 두건과 같은 모양으로 정면에서 보면 두 가닥으로 갈라져 있는 형태처럼 보이는데(도 2-20), 이러한 형태의 모자는 일본의 하니와[埴輪]에서도 보이고 있다. 이밖에 토우에 표현된 모자의 모습은 그대로 머리카락을 들어 올린 것 같은 모양도 있고 두건 같은 형태도 보인다.

그밖에 복두를 쓴 남자상이 토용에서 많이 보이는데 복두는 중국

도 2-19　원추형 관모를 쓴 남자 토우
신라 5-6세기 ｜ 경주 황남동 출토 ｜ 국립중앙박물관 소장.

도 2-20　반모형 관모를 쓴 남자 토우
신라 5-6세기 ｜ 경주 황남동 소형고분군 출토 ｜ 국립중앙박물관 소장.

육조(六朝)시대 말기부터 일반화되었다. 앞뒤로 두 가닥씩의 뉴대(紐帶)가 있어서 앞 두 가닥은 맺고 뒤쪽 두 가닥은 후두부에 늘어뜨리는 것이 보통이다. 신라의 흥덕왕(興德王) 9년(834) 법령으로 규정하고 있는 복식제도에 의하면, 진골(眞骨)에서 평민까지 널리 복두를 쓰되 다만 그 재료를 비단이나 포(布)로 제한했음을 알 수가 있다. 경주 황성동 석실분에서 출토된 예가 유명하며, 문인상(文人像)으로 알려져 있다 (도 2-21).

신라에서 가장 잘생긴 남자상은 아마도 경주 용강동 석실분에서 출토된 복두를 쓴 남자상일 것이다(도 2-22). 앞서 이야기한 황성동 출토 수로부인과 함께 신라 제일의 남자상이라고 모두가 칭찬하는 상이다. 박물관에서 아는 사람들끼리는 이 상을 남몰래 김춘추라고 부르며 웃었다. 넓은 소매의 옷을 입은 두 팔을 앞에서 단정하게 모으고 시립(侍立)한 자세로 서 있으며, 웃옷이 허리 아래로 내려오고 다시 그 아래에 긴 옷자락이 발등을 덮어서 뾰족한 신발의 앞부분이 옷자락 사

도 2-21 **토용 복두를 쓴 문인상**
신라 7세기 | 경주 황성동 석실분 출토 | 국립경주박물관 소장.

도 2-22 **채색토용 남자상**
통일신라 8세기 | 경주 용강동 석실분 출토 | 국립경주박물관 소장.

이로 살짝 비어져 나와 있다. 단정한 복두 뒤쪽에는 두 가닥 끈이 길게 표현되어 있고, 왼쪽 옆구리에 매듭 장식이 보인다. 이 상은 경주 용강동 석실분에서 출토된 십여 점의 남자 토용 중에서 가장 크고 가장 잘 생긴 얼굴이며, 갈색의 복두, 붉은 옷 등 채색의 흔적이 잘 남아 있다. 아마도 이 토용을 만들던 장인은 자신의 마음속에 그린 가장 잘난 남자를 모델로 하여서 만들지 않았을까 생각하게 한다. 태종무열왕 김춘추는 김유신의 누이와 사랑을 하고 유신 공과 손잡고 삼국통일 대업을 이룩한 남자이며, 딸 내외의 전사 소식에 오열하는 남자이자, 적지 않은 염문을 뿌렸던 남자였다.

통일신라시대의 불상을 보면 대체로 지금까지의 불상보다 더 통통하고 풍성한 몸집의 남자로 나타내고 있다. 우리가 만날 수 있는 전형적인 경주 사람을 머리에 떠올리면 바로 신라인이 된다고 우스갯소리를 하는 까닭이 여기에 있다. 김춘추라고 부르는 이 남자도 바로 그런 신라인의 얼굴이다. 용강동 출토 토용을 필두로, 황성동 출토 토용에서는 계급별 남자상이 고루 보인다.

도 2-23 　노인남자 토우
신라 5-6세기 ｜ 경주 황남동 출토로 전함 ｜ 국립중앙박물관 소장.

토우나 토용에 표현된 인물 중에는 반듯한 남자가 아니라 골목에서 금방 만날 것 같은 인물도 있다. 신라 남자 중에서 가장 밝고 명랑한 남자를 찾는다면 단연코 한 사람, 얼굴만 남아 있는 이 노인상을 말해야 하겠다(도 2-23). 이 상을 머리에 알맞은 전신 크기로 복원한다면, 이례적으로 큼직한 인물상이 되겠지만, 아마도 원래 전신상의 부분이었던 것으로 보이지 않는다. 얼굴을 보면, 정수리에 불쑥 솟아 올라온 모양은 상투를 틀어 올린 듯 하고, 떡 벌어진 두 귀는 복 많다고 흔히 말하는 모습을 하고 있다. 오뚝한 코와 반달 모양의 두 눈이 웃고 있다. 웃음이 비어져 나온 큰 입이 약간 합죽한 인상을 주고, 턱수염과 콧수염이 투박하리만큼 굵직한 선각으로 죽죽 그어져 표현되어 있다. 광대뼈가 툭 튀어나온 얼굴에는 흡족해하는 표정이 온후하여 다정하게 인사를 건네는 이웃집 노인을 마주하는 듯하다. 이 얼굴은 앞에서 본 황성동 출토의 나이 많은 남자상(도 2-8)과도 다른 풍부한 감정이 표현된 모습을 보여주고 있다. 신라인의 얼굴은 참 다양하기도 하다.

제Ⅲ장 신라 속의 이방인과 이국적 문물

삼국시대 고구려, 백제, 신라에 불교를 전래한 사람들이 서역인이나 인도인이었다는 사실은 우리 모두 익히 잘 알고 있는 사실이다.

신라의 서울에는 외국에서 들여온 많은 사치품과 함께 외래의 상인들이 거리에 넘쳐 났을 것이다. 같은 시기, 당나라에서도 『당서(唐書)』에 개원(開元, 713-741), 천보(天寶, 742-756) 연간의 장안(長安) 모습을 전하고 있는데, "궁중의 음악은 호악(胡樂), 귀인의 식선(食膳)은 호식(胡食), 부인들은 다투어 호복(胡服)이 성행한다"고 하여 서역풍이 크게 유행했음을 알려주고 있다. 아마도 같은 풍조가 신라에서도 유행했을 것이다. 신라의 서울 경주에서도 비를 피할 수 있을 만큼 기와집 처마가 서로 이어져 있고, 금입택(金入宅)과 불전(佛殿)이 하늘의 별처럼 즐비하며, 거리에는 이국적인 풍물이 가득하였을 것이다.

신라 속의 이방인

신라에는 서역에서 온 심목고비(深目高鼻, 눈매가 깊고 콧대가 높음)의 이방인, 즉 서역인들이 많이 살고 있었다. 그들의 과학, 천문학, 수학 등 지식의 수준에 따라 조정의 자문역할을 하는 인물에서부터, 경

도 3-1 곡예를 하는 인물 토우
신라 5-6세기 | 국립중앙박물관·국립경주박물관 소장.

도 3-2 석조무인상
통일신라 8세기 | 경주 원성왕릉.

주 원성왕릉에서 보이는 인물상(도 3-2)처럼 경호업무를 맡아 보는 거인들이나, 작은 토우에서 보이는 것처럼 곡예를 하는 인물도 있었을 것이다(도 3-1).

처용 설화의 주인공도 개운포를 통해 입국한 서역인이었을 것이다. 그는 아내의 부정을 알고 "다리가 넷인데 둘은 내 것이나 둘은 누구의 것인가"라는 노래를 부르며 물러나갔다. 이에 감복한 마마의 신은 이후 처용의 얼굴을 보면 달아났기 때문에, 처용 형상을 붙여서 마마를 물리쳤다는 고사가 전한다. 이런 서역인의 모습은 박물관 마당에서도 볼 수가 있고, 전시실 안에서도 토우 가운데의 서역인을 찾아볼 수가 있다. 신라의 서울, 경주는 가히 국제도시의 면모를 갖추고 있었던 것이다.

이러한 국제적 교류는 꾸준히 이어졌으며, 우리 문화에 큰 변화를 가져왔다. 고려시대에는 몽골에 의해서 식생활, 의생활, 심지어는 언어에까지 적지 않은 변화를 가져왔으며, 조선시대에는 임진왜란 7년여 동안 역시 여러 가지 변화가 일어났을 것이다. 우리가 어렸을 때는 중국 요리를 "청요리"라고 불렀으며, 청나라의 변발과 여인들의 전족을 볼 수 있었다.

이렇게 외래의 인물과 문물이 따라 들어오는 경험을 우리는 광복 직후에 겪었다. 광복을 맞이하면서 우리들은 미군과 그들에 의한 외래문물의 대거 유입을 겪었다. 일제강점기에 어린 시절을 보냈던 나는 관솔을 따러 다니고, 비료로 쓴다고 풀 베러 다니고, 새벽에는 신사참배하러 나가야 했다. 일제는 관솔로 비행기를 띄워서 미국을 격파할 거라고 큰소리를 쳤으니 지금 보면 가히 코미디라 할 것이다. 나는 관솔 따러 다니고, 풀 베러 다니던 일제에게 시달리던 절망적인 여름을 경남 의령의 한 초등학교에서 보냈다. 그때 광복과 함께 미군이 찾아왔다. 그들은 일제의 잔재를 털어내고 우리를 민주화시키겠다는 절대 명제를 가지고 있었다. 아직 초등학생(당시는 "국민학교"라고 불렀다)이었던 우리의 눈에, 그들의 얼굴은 희고, 머리는 노랗고 곱슬곱슬하며, 눈은 파랗고 키는 컸다. 큰 코의 코쟁이들이 우리 학교에 들어 온 것이다. 그중에는 흑인도 물론 있었다. 그 충격은 뭐라 표현하기 어려웠다.

심목고비의 서역인을 처음 본 신라인이 그 이국적인 모습을 어떤 눈으로 보았을까. 처용은 동해 용왕의 아들이라며 울산 앞바다에서 왔다고 미화하였다. 서역인이 가진 천문, 수학, 과학에 대한 재능을 인정하면서도, 그 재능을 배우고 이용하기 위하여 그 인물됨을 과장하였을 것이다.

우리 학교 마당에 슬금슬금 드나들던 남자 학생들이 미군을 위한 화장실을 짓기 시작한다고 전했다. 그 화장실을 당시 우리는 "통시"라고 불렀다. 무엇보다 이해하기 어려웠던 것은 미군들이 길거리에서 질경질경 껌을 씹는 일이었다. 길거리에서 음식을 먹어서는 안 된다고 배웠던 우리 아이들에게는 매우 신기하고 놀라운 일이었으며, 어른들은 그것을 보고 상스럽다고 했었다. 그렇게 밀려 들어온 군대 중심의 미국 문화가 우리 사회에 커다란 영향을 끼치게 된 것은 우리가 모두 경험했던 일이다.

고등학교 때 전쟁에서 돌아온 우리는 불탄 교실에서 수업을 시작하였는데 여러 가지가 불편할 때였다. 학교 운영에 어른들의 도움이 간절할 때였으므로, 당시 학교에서는 PTA(Parent Teacher Association)가 새로 결성되었다. 그전에도 학부형회나 자모회가 있기는 했지만 그다지 적극적인 활동은 없어서 그 활동들은 별로 눈에 띄지 않았다. 그러나 PTA 결성 이후에는 그 활동이 매우 활발해졌다. 특히 전쟁으로 학교의 모든 기록이 없어졌기 때문에, 각 학교에서는 동창회 명부를 새로 정비해야 했는데, 졸업생이 명단을 작성하고 전화하여 살아남은 옛날 사진 등으로 확인하는 절차를 밟았다. 그분들이 우리들의 어머니였으니, 학부형으로서 PTA 회원이면서 동문회원이라, 아마도 후일 치맛바람의 시작이 아니었던가 한다.

당시 우리가 "호열자"라고 부르던 콜레라가 유행하자 미군은 우리 학교 교실까지 와서 머리와 등에 DDT를 뿌려대서, 학생들이 모두 허연 가루를 뒤집어쓴 꼴을 하고 있어서 진짜 말이 아니었다. 어려서지만 참 기분이 나빠서 차라리 호열자로 아프고 말겠다고 했다가 벌을 서기도 했다. 그때에는 두 팔 올리고 무릎 꿇기와 같은 벌들을 받았다. 당시 콜레라는 아무런 예방약도 치료약도 없었던 것 같았다.

얼마 전 조류독감이 성행하기 시작할 때 고속도로의 톨게이트를 지나가노라면 온통 자동차에 소독액을 분무하는 일을 겪었다. 옛날 콜레라와 DDT 방역 일이 생각나서 씁쓸하였다.

우리는 그래도 피정복자가 아니라서 지금 생각하면 참 다행이었다. 후일 한국전쟁의 상처가 가라앉을 무렵까지 우리가 받아들인 문화는 서양 문화가 아니라, 미국 문화였고, 차츰 미국 문화에 대한 이해와 분석이 사회 전반에 나타나기 시작하였다. 그리고 난 다음에 정통 서양 문화에 대한 관심이 높아지기도 하였다.

아마 신라인들도 당나라를 통해서 받아들인 서역 문물에 대한 욕망이 강렬해지면서, 페르시아와 인도의 불교문화 등을 직접 찾아 나서는 풍조가 활발해졌을 것이다. 혜초가 쓴 『왕오천축국전(往五天竺國傳)』은 이와 관련된 대표적인 업적 중의 하나이다. 현존하는 신라 유물 중에도 서역인과 관련된 형상이 종종 나타나는데, 원성왕릉의 무인상이나 불교의 사천왕상은 가장 서역적인 인물상을 잘 보여주는 상들이다.

석굴암의 입구에 버티고 있는 사천왕이나 감은사지 서탑과 동탑에서 출토된 사리장엄구의 외함(外函) 사방 벽에 붙어 있는 정교한 사천왕상은 매우 잘생긴 모습이다(도 3-3). 그러나 그들은 신라인의 얼굴이 아니다. 신라인들은 언제 이런 모습의 사천왕상을 접하게 되었을까. 불교 문물이 들어오면서, 그 독특한 얼굴에 특별한 관심을 갖게 되었을 것이다. 그러다가 어느 날 이국인을 직접 만나게 되었을 것이다. 그

도 3-3　금동사리외함 사천왕상
통일신라 7세기 ｜ 경주 감은사 터 서탑 출토 ｜ 국립경주박물관 소장.

들은 무서운 얼굴이면서, 또한 동시에 대표적인 이국인의 얼굴이 되었던 것이다. 지금도 사찰 입구에 있는 천왕상은 여전히 같은 모습이다.

토우와 토용에서 서역인의 형상은 호모(胡帽)를 쓴 무인상, 문인상, 혹은 예능인 등의 인물상에서 찾아볼 수 있다.

호모를 쓴 인물상으로 대표적인 예는 황성동 석실분에서 출토되었다(도 3-4, 5). 주름이 있는 장포를 입고, 허리에 느슨하게 띠를 두르고 있으며, 머리에는 앞으로 휜 원추형(圓錐形)의 호모를 쓰고 고개를 약간 왼쪽으로 돌리고 서 있다. 하반신은 뒤쪽이 약간 휘어져 있다. 두 손 사이에 무엇인가를 쥐었던 듯한데, 지금은 구멍만 남아 있다. 아마도 시위(侍衛)를 위한 골타(骨朶)를 쥐고 있었던 것으로 보인다. 골타는 긴 막대기에 둥그런 쇳덩어리를 붙인 무기의 일종으로, 조선시대에는 의장용 무기로 사용되었다.

단석산 신선사(神仙寺) 마애석불군에도 역시 호모를 쓰고 있는 주행인물상(走行人物像)이 있는데(도 3-6), 이 인물들은 향로와 나뭇가지를 들고 있어서 공양인상(供養人像)인 듯하다. 그러나 황성동 석실분에서 출토된 호모를 쓴 인물상은 시위, 즉 주요 인물을 호위하고 서 있는 사람으로 해석된다. 지금은 없어진 골타는 호위하는 사람들이 들고 서 있는 옛날 무기의 일종이다.

황성동 석실분에서 출토된 토용 중에는 무기를 들고 있지는 않지만 무인상(武人像)으로 보이는 또 다른 인물상이 있다(도 3-7). 오른손은 아래, 왼손은 위로 가볍게 주먹을 쥐어 포개고 손바닥 사이를 관통해서 무엇인가를 쥐고 있었던 듯하다. 오른팔은 어깨로부터 넓은 옷자락이 소매로 연결되고 왼쪽 소매는 걷어서 어깨에 올린 모습인데, 옷자락은 따로 만들어 붙였다. 이는 두툼한 갑옷을 연상케 한다. 장화(長靴)

도 3-4 토용 서역인상 앞면

신라 7세기 | 경주 황성동 석실분 출토 | 국립경주박물관 소장.

도 3-5 토용 서역인상(도 3-4)의 옆면

국립경주박물관 소장.

도 3-6 호모를 쓴 공양인상

신라 7세기 | 경주 단석산 신선사 마애불상군.

도 3-7 토용 무인상

신라 7세기 | 경주 황성동 석실분 출토 | 국립경주박물관 소장.

를 신은 듯 쭉 뻗은 다리가 튼튼히 대지를 딛고 있는 양 당당하다. 머리가 결실된 채로 발견되어 매우 아쉬운 유물이다.

황성동 석실분에서 출토된 머리 없는 이 무인상의 복식은 중국 진시황릉의 도용(陶俑)과 비슷하며, 중국 당나라 때 고분에서 출토되는 도용상에서도 종종 찾아볼 수 있다. 그런데 이런 복식의 도용들은 대체로 말을 끄는 마부나 힘을 쓰는 인물들이었던 것으로 보인다. 당나라 장회태자묘(章懷太子墓)에서 출토된 삼채역자상(三彩驛者像)이나 서안시 서교당묘(西郊唐墓)에서 출토된 삼채도용(三彩陶俑) 인물상은 이 무인상의 복식과 비슷한 옷을 입고 있는데, 오른쪽 팔을 내놓거나 소매가 짧은 경우가 많아서 활동적으로 보이는 예가 많은 편이다. 장회태자묘의 삼채역자상이나 서교당묘 출토 인물상들은 말 도용과 함께 발견되어 마부라고 알려져 있지만, 호모를 쓰고 말을 타는 것이 일상화되어 있던 서역계 인물이자 무인이었을 가능성도 생각해 볼 수 있을 것이다(도 3-8).

일반적으로 신라 토용에서 문인상(文人像), 즉 문관(文官)을 지냈던 인물을 표현한 형상은 넓은 소매 안에 두 손을 여민 자세로 표현되는데, 황성동 석실분 출토 문인상은 두 손 사이에 무엇인가를 들은 것처럼 약간 도드라져 있다. 복두를 단정하게 쓰고 두 눈이 깊고 이국적인 풍모를 보여 준다(도 2-21). 용강동 석실분 출토 문인상은 왼손은 아래로, 오른손은 위로 포개어 앞쪽으로 홀을 쥐고 있으며 무성한 수염이 아래턱을 덮고 있어서(도 3-9), 황성동 석실분 출토 문인상과는 다소 다른 형상을 하고 있다. 이들은 그들이 가지고 있는 천문, 수학, 의학 등의 지식으로 왕실의 자문역을 맡았을 것이다. 오늘날의 외국 고문단이라고나 할까?

또 다른 이국적 인물 중에는 곡예하는 인물상을 들 수 있다(도 3-1). 신라시대의 작은 토우들 가운데는 곡예상이나 가무잡기(歌舞雜技)를 하는 인물 중에는 이국적 인물들이 종종 보인다. 중국에서도 가무잡기와 곡예를 하는 예능인들이 외국인이었던 것은 비교적 오랜 전통을 가진 것이다. 이런 예능인들은 아마 유랑을 하며 아시아의 여러 곳을 떠돌아다녔을지도 모른다. 한대(漢代) 이래 군대의 위안용으로도 곡예를 비롯한 각종 잡기는 인기 있는 종목이었다고 한다(도 3-10).

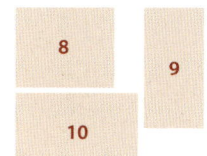

도 3-8 삼채도용 말과 마부
중국 당 8세기 | 중국 섬서성 서안시 서교당묘 출토 | 중국 섬서역사박물관 소장.

도 3-9 토용 문인상
통일신라 8세기 | 경주 용강동 석실분 출토 | 국립경주박물관 소장.

도 3-10 가채회도 가무잡기 도용
중국 전한대 기원전 2-1세기 | 중국 산동성 제남시 무영산 11호묘 출토 | 중국 제남시박물관 소장.

신라의 교역과 이국적 문물

신라는 주변국과의 교류가 넓고 활발하여 당이나 일본뿐만 아니라 실크로드를 통한 서역과의 교류도 짐작하기 어렵지 않다. 국가적인 사절단의 왕래 이외에 수많은 유학생과 유학승이 왕래하며 새로운 문물을 받아들였으며, 상거래도 공무역(公貿易)과 사무역(私貿易), 그리고 밀무역(密貿易) 등으로 많은 문물이 오고 갔다. 이러한 문물의 교류뿐만 아니라, 불교도 실크로드를 통해서 중국과 인도에서 들어 왔으며, 가톨릭교의 동방 진출로 중국에서 경교(景敎)가 성립된 것도 이 길이 중요한 역할을 했다. 그 뿐만 아니라 신라의 고승 혜초가 이 길을 따라서 인도의 여러 나라를 순례하고 『왕오천축국전(往五天竺國傳)』을 남겼을 만큼 교류가 빈번하였다.

신라에서 애용되던 많은 외래적인 문물은 물론 직수입된 것, 당을 거쳐 들어 온 것, 신라인이 직접 가져온 것, 신라인이 주문해서 만든 특제품, 신라 장인(匠人)이 배워서 만든 것 등 다양했을 것이다. 이러한 예들로는 황남대총 출토 은제타출문잔(銀製打出文盞, **도 3-11**)과 봉수형(鳳首形) 유리병(**도 3-33**), 경북 영천(永川) 용계리(龍溪里) 출토 청동완(靑銅鋺), 안압지(雁鴨池) 출토 청동완, 페르시아의 금속제 병 등 헤아릴 수 없이 많다.

이렇게 신라인들이 당이나 페르시아에서 즐겨 가져온 문물은 슬슬(瑟瑟, 주옥류의 보석), 향료, 비취모, 금은, 유리, 마노와 수정, 비단, 모직물, 금화, 은화 등 다양하다. 또 신라에서 당으로 가져간 문물은 슬슬전(瑟瑟鈿)이 있는 금제 바늘통과 금제 바

도 3-11 은제타출문잔
신라 5세기 | 경주 황남대총 북분 출토 | 국립경주박물관 소장.

늘이 있고, 그 이외에 말, 약재, 비단, 금제 방울, 머리카락도 가져간 것으로 알려졌다.

신라는 중국과 서역뿐만 아니라, 일본과도 자주 교역을 했다. 당시 일본에서 즐겨 사서 가져간 신라의 문물 가운데는 금동제 사발과 숟가락, 동경, 인삼, 잣, 밀랍(蜜蠟) 등이 보인다. 이 밀랍은 등촉용이 아니라 금속공예품의 제작을 위한 밀랍 주조기법의 재료로 쓰였던 것으로 인정된다. 이러한 사실은 일본에 남아 있는 〈매신라물해(買新羅物解, 신라에서 구입하기 위한 물품명세)〉에서 밝히고 있다. 이 문서는 일본 나라(奈良) 쇼소인(正倉院)의 고문서로, 병풍을 수리하는 과정에서 배접한 부분을 뜯어낸 것이다. 폐기하는 고문서를 재활용하였다가 살아남은 것이다. 천평승보(天平勝寶) 4년, 즉 752년에 일본인이 신라에서 사들이고자 하는 물품의 물목과 수량을 나열해 놓은 기록으로, 이를 통해서 당시의 교역품과 신라의 문물, 그리고 명칭 등이 밝혀졌다(도 3-12).

현재 남아 있는 신라 유적 출토 각종 이국적 문물 중에서 특히 중요한 작품들을 하나씩 살펴보자. 가장 먼저 주목해야 할 유물은 경

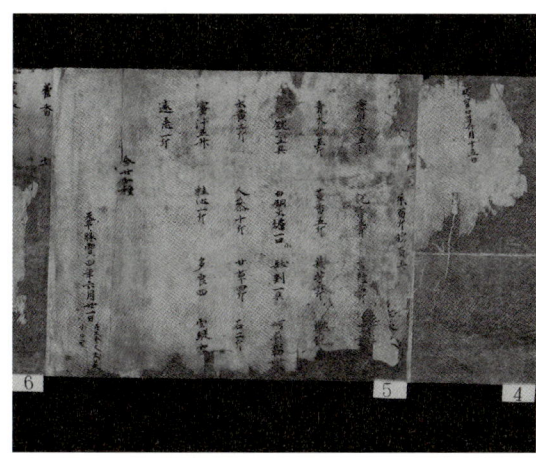 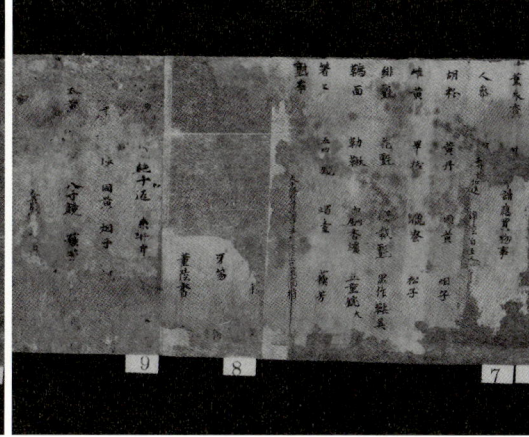

도 3-12 〈매신라물해〉 세부
일본 8세기 | 일본 쇼소인 소장.

도 3-13 **장식보검**
신라 4-5세기 | 경주 계림로 14호분 출토 | 국립경주박물관 소장.

도 3-14 **금제단검식금구**
중앙아시아 5-6세기 | 카자흐스탄 보로보에 출토 | 러시아 에르미타시박물관 소장.

주 계림로 14호분에서 출토된 황금제 장식보검(裝飾寶劍)이다**(도 3-13)**. 황금과 보석으로 장식한 완형의 이 장식보검은 지금까지 알려진 가장 완전한 상태의 작품으로, 형태는 중앙아시아의 키질(Kizil) 석굴의 벽화에 그려진 것과 비슷하다.

이와 비슷한 유물은 카자흐스탄 보로보에(Borovoye) 지역에서 우연히 발견되어 현재 러시아 에르미타시박물관에 소장되어 있다**(도 3-14)**. 이 카자흐스탄 출토품은 칼 전체가 남은 것이 아니라 칼집의 일부분만 남아 있는 것으로, 칼 장식의 일종인 단검식금구(短劍飾金具)라고 알려져 있다. 비슷한 보검은 일본 덴리대참고관(天理大參考館)에 전(傳) 이란(Iran) 출토품으로 알려진 예가 있다. 덴리대참고관 소장품은 반구형의 손잡이가 없는 형식이지만, 단검(短劍)의 나무껍질 표면은 은으로 덮고 검신에는 부분적으로 도금하였는데 구획(區劃)으로 나누어지는 부분에는 금입자(金粒子), 즉 깨알같이 작은 금알갱이들로 장식하였다. 이렇게 작은 금알갱이들을 붙여서 장식하는 기법을 누금세공기법(鏤金細工技法)이라고 한다.

계림로 출토 장식보검은 칼의 자루 끝부분이 골무 모양의 장식에

홍마노를 감장하고 자루와 검신에 역시 홍마노를 둘러싸고 금알갱이들로 촘촘하게 초엽문(草葉文)을 장식하였다. 초엽문과 삼파문(三巴文) 등을 통해 서(西)투르키스탄 지역, 혹은 중앙 유라시아의 초원지대에서 4세기 말부터 5세기 사이에 제작된 것으로 추정되고 있다.

신라의 이 장식보검은 현존하는 유일한 것으로, 아무래도 서역인이 직접 들고 오지 않았을까 생각된다. 이런 문물이 신라까지 유입됐는데, 누가 왜 신라 땅에 이것을 가지고 왔다가 신라 땅에 묻힌 것일까? 그는 과연 어디에서, 언제, 왜, 어떻게 왔을까? 이는 매우 답하기 어려운 물음이다.

이 장식보검의 출토지는 미추왕릉지구로서, 대형고분이 아니라 배총지구(陪冢地區, 큰 무덤에 딸린 작은 무덤들이 있는 구역)라고 생각되는 지역인 계림로의 작은 고분 유적이다. 서역에서 전래된 것으로 생각되는 인물문 상감유리구슬 목걸이(도 3-27)도 미추왕릉지구의 작은 무덤자리에서 출토되었다. 이렇게 귀한 물건들이 대형고분의 주인공이 아닌 작은 무덤에 묻혔다는 사실을 어떻게 해석해야 할까? 이것을 마지막까지 지니고 있다가 여기에 묻힌 주인공은 어떤 인물이었을까? 무덤의 주인공은 귀중품을 직접 들고 온 서역인일까? 그는 고국을 떠났지만, 그래서 더 고국의 귀중품을 소중하게 간직하고 있다가 무덤에 가지고 간 것일까? 이 지역은 외래인을 위한 공동묘지였을까?

무덤의 주인공이 바로 서역인 본인이라 할지라도 이만한 장식보검을 지니려면 어느 정도의 지위를 가진 신분이었을 것으로 해석된다. 왜 신라로 왔다가 신라 땅에 묻혔을까? 신라가 좋아서 신라에 정착한 인물은 아닐까? 수학이나 천문학에 조예가 깊어서 신라 왕실에 중용되었던 인물은 아닐까? 괘릉에 보이는 경호원 같은 존재는 아니었을 것이다. 어떤 인연으로 신라에 정착한 인물은 아니었을까? 혼자 간직하여 향수병을 달래면서 보관하고 살다가 마지막 날에는 가지고 갔을까? 처용과 같은 인물일까? 왜 대형분의 주인공이 될 만한 인물에게 바치거나 팔지 않았을까?

계림로 14호분에서는 이러한 완형의 장식보검과 함께 귀면장식금구(鬼面裝飾金具)와 같은 이색적인 유물(도 3–15)이 출토되어서, 이 고분의 특이성을 잘 말해 주고 있다. 귀면, 혹은 도깨비 얼굴 모습으로 만들어진 귀면장식금구는 마구(馬具)의 일종인 운주(雲珠)로, 철판 위에 얇은 금판을 덧붙여 장식하여 만들고, 그 위에 청색 유리를 붙여서 눈을 표현하였다. 그래서 유리장식운주(琉璃裝飾雲珠)라고도 부른다.

한편, 금관총·천마총·황남대총 등에서는 환두대도(環頭大刀)가 출토되었는데, 환두 안에는 봉황문이 장식되기도 하고, 삼환문(三環文)으로 구성되기도 한다.

황남대총 북분에서 출토된 은제타출문잔(도 3–11)은 기본 6각형의 귀갑문(龜甲文) 안에 동물상, 인물상으로 장식하고 세부는 음각으로 정리하였다. 짐승의 머리인데 새의 날개가 달린 수두조신(獸頭鳥身)의 동

도 3–15 귀면장식금구
신라 5-6세기 | 경주 계림로 14호분 출토 | 국립경주박물관 소장.

물, 큰 눈의 사람 얼굴에 두 날개를 활짝 펴고 얼굴은 꼬리 쪽을 향하고 있는 인두조신(人頭鳥身)의 모습도 보인다. 이러한 문양 배치는 경주 식리총(飾履塚) 출토의 식리(飾履), 즉 장식신발의 바닥(도 3-16)에서 볼 수 있는 의장들과 흡사하다.

황남대총 북분 출토 은제타출문잔과 비슷한 예로는 중국 산서성(山西省) 대동시(大同市) 공농로교장(工農路窖藏)이라는 북위시대(北魏時代) 유적에서 출토된 은제인물당초문완(銀製人物唐草文盌)이 주목된다(도 3-17). 북위시대의 이 은그릇에는 둥근 원 안에 터번과 같은 모자를 쓰고 곱슬머리에 눈과 코가 큰 아리안계의 인물상이 표현되어 있다. 이 그릇은 바닥에 고족(高足)을 붙였던 흔적이 남아 있어서, 원래는 다리가 달린 고족배(高足杯)였던 것으로 추정된다. 그릇의 제작기법이나 형태, 심목고비의 이국적 인물상의 표현 등이 주목할 만한데, 제작지에 대해서는 동로마 비잔틴(Byzantine) 제국인지, 사산조 페르시아였는지, 혹은 중앙아시아의 박트리아나 소그드에서 제작된 것인지 의견이 분분하다.

도 3-16 금동식리
신라 5-6세기 | 경주 식리총 출토 | 국립중앙박물관 소장.

도 3-17 은제인물당초문완
중국 북위 5세기 | 중국 산서성 대동시 공농로교장 출토 | 중국 대동시박물관 소장.

황남대총의 은제타출문잔은 너무나 기벽(器壁)이 얇아서 상태가 매우 좋지 않다. 또 덧대기 기법도 보이지 않는다. 페르시아지역에서 제작된 타출문 금은기(金銀器)에서 흔히 볼 수 있는 덧대기 기법은 타출한 기벽의 안쪽이 울퉁불퉁한 것을 정돈하기 위해 별도의 금속판을 붙여서 다듬는 기법이다. 본격적으로 그러한 기법을 구사하지 못하는 것은 아마도 금속공예 기술에 쓰이는 불, 즉 화력(火力)의 영향이 아닌가 한다. 즉 가스불 사용 여부의 차이로 나타난 차이라는 것으로 짐작할 수 있다.

황남대총 북분에서 은제타출문잔과 함께 출토된 금제팔찌는 덧대기 기법이 사용된 아름다운 금제 장신구이다(도 3-18). 폭 3.6cm 금판의 가장자리를 말아서 팔찌의 본체를 만들고 다시 본체보다 약간 넓은 다른 하나의 금판을 안쪽에서 밖으로 덧감아 말아서 처리한 다음, 작은 금못으로 고정하여 완성하였다. 팔찌의 표면은 작은 금알갱이를 붙이는 누금세공기법으로 장식했으며, 그와 함께 청록색 터키석과 군청색 청금석(靑金石), 즉 라피스 라줄리(Lapis Lazuli)와 같은 보석을 끼워 넣어서 장식하였다. 페르시아 금은기에서 많이 볼 수 있는 덧대기 기법이 이 금제 팔찌에서 단순하나마 모방되고 있음을 볼 수가 있다는 점이 주목된다. 이러한 팔찌의 제작기법과 양식은 흑해 연안이나 페르시아 지역의 금속공예와 관련성을 보여준다.

서역 문화와의 관련성을 보여주는 가장 독특한 신라의 유물은 각배(角杯, rhyton), 즉 뿔잔, 뿔 모양의 잔이다. 원래 각배는 진짜 동물의 뿔로 만들기 시작했던 특수한 용도의 그릇이다. 고대 근동에서는 골각제(骨角製), 토제, 금속제 등 다양한 재료로 만들고 뿔 모양, 혹은 뿔 달린 동물의 모양으로 만들었다. 기원전 2000년경 이란 지역에서 토제 각배를 제작하기 시작

도 3-18 　금제팔찌
신라 5세기 ｜ 경주 황남대총 북분 출토 ｜ 국립경주박물관 소장.

했으며, 기원전 1000년경부터는 금속제 각배가 제작되었다. 아케메네스조 페르시아(Achaemenid Persia, BC 550-330) 시대에는 다양한 형태의 화려한 금은제 각배들이 다수 제작되었다(도 3-19).

고대 스키타이인들은 의식을 행할 때 뿔잔에 피를 담아 나누어 마셨다고 하는데, 기원전 4세기경의 유적인 쿨 오바(Kul Oba) 쿠르간(kurgan) 유적 출토품 중에는 각배를 든 채 서로 껴안고 마시는 황금 장식판이 있다(도 3-20). 원래 뿔잔은 유목민족이 사용하던 것으로, 말 위에서 음료를 마실 때 사용하는 용기였다고 한다. 근래에 자주 듣는 혈맹관계라는 것이 여기서 유래한다고 하는데, 분명치는 않다. 처음 이 유물을 접했을 때는 정작 중요한 뿔잔에 관심이 쏠린 게 아니라, 피를 나누어 마시는 장면이라는 데 말문이 막혔다.

도 3-19 날개달린 사자장식 금제각배
아케메네스조 페르시아 기원전 500-400년 | 이란 하마단 출토 | 이란 테헤란국립박물관 소장.

도 3-20 금제장식판(스키타이인들이 뿔잔에 피를 나누어 마시는 장면)
스키타이 기원전 4세기경 | 우크라이나 쿨 오바 쿠르간 유적 출토 | 러시아 에르미타시박물관 소장.

고등학교 때 서양 영화가 시골에까지 밀려왔다. 그러나 학교에서는 영화 관람을 엄격하게 금지하여 앙드레 지드의 〈전원교향악〉도 관람 금지였다. 그러니 우리는 영화를 보려면 결국 교칙을 어겨야 했다. 내가 몰래 가서 본 영화 중에 〈싱고아라(Singoalla)〉라는 영화가 있었다. 지금도 그 말의 뜻은 모른다. 다만 그 영화에는 집시 여성과 상류사회의, 아마도 왕자였던 것 같기도 한 남성, 두 사람이 사랑의 맹세로 팔뚝을 칼로 그어 피를 나누는 장면이 있었다. 주연 여배우가 글로리아 스완슨(Gloria Swanson, 1899-1983)이었는데, 당시 우리는 집시가 얼마나 천대받던 부족인지는 모른 채, 그래도 매우 충격적인 사랑의 장면으로 기억하면서 그 영화를 보았다. 영화의 결말은 기억나지 않지만 비극적으로 끝난 것 같다.

우리의 고대 유물 중에도 뿔 모양의 잔이 몇 점 있다. 경남 창녕 교동 출토 금동각배(도 3-21)나 금관총 출토 금동각배(도 3-22)가 대표적이다. 이렇게 단독의 각배 이외에 뿔잔을 받치는 잔대를 갖춘 경우도 있고, 그릇받침 위에 네모진 판을 대고 멧돼지나 말, 사슴, 기마인물상 등을 얹고 그 등에 뿔잔을 받친 형태도 있다(도 3-23). 뿔잔은 유목민들이 사용하던 것으로 그들은 뾰족한 잔으로 단숨에 마시고 매달고 다니면서 그대로 보관했지만, 우리 고대인들은 안정된 정착 생활을 영위

도 3-21 금동각배
삼국시대 5-6세기 | 창녕 교동 출토 | 국립중앙박물관 소장.

도 3-22 금동각배
신라 5-6세기 | 경주 금관총 출토 | 국립중앙박물관 소장.

하고 있으므로 잔을 바닥에 놓을 수가 있어야 하기 때문에 받침이 필요했던 것으로 보인다. 그래서 그런지, 신라 고분에서는 각배 받침도 종종 함께 출토된다(도 3-24). 부산 복천동 7호분에서 출토된 가야 토기 중에는 말머리 모양을 한 마두식각배(馬頭飾角杯)도 한 쌍이 있다(도 3-25). 이는 뿔잔의 아래쪽을 말 머리 모양으로 장식하여 받칠 수 있도록 만든 것이다.

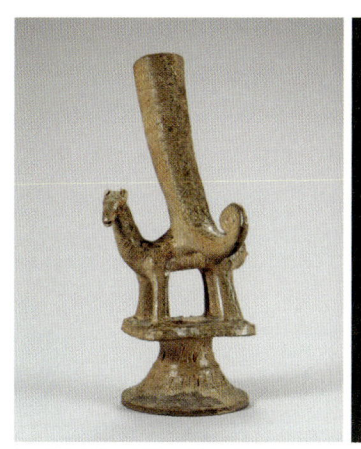
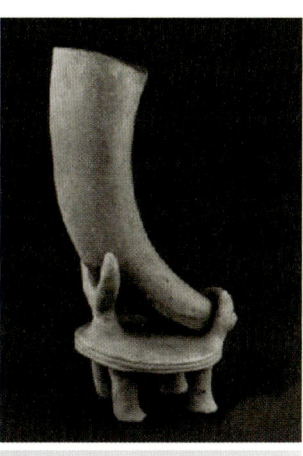

도 3-23 **토제녹상각배**
가야 5-6세기 | 국립중앙박물관 소장.

도 3-24 **토제각배**
신라 | 국립중앙박물관 소장.

도 3-25 **토제마두식각배**
가야 5-6세기 | 부산 복천동 7호분 출토 | 동아대학교석당박물관 소장.

『삼국유사(三國遺事)』의「탈해왕(脫解王)」조에는 석탈해 왕의 심부름꾼이 물 뜨러 가는 심부름 도중에 주인인 탈해보다 먼저 물을 마셨다가 각배가 입에 붙어 떨어지지 않았다는 기사가 보인다. 이런 기사로 볼 때 신라 사회에서 각배는 일찍부터 사용했으며, 일정한 위계 이상에서 사용했던 것으로 보인다. 조선시대의 백자나 분청사기에서도 뿔 모양의 잔을 찾아볼 수 있는데, 아마도 이러한 풍조에서 전해져 온 것이 아닌가 생각해볼 수 있다.

신라의 교역과 관련된 독특한 금속제 그릇으로는 "가반(加盤)" 형식의 대접들이 있다. 가반 형식이라는 것은 대접 모양의 용기들을 이동할 때를 대비해서 여러 개를 포개어 하나로 만든 그릇을 말한다. 요즈음에도 야외에 나갈 때 사용하는 잔은 여러 개를 포개어 겹쳐 보관하는데, 겉으로는 하나로 보이지만 안에 있는 것을 끄집어내면 여러 개가 되는 것과 같은 원리라 할 것이다. 신라의 가반은 5중이나 9중으로, 포개지는 숫자에 따라 구분되는데, 크기는 안쪽 그릇으로 갈수록 차츰차츰 줄어들고, 바닥은 원저(圓低)이다. 맨 바깥쪽의 대접에만 굽이 달려 있어서 안정감을 갖게 한다. 신라의 가반 형식의 그릇은 일본 쇼소인에 다수가 남아 있다(도 3-26). 쇼소인의 신라 가반들은 포장용으로 사이에 끼워 놓았던 헌 종이가 신라의 지방 관청에서 사용한 고문서들이었음이 밝혀져서 신라로부터 전해진 물품이었음이 확인되었다. 가반 사이에 끼워져 있던 고문서들은 "가반문서(加盤文書)"라고 알려져 있다.

쇼소인의 신라 가반들과 비슷한 금속제 그릇들은 경주 안압지, 영천 용계리, 부여 부소산 등과 같은 통일신라시

도 3-26 좌파리구중가반
통일신라 8세기 | 일본 쇼소인 소장.

대 유적에서도 다수 출토되었다.

신라의 이국적 문물 중에서 특히 중요한 공예품들은 유리제 공예품들이다. 그중에서도 경주 미추왕릉지구에서 출토된 인물문 상감유리구슬 목걸이는 독특하고 이국적인 인물이 표현되어 있어서 일찍부터 주목되었다(도 3-27). 이 목걸이 중 한 개의 상감유리구슬에는 아름다운 인물과 나무와 새들이 감장되어 있는데, 인물상은 얼굴이 희고 코가 높은 이국적인 모습이다(도 3-28). 이러한 유리구슬을 중국에서는 "청령옥(蜻蛉玉)", 일본에서는 "돈보다마(トンボ玉)"라고 부르는데(도 3-29), 이는 모두 "잠자리구슬"이라는 뜻으로, 잠자리 눈알을 닮은 구슬이라는 것이다. 우리는 그냥 상감유리구슬이라고 한다.

도 3-27 인물문 상감유리구슬 목걸이
신라 5-6세기 | 경주 미추왕릉지구 C-4호분 출토 | 국립경주박물관 소장.

도 3-28 인물문 상감유리구슬(도 3-27)의 세부
국립경주박물관 소장.

도 3-29 잠자리구슬 목걸이 세부
기원전 3세기-기원후 1세기 | 동지중해 연안 출토 | 일본 히라야마 이쿠오 실크로드미술관 소장.

이 상감유리구슬을 만드는 방법은 아주 재미있어서 간단히 소개해본다. 우리가 김밥을 만드는 일을 생각해 보자. 김발에 밥을 펴서 그 안에 여러 가지 고명을 길게 넣어 잘 말아서 자르면 그 단면이 고명을 넣은 모양대로 나타난다. 이처럼 유리도 단면이 여인의 얼굴을 비롯한 문양들을 빛깔과 위치를 맞추어 유리봉을 포개서 넣고 둥글게 말아서 자르면 단면은 납작해지는데 그것을 유리가 아직 따뜻할 때 다듬으면 얼굴이 약간 변형되면서 구슬이 완성된다(도 3-30). 미추왕릉지구 출토 목걸이의 여인상이 갸름한 얼굴을 한 것은 마지막 가공단계에서 생긴 변형의 흔적으로 볼 수 있다. 신라의 상감유리구슬은 인물문이 상감된 것도 있지만 코발트블루의 바탕색에 황색 반점이 있는 잠자리구슬 계통이 많은 편이다.

신라 고분에서 출토된 매혹적인 유리(琉璃, glass) 제품들은 서역에서 전래된 것으로 추정된다. 유리의 기원에 대해서는 분명하지 않으나 기원전 18세기경 고대 메소포타미아 지역에서 시작했다는 학설과, 기원전 15세기경 이집트에서 시작되었다는 학설 등 두 지역이 지목되

도 3-30 **인물문 모자이크구슬**
기원전 3세기-기원후 1세기경 | 동지중해 연안 및 이집트 출토 | 일본 히라야마 이쿠오 실크로드미술관 소장.

어 왔다. 당시의 유리는 소다유리(Soda Glass)로서 인공의 보석으로 애용되었다.

기원전 1세기에서 기원후 4세기경의 로만 글라스(Roman Glass)와 기원후 2세기에서 5세기의 사산조 페르시아에서 제작된 커트 글라스(Cut Glass)와 같은 유리들은 모두 초원의 길을 거쳐서 우리나라까지 유입된 이국의 신물질이다.

비단길이라고 알려진 실크로드에서 초원의 길이나 사막의 길을 따라 낙타에 짐을 싣고 다니는 대상에 의하여 상품이 운반되어 오고 갔다면, 유리를 싣고 가는 그 길의 어려움은 가히 짐작할만하다. 그러니 이러한 유리가 얼마나 귀하게 대접받았을지는 쉽게 상상할 수 있을 것이다.

오늘날에도 유리그릇의 투명하고 아름다운 모습에 현혹되지 않을 수 없다. 비단이라면 착착 접어서 얼마든지 낙타 등에 실을 수 있을 것이지만, 유리는 대단한 포장 기술이 있어야 했을 것이다.

중국에서는 전국시대에 이미 상감유리가 알려져 있었다. 육조시대(六朝時代)에는 로만 글라스 기법이 유입되었고, 6세기 전반에는 중국 북조(北朝) 유적에서 사산조 페르시아의 커트 글라스 계통의 유리완(琉璃碗, 도 3-31)과 로만 글라스 계통의 유리배(琉璃杯)가 함께 출토되었다. 수당대(隋唐代)에는 유리그릇이 사리기(舍利器)로 애용되었다. 원나라 때 단절되었던 유리는 명말(明末)의 외래 기술 유입으로 다시 제작되기 시작했으며, 청나라 건륭황제 때는 유리 제작이 성행하여 이른바 건륭유리라고 일컬어지기까

도 3-31 유리완
중국 북위 5세기 | 중국 산서성 대동남교 북위 묘군 출토 | 중국 대동시박물관 소장.

지 하였다.

『삼국지(三國志)』「위지(魏志)」동이전(東夷傳)에는 우리나라 사람들이 구슬을 옷에 꿰매거나 목과 귀에 매달았다는 기록이 전하고 있어서, 우리나라에서 구슬을 일찍부터 애용했음을 짐작게 한다. 이와 함께 유리도 일찍부터 사용하기 시작한 것으로 보인다.

유리그릇은 삼국시대 신라 고분에서 주로 출토되고 있다(도 3–32). 서봉총에서는 유리팔찌와 유리잔이 출토되었으며, 황남대총에서는 사산조 페르시아의 커트 글라스 계통의 유리완과 로만 글라스 계통의 완과 반이 함께 출토되었다. 한편 송림사 전탑 출토 사리기 중에는 녹색 유리배와 유리병이 발견되었다.

금관총이나 금령총 등과 같은 신라의 대형고분에서 발견되는 유리잔이나 병과 같이 화사한 유리용기 중에는 실크로드를 통해 유입된 것이 적지 않았을 것이다. 신라 고분 출토 유리용기 중에서 가장 독특한 것은 황남대총에서 출토된 봉수형 유리병(鳳首形琉璃甁, 도 3–33)으로, 흔히 호병(胡甁)이라고 부르는 형식에 속한다. 호병은 금속제, 유리제, 칠제(漆製) 등 다양한 재질로 만들었으며, 둥그런 몸체에 가느다란 목과 굽이 달리고 주구(注口)는 여러 가지 동물을 본뜬 형태이다. 이런

도 3–32 유리그릇
신라 5-6세기 | 경주 서봉총, 금관총, 천마총, 황남대총 북분 출토 | 국립중앙박물관·국립경주박물관 소장.

유리그릇들은 얼마나 완벽하게 포장을 해서 그 먼 여정을 거쳐 신라에 왔으며 어떤 분의 사랑을 받다가 무덤에 함께 갔을까? 생각하면 참으로 귀한 것이었으리라.

유리 이야기가 나온 김에 유리의 역사를 간단하게 살펴보겠다. 유리의 성형법(成形法)은 대부분 서방에서 발전했으며, 제작기술에 따라서 다양한 종류가 있다.

코어 글라스(Core Glass)는 샌드 코어 글라스(Sand Core Glass)라고도 하는 기법으로 제작된 유리이다. 이 기법은 막대기의 끝을 심으로 하여 원하는 형태를 만들어 녹은 유리를 덮어씌워서 성형하는 기술로, 기원전 2천 년경 이집트와 메소포타미아 지역의 유리 제작에 사용되었다.

도 3-33 **봉수형유리병**
신라 5세기 | 경주 황남대총 남분 출토 | 국립경주박물관 소장.

블로운 글라스(Blown Glass, 吹き ガラス)는 대롱불기 기법으로 제작된 유리들이다. 대롱불기 기법은 금속제 파이프의 끝에 녹은 유리 용액을 바르고 반대쪽 끝에서 풍선 불듯이 불어서 유리기를 성형하는 제작기술이며, 유리공예의 일대 혁신을 불러온 중요한 기법이다. 시리아 해안에서 기원전 1천 년경에 창안된 기술로, 값싸게 유리를 양산(量産)할 수 있는 기법이다. 로마 제국의 지배 아래에 있었던 모든 지중해 연안 지역에는 이러한 유리 제작기술이 널리 퍼졌기 때문에, 이 기법으로 제작한 유리를 로만 글라스(Roman Glass)라고 부르기도 한다. 로만 글라스의 양식과 제작기법은 사산조 페르시아의 유리 제작기술과 이슬람 유리 제작기술 등의 과도기와 변형을 거쳐서 중세 유럽의 유리 제작기술로 이어지게 된다.

13-17세기경 중세 유럽의 유리 제작기술은 이탈리아 베네치아 지역을 중심으로 발전하여, 베네치안 글라스(Venetian Glass) 양식

을 형성하였으며, 베네치아나 뉘른베르크에서 생산된 유리 거울은 금속제 거울을 대체하게 된다. 17세기 이탈리아의 유리 제작기술이 쇠퇴하기 시작한 이후에는 보헤미아와 영국 등 여러 곳에서 유리 제작기술이 발전하였다. 보헤미아 지역의 보헤미안 글라스(Bohemian Glass)를 비롯하여 영국의 크리스털 글라스(Crystal Glass), 프랑스의 바카라(Baccarat) 등이 발전하기 시작했다. 1903년 미국에서는 칼더(F. Carder)에 의해서 스튜벤 글라스(Stueben Glass)가 설립되었으며, 여기에서 이루어진 투명한 고급 유리 제작기술의 발명은 유리 제작기술의 질적 향상을 가져왔다. 스튜벤 글라스는 2008년 유명한 코닝 글라스(Corning Glass)에 합병되었다.

고대 유리 제작기술 중에서 독특하고 중요한 것으로는 커트 글라스(Cut Glass) 기법이 있다. 이 기법은 대롱불기 기법으로 제작한 로만 글라스의 표면을 커트(cut) 기법, 즉 깎아서 장식하는 기법이다. 커트 글라스 기법은 이란 고원에서 사산조 페르시아 시대에 특히 발전했으며, 커트 글라스 기법으로 만들어진 유리기들은 카스피해 남안(南岸) 지역부터 시작하여 중국과 한국에까지 널리 유행하였다.

상감유리구슬을 만드는 기법과 비슷한 계통의 제작기술은 밀레피오리 글라스(Millefiori Glass), 혹은 모자이크 유리 제작기술에 속한다. 밀레피오리라는 말은 "천화(千花)", 즉 천 개의 꽃송이라는 뜻이다. 이 제작기술로 만든 유리기들은 17세기경 이탈리아의 베네치아 지역에서 크게 유행하였다.

고대의 유리 제작기술은 이슬람시대를 거치면서 변화 및 계승되었는데, 이슬람 지역에서는 12세기경부터 에나멜이나 금으로 채색(彩色)하여 장식한 유리가 유행하였으며, 이를 금채(金彩), 혹은 에나멜채(彩) 유리라고 부른다. 이러한 유리 제품들은 특히 인도 무굴(Mughal) 제국시대(1526-1857)에 다수 제작되었다.

18-19세기에는 프랑스가 창문에 쓰이는 유리와 거울의 태반을 공급하게 된다. 1878년과 1889년의 파리 대박람회에서는 아르 누보(Art Nouveau) 미술 양식의 열풍과 함께 특히 유리 공예품들이 주목받았다. 제1차 세계대전 이후에는 아르 데코(Art Deco) 미술 양식이 널리 유행하면서, 유럽 여러 나라에서 각각 유리 공예품의 제작에 큰 관심을 기울였다. 오늘날에도 프랑스의 바카라 글라스, 영국의 크리스털 글라스, 미국의 코닝 글라스가 국제적으로도 명성이 높다.

1956년 한국에서는 『스튜벤 글라스, 유리수정(水晶)에 조각(彫刻)된 동방회화(東方繪畵)』 특별전시회가 개최되었다(도 3-34). 이 전시회는 한국전쟁 이후 덕수궁 석조전으로 수복한 국립박물관의 개관기념 특별전시회였다. 나는 서울로 출장을 오셨던 선친을 따라 덕수궁 안에 있는 박물관에 갔다가 이 전시회를 보았었다.

이 전시회는 각 지역의 현대미술가와 협력하여 장식용 유리 조각품을 제작하던 스튜벤 글라스 회사에서 극동, 동남아, 인도 및 실론, 중동, 근동으로 나누어 각국의 대표적인 작품을 회사의 도안부에서 디자인하여 유리의 모양을 정하고 대표 작품을 유리에 새겨 넣어 만든 작품들을 전시하였다. 한국에서는 운보 김기창(金基昶, 1913-2001) 화백의 〈검무(劍舞)〉를 바탕으로 한 도안이 채택되어(도 3-35), 받침이 있는 부채 모양의 유리그릇에 다섯 사람의 악사와 검무를 추는 두 인물을 새긴 작품이 제작 및 전시되었다.

서역에서 전래된 문물과 함께 새로 들어온 서역적 문양도 신라의 문물에서 상당히 널리 유행하였다. 그중에서도 중요하고 대표적인 문양은 연주문(聯珠文)과 원권문(圓圈文)이다. 연주문은 독특한 어자문(魚子文) 전용 정(丁)으로 작은 원형문(圓形文)을 금속기의 바탕에 깔듯이 시문하는 경우도 있고, 원형문을 연이어 찍어서 선(線)을 표현하거나

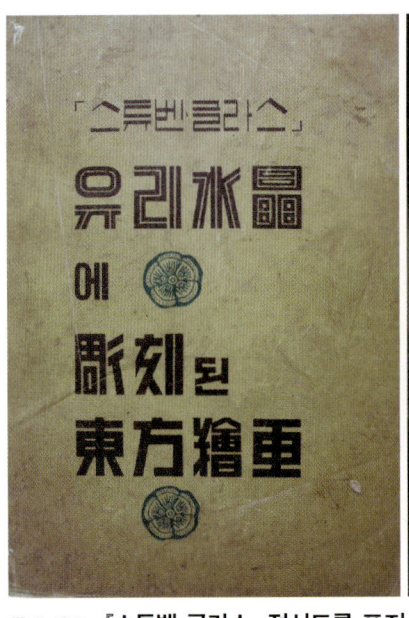

도 3-34 『스튜벤 글라스』 전시도록 표지
1956년.

도 3-35 검무 도안 유리 작품
김기창 | 현대 | 『스튜벤 글라스』 전시 출품작.

도 3-36 장대석
통일신라 8-9세기 | 국립경주박물관 소장.

둥근 원권문을 표현하기도 한다. 국립경주박물관 정원에 있는 장대석(長臺石)은 표면에 아름다운 원권문으로 감싸고 그 안에 사자와 공작문(孔雀文)을 새겨 넣은 독특한 것이다(도 3-36).

어자문 기법은 특히 통일신라시대에 성행한 금속공예 기법으로 여러 유물에서 찾아볼 수 있다. 경주 안압지에서 출토된 금속공예품 중에는 어자문 시문 솜씨가 서로 달라서, 숙련공과 초보자의 차이를 구분할 수가 있다(도 3-37, 4-30).

서역적 문양에 한 가지 덧붙인다면, 서역산 꽃이나 과일, 혹은 동물과 관련된 문양도 있었을 것이다. 당초문(唐草文), 석류문, 포도문 같은 것들이 그러한 예이다.

도 3-37 **금동풍탁**
통일신라 8-9세기 | 경주 안압지 출토 | 국립경주박물관 소장.

나는 경남 진주 출신이라, 진주에서 가끔 석류를 보기는 했다. 남쪽에서는 대부분 집에서 보통 장독대 옆이나 우물가에 석류나무가 서 있다. 석류나무에서는 초여름 5월이면 빨간 꽃이 예쁘게 피었다가, 가을이 오면 자그마한 열매가 톡 터져서 안에 있는 열매가 알알이 보였는데, 그 열매는 시어서 먹을 수는 없었고 약용으로만 쓴다고 알고 있었다.

그러다가 이란 혁명(1979) 이전에 이란에 한 번 가 볼 수 있었다. 이란에서는 가는 곳마다 석류가 산더미처럼 쌓여 있는데, 그걸 보고 당황한 경험이 있다. 이란의 석류는 진주에서 본 것보다도 훨씬 크고 빛깔도 고왔다. 한국의 석류가 작은 것은 아마도 기후가 안 맞아서였겠지만. 생 열매를 꾹꾹 눌러서 짜낸 이란의 석류즙은 이 세상에서 가장 환상적인 맛이었다. 그 빛깔이며 향기는 지금도 생생하게 기억한다.

석류와 포도가 신라시대에 서역에서 왔다는 것을 알았다. 석류와 포도의 풍성하고 알알이 맺힌 열매는 풍요의 여신에게 바치는 공물이기도 했다는데, 이러한 것들이 당경(唐鏡)의 해수포도문경(海獸葡萄文鏡) 등과 같은 동경(銅鏡)의 문양이나, 고려 청자에서 즐겨 쓴 포도동자문(葡萄童子文)의 시작이 될 것이다. 또한 그즈음에 감도 들어 온 것이 아닌가 생각된다. 역시 산더미처럼 쌓인 감이 이란의 곳곳에서 눈에 띄었다. 다만 떫은 감인지 단감인지는 확인하지 못하였다.

『일본서기(日本書紀)』에는 신라에서 일본으로 낙타가 건너갔다는 기록이 있는데, 이 말은 신라인들도 낙타를 보았다는 의미일 것이다. 가엾은 사막의 동물은 머나먼 서역에서 여기까지 오면서 고생만 많이 하지 않았을까?

신라인의 기술과 전문기능인

신라의 장인(匠人)들은 견당사(遣唐使)나 유학생을 따라 당나라나 서역까지 다니면서 뛰어난 공예 기술과 제작기법을 배웠을 것이다. 전성기의 신라와 동시대의 페르시아에는 사산 왕조가 있었다. 사산조 페르시아는 문화적 절정기를 이루었으나, 이슬람의 침입으로 왕조가 무너지면서 많은 왕족, 귀족 그리고 장인들이 당나라로 건너왔다. 그들에 의해서 유입된 서역 문물은 당나라에서 더욱 성행하였으며 여러 가지 변화를 불러왔다.

신라에 남아 있는 문물 가운데서 서역적 요소가 많은 것을 분류해 보면, 먼저 서역 장인들이 직접 만든 것을 들여온 것이 있을 것이고, 다음은 서역산 물건을 당나라나 신라의 장인들이 배워서 만든 것, 그리고 그다음으로는 당나라나 신라의 장인들이 스스로의 아이디어를 섞어서 만들어 낸 것, 그리고 당나라나 신라 사람들의 주문으로 만들어진 것 등이 있어서, 그 종류가 매우 다양하다고 생각한다.

이렇게 보면 현재 남아 있는 서역 관련 유물은 극히 일부에 지나지 않는다. 사절단, 유학생, 상인들과 심지어 밀무역 상인들 모두가 그 당시에 왔다 갔다 했을 텐데, 그때는 여권도 필요 없었을 것이며 그들이 들고 오는 물품에 관세도 없었을 것이다. 많은 새로운 문물이 유입되면서 그와 관련된 모방제품이 성행해도 지금처럼 비싼 로열티를 낼 필요가 없었을 테니, 새롭고 다양한 기법을 활용하여 얼마나 변화무쌍한 작품을 열심히 만들어 냈을지 짐작이 갈 것이다.

한번은 이러한 기술 이전 과정을 이해하기 위해서, 해외여행에서 돌아온 사람들에게 받은 선물을 내 나름대로 고현학적(考現學的) 측면에서 풀어보고 싶었다. 그 첫번째 사례로 삼아 보려고 한 것이, 옛날 거울을 대신해서 현대 여성들의 화장에 필수품인 콤팩트였다.

한때, 해외여행에서 돌아온 사람에게 콤팩트라도 하나 받으면 그건 대단한 것이었다. 작지만 매우 큰 선물이었다. 그런데 이 콤팩트는 파리, 런던, 뉴욕 등 서양의 오리지널 제품으로 해외여행에서 직접 가져온 것도 있었지만, 어떤 경로인지는 모르겠지만 국내에서 유통되고 있던 것도 있었다. 이 중에는 외국 본사와의 계약에 따라 국내에 공급 및 유통되는 것도 있었고, 짝퉁이라고 부르는 외국 진품을 모방한 제품들도 있다. 또한 이제는 우리나라에서 자체 생산한 국산 제품도 있다. 지금은 한국산 콤팩트를 사기 위해서 외국 관광객들이 줄을 서기도 한다고 한다. 또한 전혀 알려지지 않은 제3국에서 생산된 제품도 있다.

이렇게 다양한 콤팩트의 본적지와 그 흐름을 찾아보려고 한동안 먼저 가까운 친구들의 핸드백을 열심히 뒤진 적이 있는데, 나의 고현학적 연구조사 계획은 바로 실패하였다. 하도 다양한 것이 뒤범벅된 상태라 현황을 파악하기도 힘들어서, 시간이 지나서 정비된 다음이라야 분류가 가능할 것 같았다. 한때는 지나가는 여성에게 핸드백 좀 보자, 콤팩트 좀 보여달라 하고 싶은 충동을 참아야 했다. 그러나 애석하게도 결국 현대 콤팩트를 중심으로 한 나의 고현학적 연구는 실패하였다. 고고학적 조사연구나 해야지, 첨단 유행의 선두에 있는 물건들은 나와 인연이 없는 모양이다. 따라서 적어도 한 세대가 지나서 남아 있는 고고학적 유물이라야 나는 해석할 수가 있는 모양이다.

고대 사회에서 해외에 나가는 원거리 교역 상인이나 사절단, 또는 유학생이 작은 동경을 하나 가져다주었다면 그것은 결코 뇌물은 아닐 터이니, 가벼운 인사치레로 적당한 선물이었을 것이다. 동경의 분포지가 넓은 이유는 바로 이러한 연유에서 비롯된 것은 아닐까 스스로 해석해 본다.

신라의 장인들은 이러한 다양한 경로로 전해진 새로운 문물을 꾸준히 받아들이면서 다양한 물품을 제작하였다. 『삼국사기』「잡지(雜志)」조에는 이러한 신라의 물품 제작과 관련된 다양한 전문기능인에 대해서 기록해 놓고 있다. 여기에는 내성 즉 궁정에서 일하는 각 부서의 명칭과 담당직의 인원 숫자가 기록되어 있다. 이러한 전통적인 기능에 외국과의 교류에서 터득한 기술로 더욱 발전한 예들이 보인다. 대표적으로 금속공예기법은 서역의 페르시아나 소그드의 금공기술이 많은 영향을 끼치고 있었다.

일본 나라(奈良)시대의 중요한 물품을 보관하고 있는 도다이지(東大寺)의 쇼소인에는 갖가지의 신라 문물이 지금도 다수 보존되어 있다. 그 가운데는 "신라양가상묵(新羅楊家上墨)"과 "신라무가상묵(新羅武家上墨)"이라는 명문이 뚜렷하게 보이는 배 모양의 먹이 있다 (도 3-38). 이 명문의 기록은 신라에 양씨와 무씨 성을 가진 전문적인 먹 제조업자가 있어서 일본과 교역을 했음을 뜻한다.

쇼소인에는 여러 점의 색전(色氈)과 화전(花氈)이 남아 있는데, 이는 털로 짠 융단이다. 단색으로 짠 융단을 색전이라고 하고, 문양을 넣어 짠 것을 화전이라고 하는데, 이 중에서 몇 점을 신라에서 가져간 것으로 확인되었다. 일부 유물에서 색전첩포기(色氈貼布記), 혹은 화전첩포기(花氈貼布記)라고 부르는, 별도로 붙여 놓은 묵서명들이 발견되었기 때문이다. 특히 색전첩포기에서 이두의 묵서명이 발견된 보라색 융단은 신라에서 가져간 것이 확실하다. 이 융단의 모퉁이에는 작은 헝겊을 매달아 "자초랑댁 자칭모일(紫草娘宅 紫稱毛一)…"이라는 이두의 묵서명을 써놓았는데, 이는 신라 자초랑댁에서 융단을 구입해 간 것을 알려주는 것이다(도 3-39). 아마도 자초랑은 글자 그대로 보라색을 다루며 또한 교역에도 관여한 여성을 뜻하는 것으로 해석된다. 최근까지도 경주에는 동방댁, 입실댁 등으로 출신 친가에 따라 부르는 여성의 택호(宅號)가 남아 있었고, 그 택호가 전화번호부에도 등재되어 있었다. 신라 여성들 사이에서 이러한 융단은 마구나 수레에 사용을 제한했다는 기록이 남아 있다.

도 3-38 신라양가상묵 및 신라무가상묵의 명문이 기록된 먹

통일신라 8세기 | 일본 쇼소인 소장.

도 3-39 자초랑댁명 보라색 융단 / 색전첩포기

통일신라 8세기 | 일본 쇼소인 소장.

전문 기능인 또는 그와 관련된 직종을 보면 앞에서 본 여러 기능인 이외에 먹을 제조하는 장인, 융단 제조 장인 등이 있으며, 각종의 기와장인, 금속장인 등도 있었을 것이다. 또 그들 중에는 성덕대왕신종에서처럼 "박대나마(朴大奈麻)"와 같이 장인의 이름과 관직이 명문으로 밝혀진 경우도 있다. 농부나 상인 또는 사냥꾼 등도 생업을 위한 전문인이라 할 수 있으며, 아마도 사냥꾼은 전문적인 사냥꾼과 취미로

하는 전문인으로 구분이 가능할 것이다.

안압지 출토유물 중에 잔편(殘片)으로 남아 있는 칠기 가운데 평탈기법(平脫技法)이 보인다(도 3-40). 칠기공인들의 뛰어난 솜씨를 대변해 주는 것이다. 이러한 칠기의 평탈기법은 동경(銅鏡) 제작에서도 그 솜씨가 발휘되었다(도 3-41).

남아 있는 유물에서 장인들의 솜씨 구분이 가능한 예들은 금속공예의 어자문(魚子文) 공인(工人) 집단을 들 수 있다. 안압지에서 출토된 옷걸이로 사용했던 것으로 보이는 벽걸이용 장식금구에는 어자문 기법이 보이는데다(도 4-30), 이것은 둥근 정으로 작은 알맹이 모양을 바탕에 가득 깔거나 선으로 나타내는 기법이다. 마치 물고기의 알, 즉 어란(魚卵)

도 3-40　평탈칠기
통일신라 8세기 ｜ 경주 안압지 출토 ｜ 국립경주박물관 소장.

도 3-41　청동금은평탈경
통일신라 8-9세기 ｜ 동원 이홍근 기증품 ｜ 국립중앙박물관 소장.

처럼 보인다고 하여 어자문이라고 부르는데, 중국에서는 진주문지(珍珠文地)라고 부르기도 한다. 그런데 안압지 유물 가운데 보이는 어자문은 깊이나 간격이 일정하기도 하지만, 때에 따라서는 간격이 맞지 않거나 깊이가 다르거나 어떤 것은 둥근 모양이 다 나타나지 않아서 생선 비늘처럼 보이는 경우도 있다. 이렇게 서로 다르게 찍힌 어자문 상태를 고려하여 안압지 유물을 분석하여 보면, 적어도 네 사람의 공인이 작업했음을 알 수 있다. 이러한 작업 방식의 차이는, 금속공예의 장인 집단에서도 어자문 공인 집단이 분업적으로 작업했음을 알려준다. 일본의 쇼소인 문서를 보면, 당시 다른 금속공예 장인들보다 어자문 공인의 공임이 더 비쌌다는 것도 기록에 남아 있다.

박물관에서는 5월 18일 세계박물관의 날을 기해, 그 전후의 월요일에 어린이 그림 그리기·만들기 대회를 열었다. 근래에는 월요일 휴관이 없어졌지만, 옛날에는 월요일에 박물관이 휴관을 했었다. 오랫동안 어린이 만들기 대회는 국립경주박물관에서만 진행되었는데, 어린이들이 특히 뛰어난 재능을 보이는 장르이다. 초등학교에 다니는 작은 어린이들은 조각판과 작은 점토를 제대로 들지 못해서, 가끔 대신 들어주고 따라가는 경우가 종종 있었는데, 한번은 한 어린이가 전시실을 빙빙 돌다가 토우 앞에서 멈추었다. 그 아이가 자리 잡는 것을 보고 나왔는데, 좀 있다가 곧 다 만든 작품을 들고 나왔다. 토우를 빚었는데 잘 만들어서 놀랄만했다. 신라 도공의 피가 흐른다고 혼자 판단하면서 기이하다고 생각한 적이 있다. 가까운 대학의 교수들이 심사를 했는데, 한결같이 그 작품에 감탄하는 것을 본 적이 있었다.

가끔 TV에 나오는 시골의 전통시장 풍경을 보면 대장간이 보여 자리를 고쳐 앉으며 반가운 마음을 표한다. 필자가 어렸을 때까지도 마을 단위로 대장간이 있어서, 식칼이나 낫, 호미 등 농기구를 만들어 공급했다. 칼이나 낫의 이가 빠지면 가져가서 벼리어 달라고 하면 다

도 3-42 금은도금청동죽절주박산로
중국 전한대 기원전 2세기 | 중국 섬서성 흥평시 두마촌 무릉배장묘출토 | 중국 섬서역사박물관 소장.

시 달구어 몇 번 두드리면서 바로 날을 세워주곤 하였다. 그들을 대장장이라고 불렀다. 대장간의 장인(匠人)이라는 소리이다. 옛 날에는 동기(銅器)를 제작하는 장인들이 가끔 위조화폐(僞造貨幣)를 몰래 만들어 문제가 되기도 하였다. 이런 방식의 일반 가정용품 만들기는 고분에 부장된 철정(鐵鋌)으로 대변할 수 있을지도 모른다. 그러나 실제로 철정은 가정용품을 제작하기보다는 아마도 무기(武器)나 마구(馬具) 등을 만드는 데 쓰이지 않았을까 짐작하게 한다. 당시 철정은 부의 상징이기도 했다. 문제는 귀금속 제품의 제작에 관한 일이다.

중국의 수공업 공방 사례를 잠깐 살펴보자.

중국에서는 아주 일찍부터 금속공방이 존재했다. 섬서성(陝西省) 한나라 무제(武帝)의 무릉배장묘(茂陵陪葬墓)에서 출토된 죽절주박산로(竹節柱博山爐, 도 3-42)를 비롯하여, 수많은 유적에서 다량의 동기(銅器)가 출토되었는데 그중에는 각명(刻銘), 즉 명문을 새긴 예가 상당히 많다. 한대 죽절주박산로의 명문은 몸체, 뚜껑, 기좌(器座)에 새겨져 있는데, 그중에 "내자(內者)"라는 명칭이 보인다. 또한 하북성에서 발견된 한나라 유승(劉勝)의 부인인 두관의 묘(竇綰墓)에서도 다수의 동기가 발견되었는데, 그중 소녀상 형태의 등(燈)에는 "장신상욕(長信尙浴)"이라는 명문이 새겨져 있다(도 3-43). 이는 한 무제의 모후의 궁전인 "장신궁(長信宮)"에서 사용한

도 3-43 장신궁에서 쓴 금동등
중국 전한대 기원전 2세기 | 중국 하북성 만성한묘 두관묘 출토 | 중국 하북성 박물관 소장.

문물임을 뜻한다. 그 외에도 한나라 때의 청동기 중에는 "내관조(內官造)", 혹은 "사공조(寺工造)" 등의 각명을 가진 예들을 흔히 볼 수 있으며, 이는 궁중 내관이나 사찰의 공방에서 제작된 것임을 말해준다.

중국의 수공업 공방은 부역이나 장기복역수가 참여하였으나, 금은기의 제작은 원료가 진귀하고 고가이며 공예기술이 복잡하여 어려웠다. 또한 전문가 양성은 장기적으로 이루어져야 하지만, 수요는 적고 가격 문제로 생산에도 제한이 있었다. 따라서 이러한 공방은 황실과 중앙관청이나 지방관청이 중심이었고, 그 외에는 사원이나 소수의 개인 공방이 존재했던 것으로 알려지고 있다. 한나라 때 왕실용품의 제작 및 관리는 중앙의 소부(少府) 소속의 상방(尙方)에서 담당하였으나, 당나라 때는 "관작(官作)"과 "사인(私人)"의 두 종류가 있었던 것으로 보인다. "관작"이나 왕실의 "금은작방원(金銀作坊院)"에서 제작한 작품이 왕에 의하여 상품이나 하사품 등으로 민간에 흘러나온 것이 표본이 되면서, 민간의 수공예공방에 영향을 미치게 되었다. 그리하여 안사(安史)의 난 이후에는 사회경제가 발전했던 남방 지역에서 대규모의 "민간금은작방(民間金銀作坊)"이 나타나 그러한 영향을 받은 다수의 금은기를 제작하게 되었다.

이러한 중국의 수공예 공방 경향을 감안한다면, 신라나 백제 등에도 왕실 공방이 있었거나, 특정한 공방에서 왕실의 수요에 의하여 제작하였으리라 짐작하기 어렵지 않다. 무령왕릉 출토의 금속제 기명(器皿)은 백제의 특정 공방에서 능히 제작하였을 것이며, 더 나아가 근래의 조사에 따르면 백제 왕실에 의하여 금동대향로나 사리장엄구가 제작되었다. 또한 그들의 일부가 일본으로 건너갔을 것이다. 백제의 창왕(昌王) 연간에는 매형공주(妹兄公主)가 왕실을 위해 사리장엄구를 제작하였는데, 이렇게 왕실에서 사리장엄구를 제작할 때 어디에서 어떤 집단이 제작에 관여하였는지는 짐작하기 어렵지 않다. 그러한 집단이 무령왕비를 위해 팔찌도 만들어 바쳤을 것이다(도 3-44). 아마도 무령왕비의 팔찌를 만들었던 "다리(多利)"의 집안사람이 일본으로 건너가 기술을 전수하면서 도리(止利) 집단이 형성되었을 것이다. 일본에서 도리 집단은 불상 제작으로 유명하여, 그들이 만든 불상 양식을 도리(止利) 양식이라고 부른다.

금속공방이 아니라도 큰 사찰 등에서는 금속공방뿐 아니라 기와 등 다량생산을 위한 공방이 공존하였음을 짐작할 수 있다. 그리고 한편으로는 민간에서도 장인들을 직접 불러서 문제를 해결하기도 하였다.

지난 세기 초까지도, 나의 어머니가 어릴 때, 외가에서는 늦여름이면 닥종이 전문가를 집으로 불러서 종이를 직접 떠서 썼다는 얘기를 자주 들었다. 가을이 오면 장지문, 덧문까지 뜯어서 새로 바르고 문풍지도 정성스레 붙인다. 더러는 국화잎이나 코스모스를 한 송이 문짝에 붙이고 한 번 덧바르면 멋있는 장식문이 된다. 오늘의 스테인드글라스에 비길까? 유리 조각 하나를 가져다가 대문 쪽 혹은 안마당 쪽으로 덧바르면 문을 열지 않고도 밖이 내다보인다. 또 반대로 밖에서 안이 보이지 않도록 유리 조각 위에 작은 한지를 덧바르면, 평상시에는 덮어 두었다가 필요에 따라 살짝 들치면 된다. 마의 유리에 비할까?

현재 전하는 유물의 양은 많지 않으나, 옛날의 생활 모습을 짐작

도 3-44 다리(多利)라는 사람이 만든 은제팔찌
백제 520년 | 공주 무령왕릉 출토 | 국립공주박물관 소장.

할 수 있는 이국적 문물 자료가 가끔 땅속에서 확인된다. 당나라 문물과 비교하면서 살펴보기로 하자. 중국 당나라 때는 섬서성(陝西省) 부풍현(扶風縣)의 법문사탑(法門寺塔) 지궁(地宮)에서 출토된 문물들(도 3-45)과 서안시(西安市) 하가촌(何家村) 출토 문물들이 가장 주목된다.

먼저 법문사는 중국 역대 왕실이 숭상하던 불교 사원으로, 13층의 전탑(塼塔) 지하에 네 개의 방으로 이루어진 지궁, 즉 지하 궁전을 만들어서 갖가지 문물들을 공양하였다. 이 문물들은 당나라 때 성행했던 사리공양(舍利供養) 행사를 거행하면서 공양한 것인데, 금은기, 사리공양구, 다구(茶具), 의류 등 방대한 공양품들이 발견되었고, 각 공양품의 명칭과 수량을 정확히 명문으로 새겨 놓은 비석이 함께 발견되었다. 약칭 "의물장(衣物帳)"이라고 부르는 이 비석은 지궁 입구에서 발견되었다. 법문사탑 지궁의 문물들은 9세기 이후 오랫동안 역사상에서 잊

도 3-45 법문사탑 지궁 후실 출토 상태
중국 당 9세기 | 중국 섬서성 서안시 법문사.

혀 있었다. 홍위병의 난 때 탑이 훼손의 위기를 맞기도 했으나, 사찰 주지의 분신으로 보존되기도 했다. 1980년대에 전탑이 무너지면서 지궁이 발굴 조사되었다. 법문사탑 지궁의 발견과 발굴조사는 중국 고고학사상 최대의 수확 중 하나이며, 중국 불교 중흥의 계기가 되기도 했다.

서안 하가촌 출토 유물은 당나라 때의 "흥화방(興化坊)"이 있던 지역에서 발견되었다. 이곳은 당나라 고종의 손자였던 빈왕(邠王) 이수예(李守礼)의 거주지였던 곳으로 추정되는데, 1972년 이곳에서 다수의 교장유물(窖藏遺物)이 발견되었다. 커다란 항아리 두 개 안에서 270여 점의 금은기(도 3-46, 47)와 약, 보석, 화폐 등이 들어있는 상태로 출토된 것이다. 아마도 집주인이 안록산의 난 때 묻어두고 피난을 갔다가 돌아오지 못하였는지, 당나라 때 유물이 처음 묻힌 그대로 발굴되어 유

도 3-46 **은제도금호**
중국 당 7-8세기 | 중국 섬서성 서안시 하가촌 출토 | 중국 섬서역사박물관 소장.

도 3-47 **은제도금합**
중국 당 7-8세기 | 중국 섬서성 서안시 하가촌 출토 | 중국 섬서역사박물관 소장.

명하다. 이는 전형적인 교장유물이다. 그 밖에도 중국에는 교장유물의 출토 예가 많이 알려지고 있다. 나라가 그만큼 편하지 못했다는 것과, 또 버리고 떠나지 못할 만큼 많이 가지고 있었던 자들이 있었음을 대변하는 바일 것이다.

고고학적으로 땅속에서 다수의 생활 관련 유물이 출토되는 대표적인 매장유물은 성격에 따라 크게 세 가지 종류로 나눌 수 있다. 첫 번째는 무덤에 부장하는 문물들이다. 현재까지 출토된 유물들은 무덤에서 출토된 예들이 가장 많은 수량을 차지하고 있기 때문에, 사람들은 고고학을 무덤의 고고학이라고도 한다. 두 번째 매장유물은 하가촌 유물들과 같이, 어떤 사정으로 은닉하거나, 위급할 때 땅에 묻어 보관하면서 후일을 기약했던 경우의 유물이 발견된 것으로, 교장유물이라고 지칭한다. 세 번째 매장유물은 불교 관계 유적인 사찰이나 탑의 지하에서 출토되는 유물들로, 진단구(鎭檀具), 혹은 지진구(地鎭具) 등을 비롯한 다양한 유물이 있다.

그밖에도 고고학적 발굴의 또 다른 대상으로는, 계획적인 매장은 아니지만 유적과 유물이 땅속에 남아 있는 예로서, 안압지 같은 궁궐터, 절터, 집터, 패총(貝塚)과 같은 쓰레기 더미 등과 같이 다양한 종류가 있다.

옛날부터 그 많은 돈 어디다 두었니, 땅에 묻어 두었다 하는 소리를 자주 들을 수 있었다. 옛날에는 은행도 없었고 금고 시설도 없으니, 땅에 묻어 두는 도리밖에 없었을 것이다. 꼭 전쟁 등의 비상시국이 아니라도 숨겨두는 방법은 그것밖에 없었을 것이다. 하물며 난리가 나면 더 말할 여지도 없었다.

다행인지 불행인지 한동안 우리 집에는 족보가 없었다. 한국전쟁 당시 족보를 뒷마당에 있는 김칫독에 묻어 놓고 피난을 갔는데, 후일 폭격을 맞아 독이 깨지고 물이 스며들어 더 많이 망가지고 말았다. 이 족보가 잘 견디어서 먼 후일에 발굴을 했으면 미래의 교장유물이 되는 것이다. 교장유물치고는 출토유물이 가장 빈약한 것이 되겠지만 말이다.

우리나라에서도 종종 교장유물이 발견된다. 대표적인 예는 부여 부소산 유적이나 황해도 평산 유적에서 발견된 통일신라시대의 금속기 일괄품들이다. 이 유적들에서는 차를 마시기 위한 다연(茶研), 화로, 병, 대접, 금속제 도자기 등 다양한 유물이 다량으로 출토되었는데, 차를 마시기 위한 일괄품들로 구성되었다. 이들은 구덩이를 잘 다듬어서 파묻어 놓았으며, 구덩이 가장자리에 숯을 함께 넣어두기도 했다.

출토유물은 아니지만 일본에는 일본 왕실에서 사용하던 보물을 보관하고 있는 쇼소인이 있다. 도다이지(東大寺)의 창고이기도 한 쇼소인에 보관되어 있는 문물은 당나라에서 유입한 것, 일본 자체 생산품, 그리고 기타 등으로 분류되며, 일부 유물 중에는 신라에서 유입한 것도 있다.

이로써 통일신라시대와 동시대의 동양 삼국의 최고급 문물들인 중국의 법문사나 하가촌 출토 문물, 경주 안압지 출토 문물, 일본 쇼소인 문물 등을 함께 비교해보는 것이 가능해졌다. 이렇게 한꺼번에 유물들을 비교해보면 그다지 마음이 편하지는 않다. 중국 당나라 법문사의 문물은 황실 원찰에 바치는 공양구이며, 하가촌 문물은 당나라 왕족이 아끼며 감추어 둔 것이니, 그 수준은 그 시대를 대표하는 으뜸임에 틀림없다. 일본의 쇼소인도 나라시대 일본 왕실 문물들이 전세되어 온 것이다.

신라 왕실의 유물들은 1975년 3월부터 1976년 12월에 발굴조사된 경주 안압지에서 다수 출토되었다(도 3-48). 안압지에서 나온 다량의 신라 왕실 문물들은 일본 쇼소인 소장 문물들 중 상당수가 신라 제품이었음을 밝혀 주었다. 안압지라는 명칭은 『삼국유사』와 『삼국사기』 등에 나오는 이름으로 오랫동안 안압지라고 불려왔다. 그러다가 안압지 출토 유물과 기록 중에서 당시 이 연못을 "월지(月池)"라고도 불렸음이 알려지면서 문화재청에서는 2011년 유적 지정 명칭을 월지라고 바꾸었다. 그래도 나는 지금도 이곳을 안압지라고 부르는 것이 훨씬 익숙하다.

　　안압지 출토 유물은 신라 왕실의 문물이지만, 그 유물들의 현재 모습을 보면 결코 마음이 편치 않다. 신라는 전쟁으로 망한 나라가 아니어서 그다지 커다란 훼손은 겪지 않았지만, 이후 왕조들이 멸망한 나라의 서울을 곱게 보존하지 않았음은 자명한 일이다. 따라서 안압지

도 3-48　경주 안압지 전경
경주 인왕동 소재.

는 신라가 망한 후 오랫동안 잊히고 내버려졌던 왕궁터였으며, 경주는 여러 차례의 가혹한 전란을 겪으며 피해를 입었다. 특히 몽골 침입 시와 병자호란 때 커다란 전화(戰禍)를 입었다. 경주에 있던 황룡사 구층탑도 그 예의 하나이다. 그러나 우리는 안압지 출토 문물 가운데서 일부나마 당시 화려했던 신라의 모습을 재현할 수 있어서 다행이라 생각한다.

국립경주박물관에 가면 한쪽에 안압지 출토 유물을 모아 놓은 전시관이 있다(도 3-49). 옛날에는 이곳을 안압지관이라고 불렀는데, 2011년 안압지 유적의 명칭이 월지로 변경되면서, 이곳도 역시 월지관으로 명칭이 변경되었지만 나에게는 아직도 월지라는 이름은 어색하고 낯설기만 하다. 그래도 신라 왕실의 문화를 알고 싶은 사람들은 월지관을 꼭 방문해보길 바란다.

도 3-49 국립경주박물관 월지관 내부 전경

제Ⅳ장 신라인은 무엇을 입고 살았을까

신라의 토우와 토용에 표현된 인물들이 입고 있는 의상은 간단하지만, 당시의 의복과 관련된 유물들과 기록을 함께 검토하면, 신라인들의 의생활(衣生活)을 조금 더 자세하게 이해할 수 있을 것이다. 현존 유물 중에는 직물의 흔적도 남아 있고, 기록에 의하면 신라인들은 "조하금(朝霞錦)"이라는 고급 비단도 만들었다고 한다. 다만 직물이 유기물질이라서 그런지 그다지 많이 남아 있지는 않은 편이다.

우리나라에는 현존하는 고대 직물이 그리 많지 않다. 신석기시대의 유물 중에 방추차가 있기 때문에, 일찍부터 직조가 행해졌다는 것을 알 수는 있지만, 실물을 확인하기는 어렵다. 비교적 이른 예 중에는 청동기시대의 동모(銅鉾) 자루에 헝겊을 감아서 사용한 흔적이 드물게 발견되는 예가 있다. 국은 이양선(菊隱 李養璿) 수집품 중의 동경에는 직물로 싸서 보관했던 흔적이 남아 있기 때문에, 직물 자체는 남아 있지 않지만 직물의 존재를 실감할 수 있다.

경주 황남대총 북분에서 출토된 철제원형경(鐵製圓形鏡)에서도 역시 앞면에 섬유질로 쌌던 흔적이 남아 있고 **(도 4-1)**, 황남대총 남분에서 출토된 방격규구조문경(方格規

도 4-1 **철제원형경**
신라 5세기 | 경주 황남대총 북분 출토 | 국립경주박물관 소장.

矩鳥文鏡)은 마직(麻織)으로 포장되었던 흔적을 가지고 있다. 여하튼 이런 예들은 매우 작은 단편적 자료들이지만, 신라인들이 일찍부터 직조기술(織造技術)을 가지고 있었음을 보여준다.

신라인의 삶 이모저모를 보여주는 토우와 상형토기

실제 직물이 많이 남아 있지 않은 신라인들의 패션을 알아보기 위해서 가장 먼저 살펴봐야 할 것은 토우와 토용에 보이는 인물상들과 상형토기들이다. 이들은 현존 유물을 가지고 신라의 문화를 이모저모 이해하려고 할 때, 언제나 부족한 부분을 채워주며, 당시 신라인들의 삶을 여러 가지 방안으로 추측하려는 우리들의 의지를 북돋아 준다. 그러므로 먼저 토우와 상형토기의 역사와 발전과정에 대해서 좀 더 폭넓게 살펴보면서 신라인들의 삶을 이해하는 단서들을 찾아보기로 한다.

토우(土偶)는 흙으로 만든 인형이고, 상형토기(像形土器)는 형상을 모방해서 만든 토기를 말한다. 고대로부터 동서양을 막론하고 돌이나 나무, 토제, 금속 또는 짚으로 사람이나 동물과 기물을 본떠서 만들었는데, 여기서는 일단 재료와 상관없이 통틀어 그냥 토우라고 말한다. 어차피 신라시대에 나무나 짚으로 만든 인형은 남아 있지 않으니까 말이다.

고대 사람들이 만든 토우, 즉 인형을 만든 목적에 따라 나누어 보면, 먼저 장난감으로 만들었다고 짐작할 수 있는 것들이 그리스·로마의 테라코타일 것이다. 이러한 예는 그다지 많이 남아 있지 않을 것으로 짐작된다.

두 번째는 주술적인 우상으로 만드는 경우도 있다. 특히 나무나 짚으로 만들어진 인형인 "제웅"은 액땜으로도 쓰이고, 무당의 주술용으로도 쓰였다. TV에서 종종 보는 장희빈의 저주로 쓰인 목각인형을 생각하면 된다. 옛 기록에서 제웅은 "추령(芻靈)", 혹은 "초우인(草偶人)"이라고 기록된다. 이러한 짚이나 나무로 만든 인형들은 주술적 목적이 끝나면 없애는 것이기 때문에, 남아 있기 어렵다.

주술적인 우상의 경우 유방이나 둔부(臀部)를 과장하여 나타낸 여성상이나 혹은 잉태한 어머니의 모습을 표현한 경우도 있다. 이러한 여성상은 특히 풍요를 비는 대지의 어머니 여신, 즉 지모신(地母神)으로서 기원 숭배의 대상이 되었다. 이러한 여신상은 출산 능력에 대한 강한 외경(畏敬)의 생각에서 만들어졌으며, 그러한 의례에 쓰이거나 혹은 그런 신앙을 나타낸 것으로 해석된다. 선왕조시대(先王朝時代)의 이집트나 메소포타미아와 튀르키예의 신석기시대 유적(도 4-2), 영국의 신석기시대 유적 등에 이러한 예가 많이 남아 있다. 이러한 여성상과 함께, 거대한 남근(男根)이나, 아니면 남근을 과대강조(誇大强調)한 남성상을 동시에 섬긴 곳도 있다.

흑해 연안과 동유럽의 선사시대 문화권인 쿠쿠테니-트리폴리예(Cucuteni – Tripolye culture) 문화에서도 모신상(母神像)으로 추정되는 토제 여신상들이 다수 발견된다(도 4-3). 쿠쿠테니-트리폴리예 문화에서는 20여 점 이상의 토제 여신상들이 한꺼번에 발견되는 것이 특징이며, 얼굴은 추상화되고 둔부가 강조된 점이 특징이다. 이러한 토제 모신상, 혹은 여신상들은 함께 출토되는 동물이나 가옥형 토기들과 함께 의식용으로 사용되었던 것이라고 해석되고 있다. 이탈리아 지역의 고대 에트루리아(Etruria) 문화에서는 등신대(等身大)의 테라코타 상들이 다수 제작되어 남아 있는데, 그 소박하고 강렬한 예술성으로 인하여 유명하다(도 4-4).

| 2 | 3 |
| 4 | |

도 4-2   토제여신상
기원전 5750년경 | 튀르키예 차탈휘위크 유적 출토 | 튀르키예 아나톨리아문명박물관 소장.

도 4-3   토제여신상 일괄품
쿠쿠테니 트리폴리예 문명기 기원전 4900-4700년경 | 루마니아 포두리 유적 출토 | 루마니아 님트주립박물관 소장.

도 4-4   테라코타 여성상
에트루리아 기원전 4-3세기경 | 미국 메트로폴리탄미술관 소장.

    고대 토우 중에서 가장 많이 남아 있는 것은 무덤의 부장용(副葬用)으로 넣어진 예들이다. 중국에서는 신석기시대 앙소문화(仰韶文化) 시대 이후로 토우가 보이고 있으며, 상대(商代)에 와서는 토용(土俑)이라 불리면서 부장용으로서의 성격을 뚜렷하게 가진다. 이러한 중국의 토우는 오히려 죽은 이에게 무덤 속에서의 생활에 봉사한다고 해석되며, 당시 사람들은 무인(武人), 기예(技藝) 인물, 동물을 비롯하여 각종 생활용구 등을 많이 만들어 넣었다. 아주 옛날에는 산 사람을 함께 묻는 순장(殉葬) 제도가 있었다. 그것이 비인도적이라 하여 흙이나 제응으로 사람 형상을 만들어 부장하는 제도가 성행하기 시작했다.

가장 유명한 것이 중국 진시황릉(秦始皇陵)의 도용(陶俑)들일 것이다. 진시황제는 자신을 위하여 거대한 분묘를 구축하였다. 1974년 섬서성 임동현(臨潼縣) 여산(驪山)에 있는 그의 능에 딸린 갱(坑)이 4개소가 발굴되면서, 방대한 수량의 등신대(等身大) 병마용(兵馬俑)이 출토되었다. 진시황릉의 동쪽 1호 병마용갱(兵馬俑坑)에서는 6,000여 구의 병마용(도 4-5)이, 2호갱에서는 1,000여 구의 도용(陶俑)과 도마(陶馬)가, 3호갱에서는 사령부를 뜻하는 위사용(衛士俑) 68점, 전차 1량의 분량이 발견되었다.

한대(漢代, 기원전 206-기원후 220)에는 후장(厚葬)의 관습과 전국시대(戰國時代) 이래 도용(陶俑)을 부장하는 제도가 성행하여 도소(陶塑) 예술을 발달시켜 인물, 동물, 건조물을 다수 만들었다. 인물용(人物俑)은 문무관, 병졸, 엽사(獵師), 시종, 하복, 연예, 마희(馬戲), 곡예 및 무

도 4-5　1호 병마용갱
중국 진 기원전 3세기　|　중국 섬서성 서안시 병마용갱박물관.

도 4-6 축사 녹유도제명기
중국 후한대 1-3세기 | 미국 메트로폴리탄미술관 소장.

도 4-7 옷을 입은 목용
중국 전한대 기원전 2세기 | 중국 호남성 장사시 마왕퇴 고분 출토 | 중국 호남성박물관 소장.

용하는 인물 등이 있고(도 3-10), 동물에는 말, 소, 양, 돼지, 개, 닭, 오리[鴨] 등 많은 종류의 금수(禽獸)가 보인다. 건축물은 누각(樓閣), 안마당[中庭], 물가[水邊], 우물, 가축사(家畜舍, 도 4-6)를 표현했고, 그밖에 생활용구로는 탈곡기, 배, 수레 등이 만들어졌다. 감정의 움직임까지 표현하며 생활상을 실감 나게 나타내고 있다. 또한 한대에는 토용에 색깔을 입히는 가채용(加彩俑)도 있었으며, 목용(木俑)을 만들어 옷을 입혀서 부장한 예도 있다(도 4-7).

수당(隋唐, 581-907) 시대는 6세기 말에서 10세기 초까지 중국 예술 최고의 경지에 이른 시기라 할 것이다. 수대(隋代)의 도용은 백토로 성형하고 소성(燒成)하여 가채(加彩)하거나 무색의 투명유(透明釉)를 쓴 것 등이 있다. 당대(唐代)의 독특한 도용으로 꼽히는 삼채도용(三彩陶俑)은 영태공주묘(永泰公主墓)를 비롯하여 수많은 7-8세기 고분에서 다수 발견되었다(도 4-8). 삼채(三彩)는 철, 아연, 동, 코발트, 망간 등으로 배합하여 만든 유약을 입혀서 소성한 도자기로, 황색, 녹색, 남색, 백색으로 발색하여 독특하고 화려한 색채 감각을 보여준다.

우리나라에서는 삼국시대 신라에서 토용이나 상형토기가 상당히 유행하였다. 상형토기는 한때 이형토기(異形土器)라고 부르기도 했다. 이들은 대부분 무덤의 부장용이라고 생각된다. 신라에서 가장 널리 알려진 것은 금령총 출토품으로, 그 고분에서는 기마인물상(도 2-14~16)과 배를 타고 노 젓는 인물상(도 2-17, 18)이 각각 한 쌍씩 출토되었다. 그밖에 출토상태가 전혀 알려지지 않으나 동물상과 집모양토기, 수레모양토기 등이 다수 발견되었으며, 같은 시기의 신라 고분에서 출토되었으리라고 짐작되는 토우들도 많다.

도 4-8 삼채여자 기마용
중국 당 8세기 | 중국 섬서성 함양시 영태공주묘 출토 | 중국 섬서역사박물관 소장.

흔히 "신라 토우"라 부르는 토우들은 토기 위를 장식한 "장식토우(裝飾土偶)"보다 훨씬 크고 제작 솜씨도 뛰어난 것들인데, 경주지방 출토로 전하고 있을 뿐, 확실한 유적이나 출토 상황이 알려진 예가 없다. 대부분 근대기 경주에 거주하던 일본인이 수집하였다가 국립경주박물관에서 입수하게 된 것이다.

신라 토우는 대개 10cm가 넘는 것들로 기마인물상, 주악상(奏樂像), 그밖에 독특한 동작을 나타내는 남자상 등이 있다. 이 가운데 기마인물상과 비파를 뜯는 주악상과 함께 두 손을 가슴에 대고 있는 슬

도 4-9 남자 및 여자 토우
신라 5-6세기 | 국립경주박물관 소장.

폰 얼굴의 남자 및 여자상(도 4-9)들은 무덤에 넣은 부장품으로서의 성역(聖域)을 느끼게 한다. 이러한 크기의 토우들은 결코 토기의 항아리나 고배 등에 장식으로 쓰였던 것으로 보이지 않으며, 상형토기와도 다른 성격을 가지고 있다.

장식토우는 삼국시대 신라에서만 유행했던 독특한 조형품으로, 신라 토기 중에서 고배의 뚜껑이나 항아리의 어깨 등에 여러 가지 모양의 아주 작은 토우를 붙여서 장식한 것이다. 이들은 그 형태와 종류가 너무나 다양하고 흥미로운 것들이어서 일찍부터 주목을 받아왔다. 대부분 크기가 손가락 한 마디 정도의 작은 것들이지만 당시의 일상을 짐작하는 데 매우 중요한 역할을 하고 있다. 여기에서는 편의상 장식토우라는 말을 쓰기로 한다. 중국에서는 청동제 저패기(貯貝器)의 뚜껑에 각종의 형상을 만들어 붙인 예가 있는데, 신라의 경우에는 다산

(多産)을 기원하거나 벽사용(辟邪用)으로 보이는 예들이 많다. 따라서 이런 장식토우가 붙어 있는 고배나 항아리(도 4-10)는 제사용 그릇으로서, 술이나 씨앗을 보관하는 데 쓰이지 않았을까 짐작된다. 현존하는 유물들이 많지는 않지만, 가끔 잔과 기대(器臺)에도 장식토우를 붙여 장식한 예가 있다.

현재 국립경주박물관에는 수백여 점의 장식토우가 남아 있는데, 이들은 대부분 일제강점기에 일본인들이 경주역의 차고를 만들기 위해 흙을 퍼 나르는 과정에서 황남동 미추왕릉지구의 땅속에서 발견되었다고 한

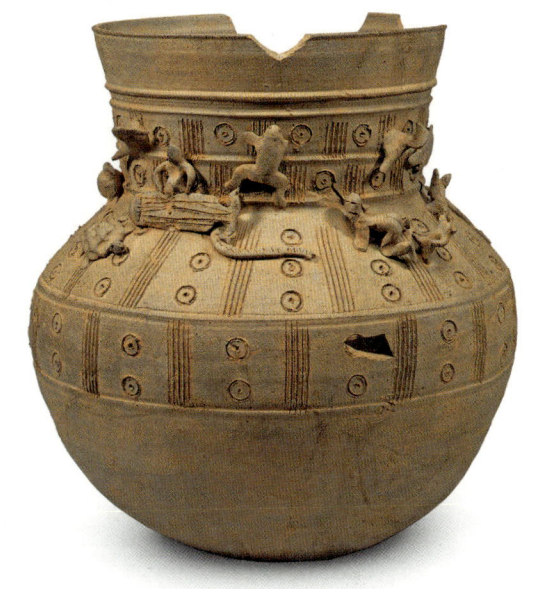

도 4-10　토우장식장경호
신라 5-6세기 | 경주 미추왕릉지구 출토 | 국립경주박물관 소장.

다. 흙벽 속에서 발견된 토기들에 작은 토우들이 따닥따닥 붙어 있었던 것들이었는데, 일본인들이 토기에 붙어 있는 장식토우가 재미있다고 하여 몸체에서 뜯어낸 것들이다. 그러니 지금은 어떤 토기에 어떤 것이 어떻게 붙어 있었던 것인지를 알 수 없게 되어 버렸다. 황남동 출토 토우 장식토기들의 훼손은 일제가 저지른 가장 악의적인 유물, 유적 훼손의 전형적인 사례이다.

그 후 계림로 발굴에서 토우가 붙은 항아리(도 4-10)와 고배 등이 출토되고, 산발적으로 장식토우가 붙어 있는 유물들이 알려지면서, 그 성격과 대체적인 양상을 짐작할 수 있게 되었다. 이화여자대학교 박물관에 소장된 토기 뚜껑 위에는 가야금을 뜯고 있는 인물 앞에 잔을 받쳐 든 인물과 건너편에 춤추는 인물상이 있는 예가 있어서 토우들의 배치 양상을 이해할 수 있게 되었다(도 4-11). 그러나 이미 뜯어낸 작은

도 4-11 인물토우장식 고배뚜껑
신라 5-6세기 | 이화여자대학교박물관 소장.

장식토우들이 어떤 토기에 어떤 구성으로 붙어 있었는지는 현재로서 전혀 알 길이 없으며, 이러한 토기들을 어떤 용도로 사용했는지도 알 길이 없다.

통일신라시대가 되면 좀 더 본격적으로 단독의 토용(土俑)이 제작되었다. 경주 토우총, 황성동 석실분(도 2-21, 3-4, 5, 7), 용강동 석실분 등과 같은 여러 고분에서 다양한 토용이 출토되었다. 용강동 석실분에서 출토된 토용에는 가채의 흔적도 보인다(도 2-22, 3-9, 4-15). 토용에 표현된 남녀 인물상에 대해서는 앞의 제 II장에서 이미 살펴보았다.

한편, 상형토기나 토용, 또는 장식토우와는 달리, 토기의 어깨 등 장식토우가 붙음직한 위치에 선각으로 인물이나 동물을 나타낸 토기들의 예가 알려져 있다. 이들은 선각토기(線刻土器)라고 하는데, 선각된 문양 소재는 역시 인물상으로 남자와 여자가 있고 동물은 말, 사슴, 거북, 물고기, 그밖에 상징적인 무늬 등이 보인다. 이 무늬들은 대체로 토우가 장식된 항아리, 목긴항아리, 고배의 뚜껑 등과 같은 용기에 새겨지며, 음각한 위치 역시 토우가 장식된 부위와 비슷하다. 최근 경주 쪽샘지구의 고분들에서 말을 탄 인물행렬도로 보이는 선각토기가 출토되기도 했다(도 4-12). 쪽샘지구에서는 토우가 장식된 토기들도 다수 출토되어, 앞으로 이러한 새로운 유물들에 대한 연구가 필요하다.

도 4-12 　기마인물문행렬도 선각토기 장경호 편
경주 쪽샘지구 44호분 출토 ｜ 국립경주문화재연구소 소장.

신라 귀부인의 사치와 조하금(朝霞錦)이라는 비단

　　신라 토우에는 여성을 표현한 인물상이 다수 있다. 토우에 표현된 여성 중에는 옷을 입고 있지 않은 여성도 있고, 옷을 입은 여성도 있다. 어떤 여성 토우는 두 팔을 가슴 앞에서 모으고 마치 가수가 노래하듯이 머리를 약간 쳐들고 있는 자세로 표현되었는데, 앞머리는 없으나 뒷머리는 뒤통수에서 다듬은 모습이 잘 나타나 있다(도 4-13, 14). 코는 높고 두 눈과 입, 콧구멍을 깊게 파서 표현했으며, 통치마 같은 원통형 몸체의 앞, 뒤, 옆구리에는 작은 구멍이 뚫려 있으며, 속이 빈 하반신의 앞으로 두 발이 비어져 나온 모습이다. 출토지나 출토 상태가 확실하게 알려져 있지는 않다.

　　용강동 석실분에서 출토된 토용 중에는 십여 점의 여성상이 있다(도 4-15). 이들은 모두 두 손을 소매 속으로 여미고 서 있는데, 일부 상은 머리가 없어졌거나 혹은 따로 떨어진 상태로 발견되었다. 이들은 소매가 넓은 겉옷인 포(袍)를 입었는데, 가슴 부분에는 네모난 모양으로 목덜미가 파진 형식이다. 어깨에는 양 겨드랑이 쪽으로 숄을 두른 듯하며, 일부 여성 중에는 앞자락에 두 가닥의 끈이 늘어져 있는 것이

도 4-13 **여자 토우 앞면**
신라 5-6세기 | 국립중앙박물관 소장.

도 4-14 **여자 토우(도 4-13)의 뒷면**
국립중앙박물관 소장.

도 4-15 **토용 여인상**
통일신라 8세기 | 경주 용강동 석실분 출토 | 국립경주박물관 소장.

확인된다. 치맛자락은 길어서 발을 덮고 있다. 이중에서도 키가 큰 여성들의 신분이 높았다고 생각하는데, 그중 몇 명은 흰색 바탕에 붉은색의 가채 흔적이 남아 있어서, 화사하게 차린 신라의 귀부인상을 잘 보여주고 있다.

『삼국사기』에서는 신라 여인들이 걸친 숄을 "표(裱)"로 기재했는데, 금은의 실로 수를 놓거나, 공작모나 비취모 등의 수입품을 이용하여 장식하는 사치풍조를 금지한다는 기록이 있는 것으로 보면 이러한 사치한 숄이 널리 유행한 듯하다. 공작모는 공작새의 털, 비취모는 남방에 사는 물총새의 일종으로 그 깃털이 매우 화사하다고 알려진 비취라는 새의 깃털이다. 또한 이러한 숄의 사용은 진골에서 사두품까지의 여인으로 제한되어 있었기 때문에, 아마도 용강동 토용의 숄을 걸친 여성은 높은 지위의 여성으로 해석할 수 있다.

공작이나 비취와 같이 남방의 새 깃털은 아마도 비단길을 통해서 서역과 당나라를 거쳐 신라로 전래되었을 것이다. 삼국을 통일한 신라는 경주를 중심으로 육로와 해로를 통해 중국, 발해, 일본, 멀리는 이슬람 상인들과 교역을 하였다. 이 교역로를 실크로드라 부른다. 이 길을 통해 비단이 오고 가고 각종의 향신료, 고급의 사치품이 범람하여 공작의 꼬리, 슬슬(瑟瑟), 페르시아의 직물, 비취새의 깃으로 장식한 목도리나 숄, 각종 금은, 수정, 마노(瑪瑙) 등의 장신구와 마구들이 사용되면서, 신라인의 사치는 극에 달하였다. 당시 서역에서 포도와 석류도 유입되었다.

비단길 즉 실크로드라는 말은 20세기 초부터 끝없는 로망의 주역이었다. 고대에 동서양을 잇는 교역로에서 동방의 비단이 서쪽으로 가고 서쪽에서는 갖가지 향신료가 동쪽으로 오는 동서 교역의 길이 독일학자에 의하여 비단길(Seiden Strassen)이라 명명되면서, 세계 문화사에서 실크로드라는 용어가 통용하게 되었다. 오랫동안 역사상에서 잊혔던 이 길은 20세기에 들어와서 서방 세력의 동방 진출 수단으로, 또는 부동항을 갈구하는 러시아의 남하정책에 의하여 그 정체가 밝혀지게 되었다. 근대기 영국, 독일, 스웨덴 등의 제국주의 정책에 따라 서양인들이 대거 중앙아시아, 혹은 서역이라고 칭하는 지역으로 진출하면서 그 지역의 옛 문화 유적과 유산들이 알려지기 시작했다. 서역의 옛 문화유적 훼손은 그 규모가 대단하였다. 여러 나라가 다투어 옛 유물들을 반출하였다. 우리나라 국립중앙박물관이 보관하고 있는 서역 유물도 당시 일본에 의하여 반출된 것으로, 당시 조선총독부에서 모종의 이권과 교환하였다는 후문과 함께 우리 박물관으로 이관한 것이다.

『삼국사기』「잡지(雜志)」조에는 내성 즉 궁정에서 일하는 각 부서의 명칭이 기록되어 있다. 신라인의 의생활, 즉 패션을 이해하는 데 흥미로운 부서들은 섬유나 의류 관련 부서들이다. 염색을 담당하는 소전(疏典), 염료를 담당하는 염궁(染宮)·찬염전(攢染典)을 비롯하여, 붉은 물감을 취급하는 홍전(紅典)과 소방전(蘇芳典), 표백이나 빨래를 담당하는 표전(漂典) 등이 있었으며, 특히 비단을 짜는 금전(錦典)과 조하방(朝霞房)이라는 곳이 주목된다.

조하방에서 짜내었던 비단이 "조하금(朝霞錦)"이었을 것이라고 생각된다. 문헌기록에 의하면 조하금은 신라에서 외국으로 보내는 물품 가운데 가장 고급품으로, 찾는 사람이 너무 많아서 그 수요를 감당하지 못했다고 한다. 즉 조하금이라는 비단은 신라의 특상품 비단을 대표하는 것이다. 조하금은 그 문양이나 빛깔이 아침노을과 같다는 뜻이다. 금전(錦典)에서 짜는 비단에는 금실을 섞은 것이 있었을 것이며, 이러한 화려한 비단의 사용을 금지한 기사가 보이는 것도 지나치게 화려하였기 때문일 것이다. 아마도 고려 불화에 보이는 그 화사한 비단이 여기서 유래하지 않았을까 생각한다. 이러한 공방 부서들의 직책 정원은 "모(母)"가 각기 몇 사람이라고 표기하고 있어서, 이 부서들에서는 여성들이 근무했던 것으로 보인다.

당의 개원(開元), 천보(天寶) 연간이나, 신라의 경문왕 때에는 견당사(遣唐使)가 당나라에 갈 때 조하금 등 비단을 비롯하여 금은제 바늘과 슬슬로 장식한 바늘통, 금제 방울과 사냥용 새 등을 보냈다는 기록이 전한다. 금은제 바늘은 신라 분황사탑 사리장엄구(도 2-13) 중에서 실물이 남아 있으나, 조하금을 비롯한 비단의 흔적은 현재 찾아볼 수 없다.

『삼국사기』에서는 남방산 새 깃털이나 슬슬과 같은 사치품을 금했던 기록이 있는데, 새의 깃털로 의복을 장식한 예는 현재 신라 유물 중에서는 찾아보기 어렵지만, 일본 쇼소인에 남아 있는 〈조모입여도(鳥毛立女圖)〉 병풍을 통해서 짐작해 볼 수 있다(도 4-16). 이 병풍은 6폭으로 이루어진 것으로, 폭마다 나무 아래에 서 있는 미인을 채화(彩畵)와 묵화(墨畵)로 그린 수하미인도(樹下美人圖) 병풍이다. 이 병풍 중 한 폭의 수리 도중에, 병풍 안에서 당시 일본 사람들이 신라에서 물품을 사 간 목록을 기록해 놓은 〈매신라물해〉(도 3-12)가 나오기도 했다. 이 병풍에 그려진 미인 중에는 옷자락에 적갈색의 일본산 새 깃털을 세워서 장식한 흔적이 확인되었는데, 지금은 대부분 탈락하였다.

그밖에 『삼국사기』에서 신분에 따라 금지했던 사치품 중에는 빗에 슬슬전(瑟瑟鈿)이나 대모(玳瑁)로 장식한 것이나, 그런 재료로 만든

도 4-16 〈조모입여도〉 병풍
일본 8세기 | 일본 쇼소인 소장.

도 4-17 장식빗
통일신라 8-9세기 | 리움미술관 소장.

구슬들이 있다. 슬슬전은 아마도 황금과 청패(靑貝)로 장식한 것으로 보거나, 청색 보석류로 추정되며, 대모는 바다거북의 등껍질이다. 슬슬이 정확하게 무엇인지는 모르겠지만, 청색 보석과 나전, 대모 등으로 장식한 화려한 통일신라시대의 공예품들이 드물게 발견되기는 한다(도 4-17, 6-62).

서울 리움미술관에 소장된 화려한 장식빗(도 4-17)과 나전단화금수문경(도 6-62)은 여성들이 머리와 얼굴을 다듬을 때 사용하던 것들이다. 이런 유물들은 빗과 거울에까지 사치를 부렸던 신라 귀부인들의 일상생활 모습을 보여준다.

빗 이야기가 나왔으니, 먼저 신라 여인의 헤어스타일에 대해서 생각해보자.

앞서 살펴본 신라 토우의 여인상에서 보면, 두 눈과 코, 입은 분명하지만 앞머리는 생략되었고, 반대로 뒷머리는 다듬은 모습이 역력하게 드러난다(도 4-14). 그밖에도 용강동 토용 중에서 두 손을 여미고 단정하게 서 있는 여인은 어깨에서 앞으로 숄이 치마 기장 비슷할 만큼 길게 드리우고 치맛자락을 살짝 들어 앞발이 보이는데, 머리는 동그랗게 고계(高髻)를 튼 형식이다(도 4-15).

백제 무령왕릉에서는 금제 머리 뒤꽂이가 출토되었으나, 이는 남성인 왕이 사용했던 것이다(도 4-18). 왕비는 어떤 머리 뒤꽂이를 사용했을까? 무령왕비의 머리 뒤꽂이는 남아 있지 않지만, 통일신라시대의 유적에서는 U자형의 뒤꽂이, 혹은 동곳이 종종 발견된다. 이들은 머리를 틀어 올릴 때 사용했던 실용적 장신구들이었을 것이다.

안압지에서는 얼레빗 모양의 나무 빗이 출토되었는데, 칠을 했던 흔적과 사용흔이 확인되었다(도 4–19). 한편, 고려 동경 중에는 거울이 비치는 면에 빗이 놓였던 흔적이 남아 있는 경우가 종종 확인되어(도 4–20), 거울과 빗이 함께 사용되었음을 알 수 있다.

요사이 나는 중국 드라마를 즐겨 보는데 주로 당나라나 청나라 황실이 주 무대이다. 이러한 중국 드라마 출연진의 의상, 머리 장식의 화려함을 상기한다면, 우리 고대의 머리 장식도 미루어 짐작하기 어렵지 않다. 나는 실내장식과 가구 등에도 관심이 많은데, 드라마에서도 당나라의 대표적인 금은기들이나 향로, 병, 등촉구 등이 종종 눈에 띄어 재

도 4–18 금제뒤꽂이
백제 6세기 | 공주 무령왕릉 출토 | 국립공주박물관 소장.

도 4–19 빗
통일신라 8-9세기 | 경주 안압지 출토 | 국립경주박물관 소장.

도 4–20 동경
고려 | 개성 부근 출토 | 국립중앙박물관 소장.

제IV장 신라인은 무엇을 입고 살았을까

미있다.

신라 여인의 몸맵시는 어떠했을까?

예나 지금이나 여성들의 다이어트에 대한 관심은 변함이 없다. 당나라 여인들은 다투어 호복(胡服)을 입고 호식(胡食)을 즐겼다고 기록에 전하는데, 그들의 몸맵시는 어떠했을까? 화려한 당삼채 도용에 표현된 여인상을 보면 두 갈래의 미인 부류가 있다. 풍만한 몸매에서 풍성한 옷매무새, 풍성한 머리꾸밈을 한 여성이 있는가 하면(도 4-22), 접시 위에서 춤을 출 만큼 날씬한 여성(도 4-21)도 있었던 것이다. 당나라 최고의 미인으로 알고 있는 양귀비는 어떤 스타일의 미인이었을까? 중국에서는 풍만한 여성으로 알고 있는 듯한데 우리는 아마도 날씬한 미인으로 생각하고 있지 않을까? 미인의 기준은 시대에 따라 달라지고 있으므로 미인에 대한 해석도 이러한 영향을 받을 수밖에 없다.

이러한 기풍은 신라에서도 성행하였으리라 짐작하기 어렵지 않다. 앞에서 살펴본 것과 같이 용강동이나 황성동 토용 중 여인상은 몸매나 그 의상에서 맵시를 알아볼 수가 있다. 특히 앞 장에서 살펴본 황성동의 여인상은 아주 날씬한데 게다가 허리를 약간 꼬고 한 손으로 입을 가려 애교가 넘치는 미인이다(도 2-2).

신라 토우와 토용에서 보이는 여성 패션 중에서 가장 눈에 띄는 것은 주름치마이다. 색동의 주름치마는 고구려와 일본에서도 입었다고 하는데, 신라 토우 중에서 치마의 주름이 두드러진 여인상이 하나 있다(도 4-23). 황남동에서 출토되었다고 전하는 이 여인은 머리가 약간 밋밋하게 표현되었지만 주름진 긴 치마를 입고 있어서 주목된다. 치마는 흡사 고구려 고분 벽화나 일본의 다카마쓰즈카(高松塚) 고분 벽화에서 볼 수 있는 여인들의 옷자락처럼 그 모양이나 길이가 길고 또

도 4-21 황유가채도용 여자기마상
중국 당 664년 | 중국 섬서성 정인태묘 출토 | 중국 섬서 역사박물관 소장.

도 4-22 삼채도용 여인상
중국 당 8세기 | 중국 섬서성 서안시 중보촌 출토 | 중국 섬서역사박물관 소장.

도 4-23 두 손을 앞으로 모은 남자와 주름치마 입은 여자 토우
신라 5-6세기 | 경주 황남동 출토 | 국립경주박물관 소장.

치마폭도 널찍하다. 허리 아래에서부터 느슨하고 길게 주름을 선각으로 나타내고 치마 기장은 발목을 덮고 있다. 그런데 어쩐 일인지 이 여인은 상체는 옷을 벗고 있다. 무슨 연유에서인지 윗옷은 입지 않고 두 손이 가슴을 받치고 있는데, 봉긋한 두 개의 유방이 예쁘기는 하지만 한쪽은 위로 다른 한쪽은 약간 아래쪽으로 처져 있어서, 무심한 도공의 마음을 엿보게 한다. 이 여인과 함께 서 있는 남자 토용은 널찍한 얼굴에 코가 크고 머리는 정수리에서 높이 솟아 있다. 바지는 풍성하게 발목에서 여미고 두 손은 앞으로 모은 자세이다. 나란히 세워 놓으면 영락없는 다정한 부부로 보인다. 그러나 아쉽게도 이 둘이 같은 곳에서 함께 출토되었다는 근거는 없다. 그런데도 누구나 이 둘을 나란히 세워 놓기를 좋아한다. 이 전시 방법을 나무랄 이는 없으리라 믿는다.

고구려의 고분 벽화(도 4-24)나 일본의 다카마쓰즈카 고분 벽화의 여인들은 색동으로 길게 주름을 잡은 치마를 입고 있는데, 모양과 길이가 같고 치마폭은 널찍하다. 치마 아래로 살짝 발을 내밀고 있는 점도 비슷하다. 비슷한 시기의 고구려, 신라, 일본이 같은 패션 양식의 치마를 입고 있다는 점이 흥미롭다.

도 4-24 색동주름치마를 입은 고구려 여인
고구려 5세기 | 평안남도 강서 수산리 고분

황남대총 남분에서는 봉토부에서 작은 여인상이 한 점 출토되었다(도 4-25). 높이는 6.7cm에 불과한데, 상반신은 토플리스에 치마를 입고 있다. 치마는 역시 주름이 잡혀져 있어서, 황남동 출토 여인상(도 4-23)과 비슷한 양식을 보여준다. 두 팔을 벌리고, 오른손은 아래로 왼손은 위로 향하여 마치 춤추는 듯한 자세를 하고 있다. 황남대총 남분이라는 거대한 무덤에서 이 작은 토우 한 점만이 출토되었기 때문에, 그 성격을 이해하는 것은 매우 어렵다. 장식토우로 보기에는 다소 크기가 큰 편이고, 출토 위치도 봉토부 쪽이라 성격이 애매하다. 따라서 어떤 토기의 장식으로 붙어 있었는지도 알아보기는 어렵다.

간혹 신라의 장경호나 고배의 뚜껑들에서 선각으로 인물상을 그린 것이 발견되기도 하는데, 그 위치는 토우가 장식된 곳들과 대체로 비슷하다. 예전에 두 사람의 여인과 두 사람의 남자, 그리고 거북과 새 모양을 음각한 토기 장경호가 하나 있었다. 이 중에서 한 여인은 격자무늬, 즉 체크무늬의 치마에 무늬가 없는 웃옷을 입었으며, 다른 한 여인은 주름치마에 줄무늬가 있는 윗옷을 입었다. 치마 기장은 무릎 정도이다. 반대쪽의 두 남자 중 한 사람은 격자무늬가 있는 바지를 입고 있으며, 다른 한 사람은 무늬가 없는 바지를 입고 있다. 아쉽게도 이 항아리는 현재 소재 불명이 되어 버려서, 크기나 구체적인 정보가 확실하지 못하여 매우 아쉽다.

도 4-25 춤추는 여자 토우
신라 5세기 | 경주 황남대총 남분 출토 | 국립경주박물관 소장.

삼국시대의 고분에서 나온 유물 중에는 금제나 금동제 등의 금속으로 만들어진 관모(冠帽)와 함께 자작나무 껍질로 만든 관모도 종종 볼 수 있다. 양산 부부총(夫婦塚) 출토 관모에는 안쪽은 세로, 바깥쪽은 가로 두 장을 겹쳐 붙이고, 그 표면에 마름모꼴의 사행문과 바늘 자국이 남아 있다. 모양은 역시 금제나 금동제 내관(內冠)과 같은 형식인데, 정면에는 은으로 만든 화살 모양의 장식이 붙어 있다.

대체로 신라의 관모는 고구려 고분 벽화에서 볼 수 있는 형식과 큰 차이가 없는데, 중앙아시아의 유물 중에서도 같은 형식의 관모가 알려져 있다. 낙랑 고분 출토품 중에는 사모(紗帽)의 형태가 전하고 있는데, 오늘날의 망건과 비슷한 모양을 하고 있다.

문헌기록에 의하면 고구려에서는 책(幘)과 관을 썼는데, 대가(大加)와 주부(主簿)는 모두 책을 쓰고, 소가(小加)는 절풍(折風)을 쓴다고 했다.『수서(隋書)』에 의하면 고구려에서는 왕만이 관을 쓴다고 했다. 또한『수서』 백제조의 기사에서는 왕과 왕비는 검은 비단의 오라관(烏羅冠)을 쓰고, 거기에 금으로 만든 꽃장식을 달아서 장식했다고 한다.

　　고구려에서는 금동의 신발이 바닥에 스파이크를 단 채로 출토되었는데, 아직 발등 부분은 확인되지 않는다(도 4-26). 고구려 고분 벽화 중에서, 무용총의 주인공 남자가 신고 있는 신발은 오늘날의 코신과 비슷하다. 즉, 코끝이 뾰족하게 곡선을 이루며 솟아올라 있는 형태이다. 도용의 여인들 중에서도 이와 비슷한 모양의 신발을 신은 쪽과 신지 않은 쪽의 두 가지 경우가 보인다. 경주 금령총 출토 기마인물형토기의 주인공이 신고 있는 신발의 모양도 이와 비슷한 편이다.

　　백제나 신라의 고분에서 출토되는 화려한 금속제 식리(飾履)는 발등 앞판이나 측면판, 그리고 뒤판까지 화려하게 투조하여 감쌌다. 신

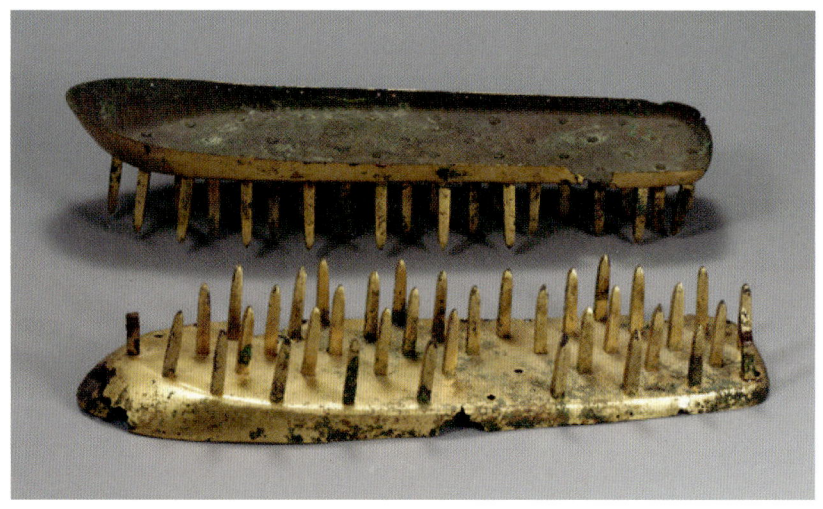

도 4-26　금동신발
고구려 ｜ 길림성 집안시 출토로 전함 ｜ 국립중앙박물관 소장.

라인들의 신발을 이야기할 때 가장 대표적인 것은 경주 식리총(飾履塚) 출토 금동식리라 할 것이다(도 3-16). 이 식리는 길이가 약 30cm 좀 넘는 크기로, 신발의 깊이는 8.0cm 가량이다. 얇은 동판으로 만들고 도금한 판을 작은 못으로 서로 붙여 연결했었는데, 지금은 바닥판과 측판이 분리되어 있다. 각 금속판은 육각형으로 구획한 후, 각각의 육각문 안에 괴수문(怪獸文), 연화문, 인면문(人面文), 새 등을 장식하고 있다.

백제에서는 공주 무령왕릉에서 출토된 금동신발과 나주 옹관묘에서 금동관과 함께 출토된 금동신발 등이 있다. 최근에는 고창 봉덕리와 나주 정촌 고분 등에서도 상태가 좋은 금동신발들이 출토되었고, 보물로 지정되기도 했다(도 4-27). 이들은 모두 크기가 상당히 크고, 바닥까지 전부 문양을 장식하고 있어서, 실용품이었다고는 생각하기 어렵다. 그러나 대체로 그 당시의 신발에 대한 외형을 짐작게 하는 데는 좋은 자료가 될 것이다. 그런 면에서 보면, 좀 더 실용적인 것에 가까운 형태로 보이는 것은 토제 신발에서 찾아야 할 것이다.

보물로 지정된 리움미술관 소장의 토제 신발은 길이 23.5cm, 폭 7.0cm, 높이 7.0cm의 크기로(도 4-28), 이는 토제신발이라기보다는

도 4-27 금동신발
백제 5세기 | 고창 봉덕리 1호분 출토 | 국립전주박물관 소장.

도 4-28 토제신발
가야 4-5세기 | 리움미술관 소장.

신발 모양의 상형토기라고 보아야 하지만, 매우 사실적으로 표현되었다. 코끝이 살짝 올라가고, 뒤쪽은 발을 꿸 때 잡을 수 있는 고리까지 표현해 놓았다. 코끝이 가진 모양은 오늘날의 코신과 비슷하고, 신발 앞쪽에 구멍이 뚫려 있어서 발등 위로 끈을 엮어서 얽어매어 신을 수 있도록 했다. 아마도 당시 신었던 가죽신을 모방하여 흙으로 빚어 만든 것이 아닌가 한다.

일본 쇼소인에 보관된 신발은 역시 코끝이 반전(反轉)되어 있으나, 앞쪽이 둘로 갈라져 있어서, 발가락이 갈라진 오늘날의 일본인들 신발과 비슷한 편이다. 이것은 비단과 가죽을 합해서 박아 만들고, 금, 은, 옥으로 군데군데를 장식한 것이다. 코끝이 갈라진 대신 산(山) 모양으로 반전한 경우의 신발도 있는데, 역시 헝겊과 가죽으로 만들고 속에는 마포(麻布)로 심지를 넣었다.

도 4-29 **짚신모양 토기**
신라 5세기 | 리움미술관 소장.

한편, 신라와 가야의 상형토기 중에는 짚신이나 가죽신의 모양을 본떠서 만든 토기들이 있다. 이러한 신발 모양의 토기들은 보통 나팔형의 받침대 위에 짚신 형태를 얹어 놓은 것으로, 받침대에 투창이 뚫려 있는 경우도 있으며, 신발 위에 그릇을 올려놓기도 한다(**도 4-29**). 짚신은 바닥판 군데군데 줄로 연결해서 얽은 형태이다. 최근 대구 시지동이나 부여 지역에서는 삼국시대 짚신 실물도 출토되어 당시 일반인들이 신던 신발의 형태를 좀 더 잘 이해할 수 있게 되었다.

의생활용 가구

지금까지 신라인의 의생활과 관련된 유물들과 당시의 여성 패션에 대해서 살펴보았다. 의생활과 관련하여 마지막으로 주목해야 하는 것은 옷의 보관 및 관리와 관련된 유물들이다.

내가 어렸을 때는 방안의 한쪽 벽에 "횃대"라고 부르는 막대기에 어른들의 외출복이 걸려 있었다. 즉 일정한 크기의 매끈한 막대기를 벽면에 가로 걸쳐두고 그 막대기 즉 횃대에 옷을 걸어 두는 것이다. 그리고 평상시는 횃대보로 덮어서 먼지를 막아낸다.

경주 안압지 출토 유물 중에는 선각과 어자문으로 장식한 꽃 모양의 금동판이 다량으로 출토되었는데, 이들 중에는 판의 가운데를 꿰뚫어 S자형 고리를 끼워 놓은 것들이 있다 (도 4–30). 아마도 이들은 건물 벽에 고정시켜 옷을 걸어 두는 옷걸이 장식으로 사용했던 것으로 보인다. 안압지는 신라 동궁(東宮)에 만들어진 연못으로 알려져 있으므로, 이러한 장식들은 신라 궁중 생활의 화려한 일상의 단편을 보여

도 4–30 금동옷걸이 장식
통일신라 7-9세기 | 경주 안압지 출토 | 국립경주박물관 소장.

주는 예들이다.

옷을 관리할 때 반드시 필요한 것이 구김살을 펴기 위한 다리미이다.

백제 무령왕릉에서는 왕비의 관 근처에서 큼직한 청동제 다리미가 출토되었는데, 손잡이가 길고 불접시 바닥에 흰 삼베 조각이 붙어 있었다(도 4-31). 청동제 다리미는 "울두(熨斗)"라고도 알려져 있는데, 손잡이가 긴 백제계 형식과 짧은 금속제 손잡이에 긴 목제 손잡이를 끼워서 사용하는 신라계 형식이 있다. 다리미는 신라 고분에서도 종종 출토되었다. 다리미는 원래 옷을 다리는 것이지만, 불을 밝히고 불을 옮기는 데도 쓰였다. 아마도 무령왕릉 출토 왕비의 다리미는 의복을 다리는 데 사용되었을 것이라고 생각한다. 한편, 일본의 다카이다야마(高井田山)고분에서 출토된 청동제 울두는 출토 당시 삼베 등으로 감싼 흔적이 있고 불접시 안에 심지나 기름 찌꺼기가 남아 있었다. 문헌에서는 울두가 원래 옷을 다리는 다리미의 기능을 한다고 하지만, 이러한 출토 예를 보면 이런 다리미들은 불을 밝히고 옮기는 데도 쓰였던 것으로 보여서, 들고 다니는 등잔 역할도 했던 모양이다.

도 4-31 청동다리미
백제 6세기 | 공주 무령왕릉 출토 | 국립공주박물관 소장.

예전에 무령왕릉 출토의 다리미를 형식 분류하고 그 용도를 검토한 적이 있는데, 그와 비슷한 것을 내가 어렸을 때 직접 사용했었다는 사실은 이 글을 정리하면서 새삼스레 알게 되어 스스로 놀라고 있었다. 적당한 높이로 무릎을 세워 촉촉이 젖은 빨랫감을 잡으면, 어머니는 맞은편에서 빨랫감의 오른쪽 자락을 오른발로 누르고 왼쪽은 손으로 잡아 다림질을 하셨다. 다리미가 지나갈 때마다 빨랫감 아래로 증기를 내뿜으면 그 증기가 모두 빨랫감을 잡은 내게로 풍겨오는 것이다. 어머니와 호흡이 맞지 않으면 잡는 폭이 알맞지 않아 서로 신경을 곤두세워야 했고, 서로 팽팽하게 잡는 것도 아주 적절해야지 느슨하면 다리미 바닥이 마루에 닿아서 안 된다. 반대로 내가 잡은 자락이 높으면 다리미의 숯불이 쏟아질지도 모른다. 다행히 나는 눈치껏 다림질 도우미를 잘하는 편이었다. 빨랫감을 잡고 있을 때 맞은편에서 어머니가 슬쩍 오른발을 들거나 왼손을 놓으면 나는 영락없이 뒤로 나뒹굴게 된다. 이게 실수인지 일부러 장난삼아 그러신 것인지는 직감할 수 있었지만, 어느 쪽이건 나는 결코 어머니를 골탕 먹일 수가 없었다. 어머니는 불이 담긴 다리미를 들고 있기 때문이다. 특히 여름철 어머니의 기다란 치마나 아버지의 와이셔츠가 손이 많이 가는 다림질감이었고, 다림질의 잘잘못이 금방 드러나는 것이기도 했다.

그러다 전기다리미를 쓰면서 얼마나 놀라웠는지, 지금은 아무도 상상하지 못할 것이다. 이렇게 모든 것이 발전해 나가고 있는데. 길고 긴 세월 동안 별 변화 없이 사용되던 다리미가 하루아침에 천양지차로 변화를 느끼게 했는지 모른다. 그러고도 얼마나 많은 종류의 다리미가 나왔는지 모르고, 이제는 아예 세탁소 이용이 일상이 되어 버렸으니, 참으로 중요한 변화 발전의 시기에 내가 살아왔다는 느낌이 든다.

미국의 박물관에서 초기 개척민들이 겨울 추위에 이불 속을 덥히는 데 사용한 큼직한 다리미와 같은 유물을 본 적이 있다. 어떤 때 인

디언의 습격이 염려되면, 아이들은 침대 밑에 숨겨서 재우기도 했고, 다리미는 그 아이들을 따뜻하게 해주었을 것이다.

어릴 적 따뜻한 온돌방의 아랫목을 동생들에게 양보하고 나면, 한겨울 윗목의 내 자리는 늘 차가웠다. 새로 이불을 깔고 이불 속에 들어가면 온몸이 그대로 얼어 버릴 것 같았다. 그럴 때 아버지는 내 이불속에 드러누우셔서 당신의 체온으로 덥혀 주고는 얼른 이불 속으로 들어가라고 밀어 넣어 주셨다. 그게 얼마나 따뜻하고 고마웠던지 지금 생각해도 마음이 아련하다.

그럴 때 추녀 끝에는 고드름이 주렁주렁 매달렸고, 아침에 눈을 뜨면 작은 유리창에 성에가 하얗게 서려서 재미있는 그림을 그려 보이기도 했다. 부지런을 떨면 저녁 짓는 아궁이에 깨진 기왓 조각을 구워서 잘 싸두었다가 이불속에 넣어 자리를 덥히기도 했다.

그래, 그때는 그랬지!

제Ⅴ장 신라인은 무엇을 먹고 살았을까

　　신라인의 식생활을 이야기하려면 먼저 부엌살림이 어떤 것으로 어떻게 꾸려 갔을지를 생각해볼 필요가 있다. 부엌살림에는 맨 먼저 식품의 조리도구, 저장 및 보관용기, 운반용기, 숟가락과 각종 식기들이 있을 것이다. 옛날 부엌은 지금 부엌과는 완전히 달랐을 것이니, 신라시대의 부엌살림과 먹거리를 생각해보려면 이것저것 따져볼 것이 많다.

　　옛날 내가 대학교 다닐 때, 고고학개론 시간의 처음 주제가 "삼시대(三時代) 구분법"이었다. 인간은 도구를 쓸 줄 알기에 영장류라고 했으며, 인간이 만든 도구는 재질에 따라 석기에서 청동기로 다시 철기시대로 넘어왔다고 하여 삼시대라고 한 것이다. 농담처럼 그다음은 플라스틱시대라고 하였는데 실제로 지금이 플라스틱시대인 듯하다. 당시 우리들은 산에라도 올라갔다가 젓가락이 없으면 나뭇가지를 꺾어서 대신 사용하였다. 석기시대보다도 앞서는 목기시대를 산다고 하면서 말이다.

　　삼시대 구분법에서는 목기나 토기의 사용은 언급하지 않고 있는 셈이다. 인류가 사용하는 도구는 석기나 금속기 이외에도 목기와 토기가 많은 양을 차지하고 있다. 다만 옛날 목기는 남아 있기가 어려웠으나 사용은 광범위하였으리라 짐작되며, 분명히 석기보다 앞선 시기부터 사용되었을 것이라고 확신한다. 또한 신라에서는 큰 고분 하나에서 수천 점의 토기가 출토되고 있으므로, 토기를 주로 사용했던 것도 확실하다. 출토 토기의 방대한 양이나 다양한 기종은 아직도 편년 연구에 어려움을 주고 있다.

부득불 신라인의 식생활을 다루는 이 장에서 식생활에 관련되는 용기 중 토기와 목기에 대한 이야기는 보류하였다. 목기는 남아 있는 수량이 거의 없고, 토기는 너무 많기 때문에, 이들의 사용에 대해서는 정연하게 설명할 수가 없기 때문이다. 그러나 흙이나 나무로 만들었던 그릇의 모양은 금속제와 크게 다르지 않았을 것이다. 이들에 대해서는 앞으로의 연구에 기대하는 수밖에 없음을 고백한다.

식재료의 확보와 가공

인류 최초의 식재료는 채집과 수렵, 어로에 의한 채집경제에서 시작했다. 농경사회가 되면 논밭에서 거둬들인 농작물들을 여러 단계의 가공 과정을 거쳐서 요리를 하게 되었을 것이다. 채집경제에서 농경 중심의 정착생활로 바뀌고 난 이후에도 수렵과 채집은 공존하였다. 따라서 생활 패턴도 달라질 수밖에 없었던 것으로 보인다. 농경을 하면서도 사람들은 농작물뿐만 아니라 여전히 산이나 숲에서 열매나 뿌리 등을 채집했으며, 사냥은 근세까지 지속되었다. 채집, 수렵, 농경을 거치는 과정에서 식재료의 채집을 위해서 사용한 옛사람들의 각종 도구들이 남아 있다.

우리나라 농경의 시원은 이미 신석기시대 유물에서 읽을 수가 있다. 신석기시대 말기의 석제 보습은 파종을 위한 농기구의 하나이며,

도 5-1 농경문청동기
청동기시대 | 대전 괴정동 출토로 전함 | 국립중앙박물관 소장.

반월형석도(半月形石刀)나 맷돌은 수확과 가공에 사용하는 농기구이다. 철기문화 단계로 들어오면, 철제의 호미, 괭이, 낫, 칼 등이 보이고 있어서 석기에서 청동기시대를 거쳐 철기시대까지의 농기구의 발전 과정을 짐작게 한다.

대전지방에서 출토되었다고 전하는 농경문청동기(農耕文青銅器)에는 따비로 밭이랑을 일구고 괭이로 밭을 갈아 씨를 뿌리는 모습과 다시 거두어들이는 그림이 있다(도 5-1). 이 청동기의 그림에 의하면 밭이랑도 정연하고, 땅을 파는 남자와 거두어 들이는 여인의 성별을 분명하게 표현하고 있다. 그림 속의 따비는 오늘날까지 제주도에서 볼 수 있는 따비와 신기할 정도로 똑같은 모양이다. 이 유물은 기원전 3-1세기 경의 것으로 추측된다.

신라의 농경형태는 어떠했을까?

신라의 장식토우에서는 농기구를 사용한 모습들을 찾아볼 수 있어서, 당시의 경제생활을 이해하는 데 주목할 만하다. 그뿐 아니라 농사와 수렵, 채집 등의 방법으로 음식물을 확보하는 식생활 경제 문화의 단면이 토우나 토용에 남아 있다.

작은 장식토우 중에는 괭이를 어깨에 멘 인물이 있는데, 이는 농부를 표현한 것이다. 아쉽게도 머리가 없어졌으나 둘러맨 괭이를 두 손으로 잘 붙들고 있는데 두 팔은 우람하고 매우 건장한 모습으로 표현된 토우가 있는가 하면, 두 눈과 입을 가로로 꾹꾹 눌러 찍어 만들었는데, 역시 어깨에 괭이를 둘러메고 밭으로 향하는 신라의 농부상을 연상케 하는 토우도 있다(도 5-2). 모두 괭이가 몸체에 비해 훨씬 크게 만들어졌으며, 신라의 농부상을 연상하는 데 좋은 표본이 되고 있다.

활을 쏘는 사냥꾼도 장식토우에서 종종 찾아볼 수 있다. 그중에서도 말 잔등에 네발을 묶은 멧돼지를 얹고 돌아오는 사냥꾼이 주목된다(도 5-3). 아마도 이 사람은 오락이나 취미로 하는 사냥꾼이 아니라 사냥꾼이 생업이었던 것으로 보인다. 직접 포획물을 등 뒤에 싣고 말을 몰고 오는 중이기 때문이다.

식재료를 운반할 때 이동 거리가 멀고 수량이 많을 경우에는 수레를 이용했겠지만, 서민들에게 가장 손쉬운 수송방법은 인간의 힘을 이용하는 것이다. 장식토우들에 표현된 지게를 진 인물(도 5-4), 항아리를 머리에 인 여인상(도 5-5) 등은 수확한 작물을 가져오는 역할을 담당했을 것이다.

동물의 힘을 빌려 그 등에 직접 물건을 얹거나(도 5-3), 수레를 이용한 운반 수단을 짐작할 수 있는 예가 많이 남아 있다. 동물을 이용한 예들은 토우나 상형토기, 토용에서 고루 보인다.

도 5-2 괭이를 멘 농부 토우

신라 5-6세기 ｜ 국립경주박물관 소장.

도 5-3 멧돼지를 싣고 가는 기마인물토우

신라 5-6세기 ｜ 경주 황남동 출토 ｜ 국립중앙박물관 소장.

도 5-4 지게를 지고 짐을 나르는 인물토우

신라 5-6세기 ｜ 경주 황남동 출토 ｜ 국립중앙박물관 소장.

도 5-5 항아리를 머리에 인 여자 토우

신라 5-6세기 ｜ 국립중앙박물관 소장.

2	3
4	5

경주 계림로 출토 수레형 토기는 살이 촘촘한 두 바퀴 사이에 적재함이 있고 그 적재함의 뒤와 양옆은 막혀 있는데, 앞에서는 긴 이음대가 나와 있다(도 5-6). 적재함 바깥쪽에는 실어 놓은 짐을 튼튼하게

고정할 수 있도록 다섯 줄의 띠를 덧대어 놓았는데, 이 띠들은 모두 못으로 고정해 놓았다. 이렇게 띠를 덧대어 놓은 형태는 당시 수레의 쓰임새를 짐작하게 한다. 아마도 이 끝에는 소나 말이 매여져 있었을 것 같다. 신라의 토용에서 종종 수레바퀴나 소가 보이는 것은 이러한 운반 수단의 단면을 말해 주는 것으로 해석된다. 경주 황성동 고분에서 출토된 소와 수레바퀴 모양 토용들이 그에 해당한다(도 2-9,10).

초기 단계의 식재료 가공은 수확한 곡물의 방아찧기, 맷돌갈기 등에 의해서 이루어진다. 신라의 작은 장식토우 중에는 디딜방아가 있다(도 5-7). 이는 아마도 곡식을 빻는 기구로 쓰였을 것이다. 그밖에 절구와 맷돌들이 이용되었을 것이다.

나는 1951년 한국동란 당시 진주에서 가까운 시골로 피난을 가서 그해 여름을 보냈다. 그때 디딜방아로 보리를 빻던 기억이 생생하다. 디딜방아질에 익숙하지 않던 우리 가족으로서는 매우 힘든 작업이었으며, 결국 제대로 도정하지 못한 보리로 밥을 지어 먹어야 했었다. 아마도 곡식을 빻을 때는 물레방아와 절구통도 쓰였을 것이며, 맷돌이나 연석(碾石, 도 5-8) 등도 사용했을 것이다. 연석은 갈돌과 갈판으로 구성된 것으로, 청동기시대 이후부터 널리 사용되었다. 한편, 일반 가정의 일상에는 절구통에 공이를 사용하여 찧고 빻고 으깨기 등을 했을 것이다.

근래까지, 혹은 지금도 쓰이는 것이 맷돌이다. 맷돌은 선사시대에 이미 전돌 세트가 알려져 왔으며, 오늘날 우리가 볼 수 있는 맷돌과 기본적으로 형식상의 차이가 없다. 중국의 유물 가운데 있는 맷돌도 비슷한 형식이며, 청주의 사뇌사지나 흥덕사지 등에서는 고려시대의 맷돌도 출토되었다(도 5-9). 지금도 경주 여러 곳에서는 맷돌을 볼 수 있다. 심지어 어떤 식당에서는 마당에 디딤돌로 잔뜩 깔아 놓은 것

6	7
8	9

도 5-6 **수레모양 토기**

신라 6세기 | 경주 계림로 25호분 출토 | 국립경주박물관 소장.

도 5-7 **디딜방아모양 토우**

신라 5-6세기 | 국립중앙박물관 소장.

도 5-8 **갈돌과 갈판**

청동기시대 | 국립중앙박물관 소장.

도 5-9 **맷돌**

고려 | 청주 사뇌사지 출토 | 국립청주박물관 소장.

을 본 적이 있는데, 그 뒤로 다시는 그 식당에 가지 않았다.

    이러한 초기 단계의 식재료 가공 수단이 우리 시대에 와서 가전제품으로 바뀌면서 생활에 혁명적인 변혁을 불러왔다. 그 종류나 방법은 헤아릴 수 없이 많아졌기 때문에, 언제나 새것에 적응하는 데 한 템포 느린 나는 아직도 이해 못하고 사용하지 못하는 것이 많다. 특히 이런 새로운 가전제품들 설명서에서 소개하고 있는 기능들을 들여다보고 있으면 이해하기 어려운 것이 많아서, 아마도 나는 현대의 국어 공부를 다시 좀 해야 할 것 같다.

어릴 때 명절이면 쌀을 씻어서 방앗간으로 가져가 길게 줄을 서서 기다리면, 기계가 쌀을 빻고 쪄서 가래떡으로 줄줄 나오는 것이다. 그걸 가져다가 적당히 굳었을 때 떡국거리로 써는 것이 큰일이었다. 적당히 굳어야지 지나치면 너무 굳어서 썰기가 어렵다. 반대로 덜 숙으면 달라붙고 고르게 썰어지지 않는다. 이래저래 불평을 늘어놓으면 할머니는 "옛날에는 절구통에 빻고 가루를 곱게 쳐서, 그걸 쪄서 떡가래를 만드는 모든 과정을 내 손으로 했는데, 지금 얼마나 좋은 세상을 사는지 아느냐" 하시며 야단치시곤 했다. 그 불평을 늘어놓던 나는 지금 얼마나 놀라운 가전제품의 덕을 보고 있는지, 우리 할머니가 보셨다면 "어쩜 이런 세상이 있는가, 야들아 이게 머꼬?" 하셨을 것이다.

식재료의 가공과 조리를 이야기할 때 빼놓을 수 없는 중요한 문제가 바로 식수의 공급 문제이다.

필자가 어렸을 때는 수도가 없어서, 우물가에서 물을 떠와서 물동이를 머리에 이고 날랐으며, 한국전쟁 직후에도 수도가 파괴되어 역시 물동이로 물을 길어다 썼다. 경상도에서는 이런 물동이를 "동이", 혹은 "동오"라고 불렀다. 내가 사용하던 사기동오는 밋밋한 동체에 구연부가 약간 오므라져 있어서 물이 쏟아지지 않게 했으며, 양옆에 손잡이가 달려 있었다. 여기에 물을 채워서 가지고 갈 때는 머리에 똬리를 얹고 물을 채운 사기동오를 머리에 인 후에 양 손잡이를 잡고 걸어가야 했다. 물동이 위에는 뚜껑처럼 바가지를 엎어 놓아서 물의 출렁임을 막기는 하지만, 그래도 얼굴에 흘러내리는 물은 계속 다른 손으로 떨어내야 했다. 물동이의 손잡이에서 손을 잘못 떼면 한겨울에도 물을 뒤집어쓰는 불상사가 생긴다. 어른들은 사기동오, 즉 도자기로 만든 물동이를 "사구"라고 줄여서 불렀다. 그 후에 양철동이가 나왔는데, 가볍기는 하지만 어쩐지 물의 출렁임이 사기동오보다 더 심한 것 같았다. 또 이음새가 좋지 않으면 찔끔찔끔 물이 새는데, 견딜만하다

도 5-10 재매정
신라 | 경주 교동

고 억지로 참고 있는 동안에 은근히 물벼락을 맞기도 했다. 사구는 아예 깨져 버리니 일찌감치 단념하고 버리기도 쉬운데, 양철동이는 버리지도 못하니 답답할 뿐이었다.

　물 떠오는 이야기에서 신라 우물에 얽힌 이야기 하나를 빼놓을 수 없다. 경주에는 일정교와 월정교 가까이에 재매정(財買井)이 지금도 남아 있다(도 5-10). 김유신 장군의 저택 자리인데, 김유신 장군이 출정에 앞서 집 앞을 지나면서 물 한 사발을 받아먹고 물맛이 변하지 않았으니, 집안에 별고 없구나 하며 지나갔다는 이야기가 전한다. 대단한 쇼맨십이다.

　한때 마산에서 우리 집은 당산 아래여서 뒷마당은 그냥 산비탈이었는데, 우리 집 담장 밖에는 커다란 우물이 있었다. 네모반듯하고 모퉁이에는 넓은 받침이 있어서 물동이를 올려놓고 머리에 이기가 쉬웠다. 이 우물은 바닷가에서 그리 멀지 않음에도 물맛이 좋아서 온 동네가 이 물을 식수로 사용하였다. 가뭄이나 큰비에 상관없이 언제나 수량은 같은 수준이었다. 그런데 우리 집 뒷마당에 작은 샘이 솟기 시작하여 조금씩 팠더니, 항상 같은 양이 넘쳐 마당 한가운데를 지나 마당 끝의 하수구까지 흘러가 작은 고랑이 생겼다. 마침 부엌 뒷문 쪽이어서 설거지나 야채씻는 등의 작은 일에는 안성맞춤이었다. 우리는 조금만 더 파면 제법 우물의 모습을 갖출 것 같았는데 아버지께서 절대로 안 된다고 하셨다. 그렇게 되면 저쪽 큰 우물의 물이 줄어들지도 모른다며 말리셔서, 더 파지는 못하였다. 큰 우물은 1년에 두어 번씩 간단히 제(祭)를 지내고 우물 청소를 하였는데, 청소하다 보면 그동안 빠뜨린 두레박 이외에도, 똬리나 비녀와 같이 별의별 여자들의 물건이 나오곤 했다.

우물은 보통 동네 한가운데 있어서, 아낙네들이 모여 수다를 떨어가며 동네의 이런저런 소문들이 여기를 중심으로 퍼지기도 했다. 우물이 한 집안의 마당에 놓인 경우에는 이웃들이 와서 물을 길어 가기도 했다. 단지 물만 나누어 갖는 것인데, 한때 우리는 우물을 셰어링(sharing)했던 것이다. 근래 "카셰어링(Car-Sharing)"이라는 소리를 들을 때마다, 옛날 우리 집의 우물 셰어링을 생각하곤 한다.

마산에서 다시 진주로 이사를 갔는데, 같은 규모로 지어진 집 세 채 중 한 집에 들어가 살게 되었다. 은행 사택이었던 이 집은 개량주택이라고나 할까. 우리 어머니는 날림집이라고 불렀다. 옆집과의 사이에 시멘트 블록으로 내 키만 한 담을 쌓았는데, 마당 한쪽에 우물을 가운데 두고 그 위에 담을 쌓아 우물을 반씩 나누어 쓰도록 하였다. 여름이면 과일을 소쿠리에 담아 끈으로 매달아 우물에 담가 두었다가 먹기도 하고, 때로는 옆집 새댁을 불러 우리 집 음식을 우물 위 울타리 아래로 건네며 서로 나누어 먹기도 하였다. 해가 지고 나면 서로 물을 긷지 않기로 하는 무언의 규범도 있었다. 왜냐하면 두레박에 물을 담기 위해 풍덩풍덩 몇 차례 담그는 소리를 내지 않기 위해서였다.

이런 생활공간의 공동이용 형식은 한때 시골의 여인숙 방에서도 볼 수 있었다. 유적 조사 때나 논산 훈련소로 동생 면회를 갔을 때도 이런 시골 여인숙에서 저녁을 보냈다. 두 방 사이의 중간 벽에 작은 공간을 만들어 백열전구를 켜 두었기 때문에, 불을 끄고 자려해도 옆방에서 끄자고 하지 않으면 참아야 했다. 아마도 13촉이나 기껏해야 30촉짜리 동그란 백열전구였을 것이다. 요즘 나는 방마다 불을 밝히는 짓을 가끔 한다. 그때 생활이 얼마나 희한한 일인가 싶어서 말이다.

음식 조리하기와 보관하기

신라 사람들이 먹었던 음식의 흔적이 가끔 유적에서 발견된다. 황남대총이나 천마총, 또 우물 유적 등에서는 많은 종류의 음식물이 출토되었다. 아마도 굽고, 지지고, 조리고, 젓갈로 담그고, 말려서도 먹었을 것이다. 지금도 옛날에도 대부분의 음식은 익혀 먹는다. 익히기 위해서는 불을 사용해야 하며, 굽기, 삶기, 찌기, 볶기, 덖기, 데치기, 튀기기, 지지기, 그슬리기 등의 다양한 조리방법이 발달하면서 각종 조리기구가 생겨났다.

원시인들은 돌을 달구어 그 위에 음식을 얹어 익히기도 하고, 불에 달군 돌을 국물 속에 넣어 덥혀서 조리하기도 했다. 사람들은 청동기시대와 철기시대를 거치면서 차츰 금속제의 그릇을 자유롭게 만들고 사용하기에 이르렀다. 삶아서 익히는 데 솥이 필요하고, 이 솥으로 볶고 끓이고 덖고 데치고 데우기 위하여 불과 솥의 열을 가감할 줄도 알게 되었다. 더 나아가 솥에는 음식을 찌기 위하여 시루가 함께 사용되었으며, 음료 등을 데우기 위해서는 초두와 같은 특별한 그릇도 필요하게 되었다. 이제는 오븐이나 전자레인지에 익혀 먹는 방법이 일상화되었지만, 이는 전기가 등장하고 난 근대 이후의 일이다.

인류 역사상 가장 중요한 음식 문화의 혁명 중 하나는 바로 토기의 제작과 사용일 것이다. 사람들은 불의 조화를 터득하여 토기를 굽게 되었고, 토기는 음식을 익히는 것뿐만 아니라, 음식의 운반과 보관에도 크나큰 공헌을 했을 것이다. 낮에 멀리서 물을 길어다가 가까이 두고, 밤에도, 비바람이 사나워도 물을 마실 수 있게 되었다는 것은 놀라운 생활의 변화를 불러왔을 것이다. 물뿐만 아니라 음식물의 저장도 생활의 편리에 큰 도움을 주었다.

토기를 만들면서 음식을 보관 및 저장하게 되었고, 음식을 익힐 수 있게 되었고, 그릇에 담아서 운반도 가능하게 되었다. 특히 액체까지도 운반과 저장이 항시 가능해진 점은 생활의 편리함을 크게 발전시켰다. 이렇게 토기가 가져온 일상생활의 변화는 상당히 다양했다. 한편, 토기는 제사 의례에서 음식을 공양하는 그릇이 되기도 했고, 무덤에 매장할 때 사용하기도 하였다. 신라 고분에서는 토기가 수없이 쏟아져 나오고 있는데, 이 토기들은 의례용과 생활용이 고루 보인다. 고분 출토 토기들의 쓰임새는 오늘날의 우리 생활에 비추어 짐작할 뿐인데, 다행히도 작은 장식토우에서 종종 그 쓰임새를 읽을 수 있는 자료가 보이기도 한다.

신라 사람들이 먹었던 음식물은 어떤 종류가 있었을까? 고대부터 음식을 조리하는 데는 그 재료 자체를 몇 가지로 분류할 수 있다.

주식(主食)이 되는 것으로는 쌀이나 보리와 같은 잡곡이 있었을 것이다. 일본 쇼소인에 있는 신라의 고문서에 의하면, 파천(巴川)이라는 촌락의 지출문서에 상미(上米)와 대두(大豆)에 대한 출납 관계를 기록하고 있다. 즉 쌀과 콩을 먹었던 것이다. 남아 있는 유물이 많지는 않으나, 아마도 과일과 채소도 많이 먹었을 것이다. 경주 식리총의 청동합에는 볍씨가 남아 있었고, 가끔 고대 유적에서 탄화된 곡식들이나 과일 씨앗들이 발견되기도 한다.

중국 한대 마왕퇴 고분에서 미라 상태로 발견된 대후부인(軑候夫人)은 위 속에서 참외씨가 발견되어, 참외를 먹었음을 알 수 있다. 마왕퇴 무덤에서는 비단과 칠기 등과 함께 소갈비뼈, 닭뼈, 달걀 한 상자, 생선뼈 등이 출토되어, 당시 사람들이 먹었던 다양한 식료품을 알 수 있게 되었다. 아마도 신라 사람들도 곡식과 과일, 야채 등의 식물류 이외에 육류와 해산물을 먹었을 것이다.

육류는 가축으로 길러서 먹는 것과 사냥에 의하여 잡은 것들이 식품원이 되었다. 멧돼지와 사슴은 사냥에 의해 조달되었던 것으로 보인다. 신라 토우에 보이는 소, 토끼, 닭, 오리는 가축에 속할 것이다. 종종 토우에서는 개도 보이는데, 사냥용이었는지 애완용이었는지는 확실하지 않다. 삼국시대의 개가 사냥용과 애완용 이외에, 희생제물이나 식용으로 사용되었다는 사실은 삼국시대 무덤이나 고구려 고분벽화에서 찾아볼 수 있다. 고구려 안악3호분 벽화에는 개가 푸줏간에 매달려 있는 모습이 표현되어 있다.

해산물에는 조개, 굴, 게 이외에 생선류가 주류를 이룬다. 천마총에서는 항아리 안에 달걀이 그대로 들어 있었고(도 5–11), 천마총과 식리총을 비롯한 여러 고분에서는 커다란 항아리 안에 각종 생선뼈와 패각류 껍질이 들은 작은 토기들이 다수 확인되었다(도 5–12). 황남대총 남분에서 출토된 음식류는 각종 짐승이나 물고기의 뼈와 조개껍데기 등이 담긴 그릇들이 들어 있는 항아리들을 통해서 알 수 있다. 여기에서 발견된 음식물의 내역을 보면 특히 어패류가 주목을 끄는데, 얼

도 5-11 계란이 들어있는 토기 출토상태
신라 6세기 | 경주 천마총 출토.

도 5-12 각종 패각류가 담겨진 작은 토기들이 들어있는 대형 토기 출토상태 재현
신라 5-6세기 | 경주 서봉총 출토 | 국립중앙박물관 소장.

핏 알 수가 있는 것만으로도 참돔, 다랑어, 농어, 조기 등이 있고, 그 외에도 조개, 전복, 소라, 다슬기, 홍합, 재첩, 바지락 등 그 종류가 헤아릴 수 없이 많다. 나는 알아보지도 못하고 먹어보지도 못한 종류의 어패류도 많다. 황남대총에서 발견된 음식물 중에서 조금 독특한 예들을 열거해 보면, 졸복, 상어, 오분자기, 눈알고동, 배말류, 주름다슬기, 논우렁이, 맵사리, 밤고동, 해가리비, 백합, 대복, 가무락조개 등이 있다. 최근 식리총 출토 어패류에 대한 조사에서는 고동류, 주름다슬기, 참굴, 홍합, 소라, 백합, 가무락조개, 바지락, 전복, 피뿔고동, 청어, 복어, 망상어, 참돔, 넙치류, 방어, 조피볼락, 볼락, 노래미, 감성돔, 민어, 고등어 등이 확인되어, 신라인들이 다양한 해산물을 먹었음이 확인되었다.

통일신라시대로 오면 국립경주박물관 부지에서 발견된 우물 유적에서 어린아이의 유해와 함께 동물의 뼈가 발견된 것이 주목된다. 발견된 동물은 개, 고양이, 멧돼지, 소, 사슴, 고라니, 말, 쥐, 두더지, 토끼, 까마귀, 오리, 꿩, 매, 참새 등인데, 이들 모두가 식용이라고 해석하기는 어렵다. 그러나 생선류는 식용이었다고 해석할 수밖에 없는데, 가오리, 상어, 고등어, 도미, 대구, 민어, 광어, 복어, 숭어, 붕어 등이다. 신라인들은 참으로 다양한 것을 먹고 있었다.

안압지에서 발견된 목간에는 음식에 관한 기록이 많은데, 그중에서도 "醢(해)", 즉 젓갈을 담았다는 기록이 많아서(도 5-13), 다양한 젓갈류를 당시부터 먹고 있었음을 알 수 있다. 그 밖에 조미료는 아마도 기름이나 소금, 간장 등이 있었을 것이며, 향신료는 실크로드를 통한 교역에 의하여 들어왔다고 생각된다. 신라인들은 차를 즐기기도 하였다. 안압지의 토기 가운데는 차를 뜻하는 "茶(다)"라는 글자와 함께, 꽃과 구름 등을 그려 장식한 묵화문토기(墨畵文土器)가 출토되기도 했다(도 5-14). 이 묵화문토기에는 "茶" 자와 함께, "言", "貞" 등 모두 세 글자가

도 5-13 "醢(해)"명 목간
통일신라 8-9세기 | 경주 안압지 출토 | 국립경주박물관 소장.

도 5-14 묵화문토기와 "言", "貞", "茶"의 묵서명
통일신라 8-10세기 │ 경주 안압지 출토 │ 국립경주박물관 소장.

묵서명으로 쓰여져 있다.

다음은 음식 조리와 관련된 각종 조리기구를 살펴보자.

음식을 익히는 데는 끓이기, 볶기, 삶기, 찌기, 데치기, 굽기, 덖기, 달이기, 그슬리기 등의 방법이 있다. 이에 사용되는 조리기구가 신라에서는 다양하게 발견되는데, 솥, 시루, 초두(鐎斗), 주전자, 병 같은 예들이 있다. 또한 소금에 절이기와 젓갈 담그기, 말리기 등의 과정을 거쳐 음식물을 장기간 보관하기도 했을 것이다.

신라인들은 생선회도 먹었을까? 동해안에서 경주까지의 운반과정을 생각하면 이에 대해서는 좀 더 검토할 필요가 있을 것이다. 이와 관련하여 안동 간고등어를 주의해 볼 필요가 있을 것이다.

아주 오래전에 냉면집에 갔는데 주방장이 "거냉"이라고 크게 외쳐서 어떤 것인가 유심히 보았으나 무슨 뜻인지 알 길이 없었다. 종업원에게 물어보았더니 온면은 아니고 냉면의 찬 기운을 줄인 것이라고 했다. 냉기를 제거한다는 말인 듯하다. 예나 지금이나 음식 조리에서는 음식의 온도도 갖가지로 섬세하게 신경 썼다.

먼저 끓이기, 삶기, 찌기에 사용하는 것은 각종 솥과 시루들이다. 신라 고분에서는 청동솥이나 철솥이 간혹 출토된다. 솥도 세 발 달린 청동정(青銅鼎) 형식과 요즘 가마솥 같은 형태의 다리가 없는 부(釜) 형식의 솥도 있다. 황남대총 남분과 북분에서는 모두 청동정 형식의 솥이 발견되었다. 이들은 구형(球形)의 동체(胴體) 중간에 돌대가 있고 좁아진 구연부에서 직립하면서 뚜껑을 받치도록 하였다. 어깨 부위에 손잡이가 달려 있고, 말굽 모양의 세 발이 붙어 있다(도 5–15). 가마솥 같은 형태의 철제 솥은 천마총에서 발견되었다.

이러한 솥은 모두 음식을 끓이고 삶는 데 사용했으며, 위에 시루를 얹어서 음식을 찌는 데에 사용하기도 한다. 시루는 보통 토기로 만들어지지만, 황남대총 남분에서는 청동시루도 한 점 발견되었다(도 5–16, 17). 이 청동시루는 약간 좁아진 바닥에 구멍을 뚫고 넓적한 손잡이가 두 개 붙어 있으며, 입지름이 25cm에 달한다. 시루는 솥 안에 들어가야 하니, 이 시루보다 더 큰 솥도 있었다는 뜻이다.

음식을 데우고 약을 달이는 데는 초두(鐎斗)를 사용했다. 초두는 바닥이 납작한 동체에 세 발이 붙어 있고, 기다란 손잡이가 달려 있는 것이 일반적인 형태이다(도 5–18). 초두의 용

도 5–15 **청동솥**
신라 5세기 | 경주 황남대총 남분 출토 | 국립경주박물관 소장.

제 V 장   신라인은 무엇을 먹고 살았을까   113

도 5-16 청동시루
신라 5세기 | 경주 황남대총 남분 출토 | 국립경주박물관 소장.

도 5-17 청동시루(도 5-16)의 바닥면
국립경주박물관 소장.

도는 기본적으로 액체를 데우는 데 사용했다고 보는데, 그 내용물에 대해서는 약간의 이견이 있어서, 나는 약을 데운다고 주장하고, 남자들은 술을 데운다고 우긴다. 황남대총 북분 출토의 초두는 양머리형[羊頭形(양두형)]의 주구(注口)에 반원형의 꼭지[鈕(뉴)]가 붙어 있는 뚜껑이 있는 독특한 형식이다(도 5-19). 비슷한 형식의 양머리형 초두는 천마총과 식리총에서도 출토되었다. 초두 형식의 그릇 중에는 "약관(藥灌)"으로 정리된 유물도 있는데, 이러한 예들은 약을 달이거나 차를 끓이는 데 모두 사용이 가능하다(도 5-20).

신라에서는 차를 일찍부터 끓여 마셨다는 기록이 남아 있다. 앞에서 살펴본 안압지 출토품 중에는 차를 뜻하는 "茶" 자 묵서명이 쓰인 토기도 있고(도 5-14), 작은 풍로도 있다. 이러한

도 5-18 청동초두
신라 5세기 | 경주 황남대총 남분 출토 | 국립경주박물관 소장.

도 5-19 양머리모양 청동초두
신라 5세기 | 경주 황남대총 북분 출토 | 국립경주박물관 소장.

예들은 차 문화와의 직접적 관련성을 말해준다. 또한 통일신라시대 부여 부소산 유적 출토 일괄 유물은 찻잎을 갈기 위한 다연(茶碾), 초두, 정병(淨甁)을 비롯한 각종 용기로 구성되었다(도 5-21). 교장유물로 함께 묻혔던 이 유물들은 통일신라시대의 차 문화를 보여주는 일괄 유물로 생각된다.

도 5-20 **청동약관**
나말여초 | 국립광주박물관 소장.

우리나라 고대의 음식 저장과 보관은 어떠했을까?

몇 년 전까지만 해도 초겨울이면 김장하고, 연탄 들여놓고 쌀가마니 몇 포쯤 확보해야만 월동 준비가 끝났다고 느긋해지는 것이 서민들의 삶이었다. 옛날에도 겨울 준비를 위한 음식 저장은 필수적이었을 것이다.

도 5-21 **부여 부소산 유적 출토 일괄유물**
통일신라 8-10세기 | 국립부여박물관 소장.

신라 토기 중에는 음식 저장을 위한 커다란 항아리들이 상당히 많다. 안압지에서 출토된 큰 항아리 한 점에는 몸체에 "十口八瓮(십구팔옹)"이라는 글자가 새겨져 있다(도 5-22, 23). 이 명문은 "십석입옹(十石入瓮)"이라고 읽어서 10석 들이 항아리라고 해석하기도 하지만, 나는 좀 다르게 읽어보고 싶다. 아마도 가족이 열이면 여덟 개의 항아리가 있어야 겨울을 난다는 뜻이 아닐까. 즉, 10인 가구에 곡식과 저장식품을 저장하는 데 여덟 개의 커다란 항아리가 있어야 한다는 말이다. 이런 커다란 저장용기는 운반용으로도 편리하게 쓰였을 것이다.

큰 항아리들은 대부분 토기로 만들어졌지만, 비슷한 형태의 항아리들이 금속으로 만들어진 경우도 있다. 금관총에서 출토된 청동사이호(靑銅四耳壺, 도 5-24)는 고구려의 광구장경사이호(廣口長頸四耳壺) 형식에서 온 것으로 보이는데, 어깨에 네 개의 넓고 평평한 손잡이가 달

도 5-22 "十口八瓮"명 큰항아리
통일신라 9-10세기 | 경주 안압지 출토 | 국립경주박물관 소장.
도 5-23 "十口八瓮"명 큰항아리(도 5-22)의 명문 세부
국립경주박물관 소장.

도 5-24   청동사이호
신라 5-6세기 | 경주 금관총 출토 | 국립경주박물관 소장.

도 5-25   토제광구장경사이호
고구려 | 서울 몽촌토성 출토 | 서울대학교박물관 소장.

리는 독특한 형식으로 신라나 백제에서는 그 예가 보이지 않는다. 광구장경사이호는 고구려에서 주로 사용된 독특한 그릇 형식으로 알려져 있는데, 서울 몽촌토성에서도 출토되었으며 대부분 토기로 만들어졌다(도 5-25). 다만 금속제는 오직 신라의 금관총 출토품만 남아 있다.

금관총 출토 청동사이호는 목이 길고 동체가 넉넉하여 보관용으로 보이는데, 이렇게 목이 길고 풍만한 동체를 가진 항아리들을 장경호(長頸壺) 형식이라고 한다. 청동장경호(靑銅長頸壺)들은 황남대총 북분과 남분에서 여러 점 발견되었는데(도 5-26), 이들은 모두 손잡이가 없고 대신 뚜껑이 달려 있다.

도 5-26   청동장경호
신라 5세기 | 경주 황남대총 남분 출토 | 국립경주박물관 소장.

이 청동장경호들의 뚜껑에는 중앙에 꼭지가 달려 있는데, 꼭지의 형태는 청동합의 뚜껑 꼭지와 마찬가지로 여러 가지 형식이 있다. 이렇게 뚜껑이 반드시 덮여 있는 그릇들은 보관용 그릇이었던 것으로 보인다.

이러한 장경호와 사이호 형식에서 크게 변화된 것이 청도 운문사(雲門寺)에 전해져 오는 고려시대의 동호(銅壺)이다(도 5-27). 운문사 동호는 안정감이 있는 굽과 꼭지가 있는 뚜껑, 그리고 양옆에 손잡이가 달린 형식으로, 어깨 부분에 명문이 남아 있다. 명문에 의하면 고려 문종 연간인 1067년에 "동해(東海)"를 개조했다고 한다. 이 명문으로 볼 때, 아마도 이 용기의 이름이 "동해"였으며, 이 시기에 고쳐서 다시 만들었다고 하기 때문에, 이미 그 이전부터 이런 형태의 그릇이 있었다는 뜻으로 해석할 수 있다. 이런 형태의 용기를 "동해"라고 부른다면, 경상도 지방에서 물동이를 부를 때 쓰던 "동오", 혹은 "동이"라는 명칭과 부합하는 듯하다. 한 가지 앞으로 관심을 가져야 할 일은 이 운문사 동호의 표면이 고운 검은 색으로 고르게 덮여 있다는 점이다. 이렇게 고른 검은색 표면이 형성된 것이 과연 옻칠에 의한 것인지, 혹은 향(香)을 태워 나오는 그을음에 의한 것인지, 또는 우리가 알지 못하는 또 다른 어떤 이유가 있는지는 확실하지 않으므로, 향후 조사에서 그 원인이 밝혀지기를 기대한다. 이러한 항아리들 이외에 물이나 액체를 담았던 용기로는 갖가지 형태의 병이나 주전자 등이 있었을 것이다.

뚜껑이 달린 또 다른 저장 및 운반용기로는 합(盒)이 있다. 합은

도 5-27 운문사 동호
고려 1067년 | 청도 운문사 소장.

뚜껑이 덮여 있어야 모양새가 어울리는 그릇으로, 뚜껑이 없으면 그릇의 형태가 불완전한 경우를 칭하는 것이다. 그냥 뚜껑을 대충 올려놓은 경우에는 합이 아니라 뚜껑이 있는 대접이나 잔 등으로 보아야 하는 경우가 많다. 합의 형태와 재료, 그리고 용도는 매우 다양하므로, 뒤에서 한 번 더 다루겠지만, 여기에서는 삼국시대 고분에서 출토된 합들을 중심으로 저장 및 운반용기로서의 청동합(靑銅盒)을 먼저 살펴보겠다.

신라 고분에서 출토된 청동합 중에서 가장 전형적이고 중요한 유물은 경주 호우총(壺杅塚)에서 출토된 청동제 호우(壺杅)이다 (도 5–28). 호우총은 광복 후 우리나라 학자에 의하여 발굴된 최초의 고분으로, 고구려 명문을 가진 호우가 출토되어 주목된다. 당시 조선총독부박물관의 책임자였던 저명한 일본인 고고학자가 인수인계를 위해 잔류하고 있으면서 호우총의 발굴에 공동 참여하고 있었다. 이 발굴 과정에서 "乙卯年國岡上廣開土地好太王壺杅十"라는 긴 명문이 바닥에 새겨진 청동합 한 점이 출토되었다. 여기에는 광개토왕이라는 이름이 기록되어 있어서, 고구려에서 제작된 유물이 신라 고분에서 발견된 것임이 확인되었다. 그리하여 이 고분은 호우총으로 명명되었고, 우리 학자들에 의해서 최초의 발굴보고서가 간행되었다. 이 호우 바닥 명문에 나오는 "을묘"년은 고구려의 장수왕(長壽王) 3년, 즉 415년에 해당하며, 이런 그릇의 명칭이 "호우(壺杅)"였다는 것이 밝혀진 것이다. 주조기법으로 제작된 이 호우는 당시 신라와 고구려의 관계 및 신라 고분의 편년을 밝히는 데 있어서 가장 중요한 절대연대 자료로 평가받고 있다.

도 5–28 **청동호우**
고구려 415년 | 경주 호우총 출토 | 국립중앙박물관 소장.

제Ⅴ장 신라인은 무엇을 먹고 살았을까   119

또한 경주 서봉총에서 출토된 은합에는 뚜껑의 내부에 "延壽元年太歲在卯三月中太王敬造合杅用三斤六兩"라는 명문과, 몸체의 외부에 "延壽元年太歲在卯三月中太王敬造合杅用三斤"이라는 명문이 새겨져 있다(도 5-29, 30). 이 명문에 나오는 "연수원년(延壽元年)"은 여러 가지 해석이 있지만 고구려 연호로 보아 451년에 해당한다고 볼 수 있다. 이러한 명문들은 당시 고구려의 합이 "합우(合杅)", 혹은 "호우(壺杅)"라는 명칭으로 불렸으며, 고구려의 문물이 신라로 전해질 만큼 신라와 고구려의 관계가 밀접했음을 알려준다. 서봉총 출토 연수명 은합은 호우총 호우와는 달리 단조기법(鍛造技法)으로 제작하여 제작기법은 서로 다르며, 뚜껑의 형태도 십자뉴(十字鈕) 형식이다.

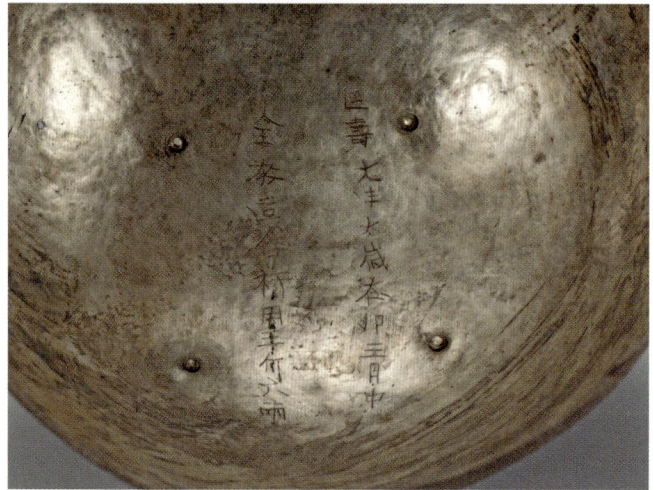

도 5-29 연수명 은제합
고구려 5세기 | 경주 서봉총 출토 | 국립중앙박물관 소장.

도 5-30 연수명 은제합(도 5-29)**의 뚜껑 내부 명문**
국립중앙박물관 소장.

이들 고구려에서 온 것으로 두 개의 금속제 합과 관련된 몇 가지 이야기를 해보자. 명문을 가진 이 두 개의 합은 절대연대 편년이 어려운 신라 고분의 연대를 추정해볼 수 있는 중요한 잣대가 될 것이다. 일반적으로 고분의 연대 비정은 절대연대를 밝힐 자료가 없는 경우에 출토 유물이나 무덤의 구조에 의하여 추정된다. 그렇게 보면 글자가 있고 연대를 측정할 절대연대를 가진 유물은 매우 중요한 단서이긴 하다. 이 두 고구려의 금속제 합은 비슷한 시기의 것이 비슷한 시기에 신라로 들어왔고 또 비슷한 시기의 무덤에서 출토되었다는 점이 주목된다. 호우총의 호우는 고구려에 인질로 있었던 왕자 복호(卜好)가 413년 귀국하면서 가져왔다는 설이 있으며, 연수명 은합은 한때 고구려의 인질이었던 실성니사금(재위 402-417)에게 고구려에서 보냈다는 설 등이 있다. 그렇지만, 이들이 출토된 고분의 구조나 함께 출토된 공반 유물과의 비교는 일체 덮어 두고, 두 유물만으로 고분 연대를 추정해본다면 어떤 대답이 나올까? 다음과 같은 문제가 생길 것이다. 첫째, 물건을 가져왔거나 받은 이들이 지니고 있다가 무덤에 가지고 갔거나 혹은 누군가에게 주어서 그들이 가지고 있다가 무덤에 가지고 갔다면, 무덤이 조성된 연대는 당대이기는 하지만 물건 제작과는 10-20년 전후의 차이가 날 것이다. 둘째, 자손에게 전해졌다가 무덤에 들어갔다면 한 세대, 아마도 30년 이상의 차이가 날 것이다. 셋째, 그보다 더 후대까지 전세되었다면 50-60년 이상으로 연대 폭이 넓어질 수밖에 없다. 물건이 제작된 이후부터 한 세기 정도 늦어질 수도 있는 것이다.

중요한 것은 호우총 호우를 모델로 신라에서 많은 양의 청동합이 제작되고 사용되었다는 사실일 것이다. 신라인들은 고구려에서 온 호우를 본떠 청동합을 만들면서, 뚜껑의 손잡이로 사용하는 꼭지[鈕(뉴)] 형태에 여러 가지 변화를 주었다. 신라 고분에서는 여러 가지 형식의 꼭지를 가진 청동합들이 다량으로 출토되고 있다. 신라의 청동합들은 뚜껑 손잡이 꼭지의 형식에 따라, 구형뉴(球形鈕) 형식, 보주뉴(寶珠鈕) 형식, 십자뉴(十字鈕) 형식, 조형뉴(鳥形鈕) 형식, 대추형뉴 형식, 변형뉴(變形鈕) 형식 등 아주 다양하다**(도 5-31)**. 아마도 신라인들은 이런 합에 식재료나 향신료, 찻잎, 약재 등을 보관하였을 것이다.

도 5-31 **청동합**

신라 5-6세기 | 경주 식리총, 인동총, 미추왕릉지구 출토 | 국립경주박물관 소장.

도 5-32 **은제합**

신라 5세기 | 경주 황남대총 남분 출토 | 국립경주박물관 소장.

황남대총 남분에서는 서봉총 출토 연수명 은합과 마찬가지로 은판을 두드려서 만드는 단조기법으로 제작된 은합들이 여러 점 출토되었다(도 5-32). 동체의 구연부에는 도금 흔적이 남아 있고 뚜껑에는 삼엽형(三葉形) 장식판 위에 둥근 고리를 달아 꼭지로 사용하였다. 이러한 형식의 토제합이 역시 고구려 지역에서도 출토되고 있으며, 신라에서도 경주 미추왕릉지구에서 출토된 바 있다.

금은으로 만든 금속제 그릇들은 음식을 보관하기 위한 그릇보다는 제례용 음식을 공양하기 위한 의례용이거나, 혹은 실제로 음식을 먹고 마시기 위한 식기로 사용되었을 가능성이 있다. 하나의 그릇도 여러 가지 용도로 변경되며 사용할 수 있다는 점도 기억할 필요가 있다.

음식의 조리하기와 저장하기의 맨 마지막 부분에서 살펴볼 것은 각종 의식이나 제례에서 음식을 올릴 때 바치는 그릇들이다. "공헌용기(貢獻容器)"라고 부르는 쟁반을 비롯한 각종 그릇들은 음식을 나른다는 점에서는 저장 및 운반용 그릇으로 볼 수도 있고, 한편으로는 제사와 같은 의례에서 사용하는 의례용 그릇이기도 하다.

우리나라 역사에서 가장 대표적인 공헌용기는 조선시대의 종묘 제기(祭器)이다. 우리나라에서는 서민의 가정이라 할지라도 집집마다 제사를 지냈기 때문에 제기 세트를 보관하고 있었다. 이러한 제기는 유기(鍮器)를 주로 사용했지만, 일제강점기 말기의 금속기 공출로 인하여, 대부분 가정에서는 제기마저 일제에게 빼앗겨서 목기로 바꾸어 사용하게 되었다. 조상님께는 죄송하지만, 목기로 바꾼 이후에는 유기를 닦는 수고를 덜게 되었고 가벼워져서 사용하기에 좋았다. 유기는 고운 기와 가루를 사용하여 잘 문질러 닦으면, 희한하게 금빛을 냈다. 진주에서 자랄 때, 한국전쟁으로 소실된 촉석루 터의 기와가 유기 닦기에 좋다고 하여 주우러 다닌 기억이 있다.

신라 고분에서 출토되는 각종 청동 그릇 중 상당수는 이러한 제사용 공헌용기로 사용되었을 것이다. 그중에서도 특히 운반용 그릇으로 주목되는 것은 대형 쟁반들이다. 중국에서는 금은제, 청동제, 칠기 등으로 만든 화려한 대형 쟁반이 종종 출토되는데, 경주 황남대총 남분과 북분에서도 청동제 대형 쟁반이 출토되었다. 다소 파손된 상태이지만 세 개의 말발굽형 발이 붙어 있고 상판에는 전이 약간 높게 마련되어 있어서 음식물 고이기에 적합한 형태이다 **(도 5–33)**. 그중에서도 황남대총 북분에서 출토된 청동 쟁반에서는 출토 당시 안에서 금제

도 5-33 **청동쟁반**
신라 5세기 | 경주 황남대총 북분 출토 | 국립경주박물관 소장.

그릇이 담긴 상태로 발견되어서, 그 용도를 짐작할 수 있다.

식기와 수저

식생활 문화와 그릇과의 관계를 보면 다소 복잡한 것이 그릇의 용도이다. 보통 그릇은 음식을 먹고 마시기 위한 식기(食器)가 많지만, 앞에서 살펴본 것처럼 음식을 보관하기 위한 그릇, 음식을 덜어내기 위한 그릇, 제사와 같은 의례를 행할 때 음식을 바치기 위해서 사용하는 제례용 음식을 담는 의례용 용기, 즉 공헌용기 등과 같이 다양한 기능이 있다. 앞에서 조리 및 저장, 운반, 의례 등을 위한 그릇들을 간단히 살펴보았지만, 하나의 그릇이 여러 가지 용도로 쓰일 수도 있다는 것을 기억하면서, 일상생활에서 사용하는 그릇들을 살펴보겠다.

일상생활에서 사용하는 그릇들의 대부분은 식기로 사용하는 경우가 많다. 현재까지 출토된 유물들을 중심으로 보면, 그릇의 형태에 따라서 합, 대접[鋺(완)], 발(鉢), 배(杯), 잔(盞), 접시(皿[명]) 등으로 크게 나누어 볼 수 있다. 또한 각 그릇들은 구연부(口緣部)의 모양에 따라서, 바로 뻗어 올라간 것, 밖으로 외반한 것, 또는 안쪽으로 굽은 형식 등 다양한 특징을 가지고 있다. 이 중에서 대접과 발, 배, 잔, 뱅뱅돌이, 접시 등은 명칭을 확연하게 구분하기 어려워서, 각종 발굴보고서나 전시 도록에 기록된 그릇의 명칭이 다소 뒤섞여서 다르게 사용되는 경우도 종종 찾아볼 수 있다. 대체로 그릇의 형태는 굽과 구연부, 그리고 뚜껑의 유무 등에 의해서 기본적인 형식을 구별할 수 있는데, 기본 형식에서 변형된 형식도 종종 찾아볼 수 있으며, 같은 형식에서 크기가 다른 경우들도 있어서 잘 모르는 사람들이 보면 형식 구별이 어려울 수 있다.

　신라시대에는 금속제 그릇 이외에도 토기와 목기가 함께 쓰였을 것이다. 도자기가 제작되기 시작하면서는 겨울에는 금속기, 즉 유기를 쓰고 여름에는 자기 그릇을 사용했다고 한다. 일제강점기에는 일제가 태평양 전쟁을 위해 금속을 수집하면서, 유기 그릇과 숟가락까지 금속기 공출이라는 명목으로 모두 빼앗아갔다. 그 시절을 살아온 사람들은 목제 수저를 사용한 기억이 있을 것이다. 우리나라는 도자기나 금속제의 그릇을 식기로 사용했다. 도자기는 무겁고 금속제 그릇은 뜨거워서 숟가락이 필요했는데, 밥그릇을 들고 먹는 것은 상스럽다고 여겨져서 밥상에서 조심해야 하는 자세였다. 여름에는 주로 도자기 그릇을, 겨울에는 금속제의 그릇을 사용했는데, 겨울철에는 유기 그릇에 담긴 밥을 따뜻한 아랫목에 묻어 놓고 이불을 덮어 두어 늦게 오는 가족을 기다리는 것이 일상적인 겨울 풍경이었다.

　지금도 식기는 몇 가지 형태의 반상기를 사용한다. 찬거리를 담는 그릇의 수에 따라 7첩이나 9첩 등의 음식 차림에 규격이 있고, 특히 "안성 유기"로 대표되는 유기 그릇, 즉 놋그릇을 사용하는 것을 선호했다. 이러한 반상기 구성이 언제부터 정착한 것인지는 확실하지 않으나, 우리나라에서 금속제 식기의 사용은 그 역사가 길다.

　신라 고분에서 출토되는 금속제 식기들은 금제, 은제, 청동제 등 다양하다. 먼저 금은제 그릇들은 금관총, 서봉총, 황남대총 등 여러 고분에서 빠짐없이 발견되고 있다. 가장 흔한 형태는 완(盌)이라고 부르는 그릇들로 대접 혹은 사발이라고도 하는데, 제법 많은 양이 발견되었다(도 5-34).

도 5-34 금제완
신라 5세기 | 경주 황남대총 출토 | 국립경주박물관 소장.

도 5-35 가반형식 금제완
신라 4-5세기 | 경주 월성로 가-13호분 출토 | 국립경주박물관 소장.

어떤 경우에는 여러 개의 완들이 포개어진 가반(加盤) 형식으로 출토되기도 했다. 경주 월성로 가-13호분에서 출토된 금은제 가반은 여러 개의 은제완(銀製鋺)을 포개고 맨 위에 금제완을 포개어 한 세트를 구성한 것으로(도 5-35), 두 세트가 출토되었다.

금제완이나 은제완은 바탕 금속판을 두드려 형태를 만드는 단조기법으로 제작되었다. 반면 청동제 그릇들은 주조기법으로 제작된다. 보통 일상생활에서 국그릇 형태에 가까운 사발 모양의 그릇은 한자로 "완(鋺/盌)", "발(鉢)", "대접(大楪)" 등으로 부르는데, 같은 형태의 작은 것은 "잔(盞)"으로, 대야처럼 큰 것은 "세(洗)"라고 한다. 대체로 완과 발은 우리가 흔히 보는 국그릇 같은 대접 종류이며, 작은 것을 잔, 아주 큰 것을 세라고 구분하면 대체로 크게 틀리지는 않는다. 그중에서 받침이 없이 원저(圓低) 형식의 그릇은 "뱅뱅돌이"라고 부르기도 한다. 여기에서는 완, 발, 대접 등의 사발들을 편의상 "대접"으로 통칭하겠다.

금속제 대접은 보통 뚜껑이 있는 형식과 없는 형식으로 나누기도 하는데, 대접에 뚜껑을 덮은 것은 호우와 같은 합 형식과는 다소 차이가 있으며 접시 같은 형태의 그릇을 뚜껑으로 덮기도 한다(도 5-36). 또한 대접 중에는 바닥에 굽이 있는 형식과 없는 형식이 있는데, 굽이 없는 대접들은 요즈음 등산용 잔들을 포개면 하나가 되고 끄집어내면 여러 개가 되는 것들과 같이 겹쳐서 세트를 이루는 경우가 많다. 절에서 사용하는 "발우(혹은 "바루"라고도 한다)"라는 공양구(供養具)는 승려의 식사용 그릇 세트로서, 여러 개의 그릇을 포개어 넣으면 겉으로는 하나가 되는 형식이다. 이런 형식의 그릇들을 "가반(加盤)"이라고도 부르는데, 일본 쇼소인에 남아 있는 통일신라시대의 청동제 가반들은 9겹이나 10겹 등 그 구성이 다양하다(도 3-26). 이러한 가반 형식의 그릇들은 이동 생활에서 짐을 줄이기 위한 최선의 방침으로, 유목민족의 풍습으로 해석하기도 한다. 영천 용계리에서 출토된 세 점의 청동원저발은

도 5-36 뚜껑이 있는 청동대접
통일신라 8-10세기 | 경주 안압지 출토 | 국립경주박물관 소장.

서로 포개어 사용하는 가반 형식 중 안쪽의 그릇들이다(도 5-37). 가반 형식에서는 보통 맨 바깥쪽 대접에만 굽이 붙어 있고 뚜껑을 덮게 되어 있다. 신라에서 일본으로 건너간 쇼소인 가반 중에서 포장 및 운반 시의 충격을 막기 위해서 대접 사이에 끼워 넣은 신라의 고문서인 "가반문서"가 발견되었다는 이야기는 앞의 제 III장 2절에서 했다.

백제 무령왕릉에서는 청동제 숟가락 세 점과 젓가락 두 쌍이 발견되었는데(도 5-38), 그중에서 숟가락 하나는 조금 큰 청동발(青銅鉢)

도 5-37 청동원저발
통일신라 8-10세기 | 영천 용계리 출토 | 국립경주박물관 소장.

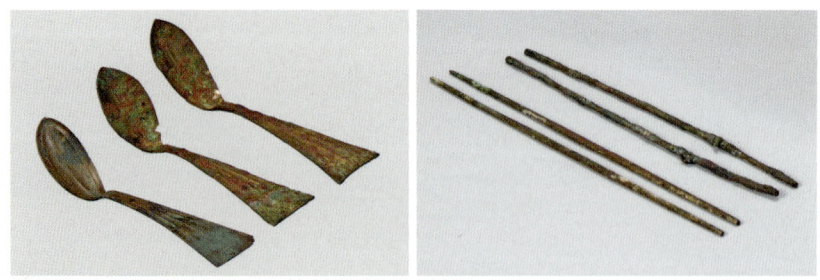

도 5-38 청동수저
백제 6세기 | 공주 무령왕릉 출토 | 국립공주박물관 소장.

안에 담긴 상태로 발견되었다. 무령왕릉 출토 청동 숟가락은 자루에서 시면(匙面)으로 이어지면서 선조 장식이 있는데, 시면의 선조 사이에 약간씩의 요철이 있다. 젓가락은 중간부에서 양 끝으로 가면서 점차 가늘어져 줄어드는데, 한 쌍의 젓가락에는 고리가 달려 있었다.

무령왕릉에서 출토된 청동발과 비슷한 형식의 청동발은 경주 지역이나 가야 고분 출토품 중에서도 종종 보이고 있으며, 중국에서는 하북성(河北省) 정현(定縣) 화탑지(華塔址) 출토 북위(北魏)시대 사리석함(舍利石函)에서 비슷한 예가 출토되었다. 삼국시대 고분에서는 무령왕릉 출토품을 제외하면 숟가락과 젓가락의 출토 예가 별로 없으며, 특히 신라 고분에서는 수저가 거의 발견되지 않았기 때문에, 아마도 나무로 만든 숟가락과 젓가락을 사용했을 것이라고 짐작할 뿐이다. 중국에서는 숟가락보다 젓가락의 사용이 일반적이었다고 알려져 있는데, 이는 아마도 음식 문화의 차이와 관련된 것으로 생각해 볼 수 있다.

무령왕릉에서는 숟가락이 담겨 있던 조금 커다란 청동발 이외에도 작은 청동잔(青銅盞) 다섯 점이 출토되었다. 다섯 점의 출토 위치는 제각기 달라서, 무덤 연도(羨道) 가까이에서 두 점, 연도의 동북쪽에서 한 점, 왕의 관대(棺臺) 앞에서 한 점 등이 발견되었다. 그중 한 점의 청동잔에서는 보존처리를 통해서 바깥쪽에는 만발한 연꽃을, 안쪽에는 쌍어문(雙魚文)을 둘러싸고 연꽃과 줄기, 연봉 등을 표현한 문양이 새겨져 있음이 확인되었다.

잔은 "배(杯)"라고도 하는데, 굽이 있는 형식과 굽이 없이 바닥이 둥근 형식, 그리고 손잡이가 붙어 있는 잔 등과 같이 여러 가지 형식이 있다. 굽이 있는 잔은 "대부배(臺付杯)", 굽 없이 둥근 바닥을 가진 잔은 "원저배(圓底杯)", 손잡이가 붙어 있는 잔은 "파수부배(把手付杯)"라고 하며, 육릉(六菱)이나 팔릉(八菱)형의 독특한 "곡배(曲杯)"와 같은 예도 있다. 보통 잔들은 별다른 문양이 없으나, 신라 고분에서 출토된 금속제 잔 중에서 황남대총 북분에서 출토된 타출문 은잔(도 3-11)은 문양이 화려하고 독특하다. 이와 비교할 수 있는 잔으로는 중국 산서성 대동에서 출토된 은제인물당초문완(도 3-17)이나 사산조 페르시아 시대의 금제완 등이 있다.

무령왕릉에서는 굽이 있고 잔 받침이 따로 만들어진 정교하고 아름다운 동탁은잔(銅托銀盞)이 발견되기도 했다(도 5-39). 이렇게 받침이 달린 "탁잔(托盞)" 형식은 아마도 중국에서 전래되었을 것이다. 중국에서는 지금도 이런 형식의 잔에 차를 마시는 경우가 있다. 일본 군마현(群馬縣)의 간논즈카(觀音塚) 고분에서 출토된 동제승반부완(銅製承盤付鋺)은 무령왕릉 출토 동탁은잔과 비슷한 분위기의 유물인데, 무령왕릉 출토품보다는 약간 크다. 이러한 형식은 통일신라시대의 녹유탁잔이나 고려시대의 은제도금탁잔(銀製鍍金托盞, 도 5-40)으로도 이어지고 있어서, 아마도 오랫동안 귀중한 그릇 형식으로 사용된 모양이다.

도 5-39 동탁은잔
백제 6세기 | 공주 무령왕릉 출토 | 국립공주박물관 소장.

통일신라시대부터는 일반적인 대접의 구연부를 꽃 모양으로 만든 장식적인 대접들이 만들어지기 시작했다. 다섯 잎의 꽃 모양으로 만들어서 오화형완(五花形盌), 혹은 오화형 대접, 혹은 오화형 접시라고 부르는 그릇들은 충남 부여 부소산 유적 출토 일괄유물(도 5-21), 황해도 평산 출토 일괄유물(도 5-41) 등에서 확인된다. 보통 비슷한 형태의 얇은 그릇 여러 개가 포개어져 출토되고 있는데, 높이가 낮아서 대접과 접시의 중간쯤 되는 그릇들이다. 함께 출토된 유물들이 차를 마시는 데 사용하는 것들이 많아서, 아마도 차를 마실 때 사용한 것으로 추정하기도 한다.

오화형 대접과는 다소 차이가 있긴 하지만, 긴 육릉형이나 팔릉형의 형태를 한 독특한 곡배 형식의 잔은 사산조 페르시아와 중국 당나라에서 유행한 독특한 서역계 그릇 형식이다. 우리나라에서는 그동안 곡배의 출토 예가 매우 드문 편이었는데, 최근 성주 기산리 유적에서 동제 팔곡장배(八曲長杯) 한 점이 출토되어 주목된다(도 5-42).

차 마실 때 사용한 그릇으로 생각되는 또 다른 그릇으로는 "편구완(片口盌)"

도 5-40 은제도금탁잔
고려 | 국립중앙박물관 소장.

도 5-41 청동오화형대접
통일신라 8-10세기 | 황해도 평산 출토 | 국립중앙박물관 소장.

도 5-42 청동팔곡장배
통일신라 8-9세기 | 성주 기산리 유적 출토 | 국립대구박물관 소장.

형식이다(도 5-43). 대접 한쪽에 액체를 붓기 편하도록 좁은 물부리를 만든 형식으로, 한자로는 "이(匜)"라고 지칭하기도 한다. 이런 편구완은 근래까지도 차를 마실 때 사용되었으며, 역시 중국 당나라 금은기 중에서 자주 볼 수 있는 형식이다.

도 5-43 **청동편구완**
통일신라 8-9세기 | 경주 안압지 출토 | 국립경주박물관 소장.

접시는 보통 대접보다 높이가 낮은 것을 말하는데, 금속제 접시는 굽이 있는 형식과 굽 없이 납작하고 평평한 형식이 있다. 굽이 있는 형식은 "대부명(臺付皿)"이라고 하고, 굽이 없는 것은 "평명(平皿)"이라고도 한다.

접시는 음식을 담기 위한 용기일 뿐 아니라 때로는 다른 그릇의 뚜껑으로 사용하기도 한다. 금속제 대접의 뚜껑으로 사용하는 것은 보통 굽이 있는 접시 형식이며(도 5-36), 뚜껑으로 사용할 때는 접시의 굽이 뚜껑 손잡이 역할을 하게 된다. 그러나 뚜껑을 뒤집어서 따로 놓으면 손잡이가 접시의 굽이 되는 것이다. 한편, 굽이 없이 납작한 그릇은 도자기의 뚜껑으로 사용

도 5-44 **당삼채골호와 청동접시뚜껑**
통일신라 8세기 | 경주 조양동 출토 | 국립경주박물관 소장.

하기도 하는데, 경주 조양동에서 출토된 당삼채골호(唐三彩骨壺)의 뚜껑으로 사용된 접시가 그러한 예이다(도 5-44). 조양동 출토 동제접시는 함께 출토된 당삼채골호의 연대를 고려하여 통일신라시대 8세기의 작품으로 생각된다.

한때 세상을 떠들썩하게 했던 황우석 박사의 줄기세포 이야기가

세상을 풍미할 때, 황 박사는 우리나라 연구원들의 손끝이 야물다면서 그게 다 금속제 젓가락을 사용한 덕이라는 말을 했다. 이 말을 듣고 "아!"하고 감탄한 적이 있었다. 우리 주변에서 하는 일마다 야무진 사람이 젓가락 사용은 하도 어수룩하여 항상 그를 놀리던 기억이 있다. 우리나라의 숟가락, 젓가락의 사용은 역사도 길고, 그만큼 그 사용 매너도 역사가 긴 덕이다. 혹시 젓가락질에 자신이 없으면 콩을 집어 보시라.

현재 우리나라에서 가장 오랜 숟가락은 황해도 황주(黃州) 흑교역(黑橋驛)에서 청동기시대의 유물과 함께 일괄로 출토된 청동제 숟가락이 있다. 자루가 부러진 상태이기는 하지만, 숟가락이라기보다는 국자라고 부를 만하다. 경주 금관총에서는 청동제와 은제의 작은 숟가락들이 출토되었는데, 시면이 환형(丸形), 즉 넓적하고 둥근 형식이며, 단면이 둥근 자루가 달려 있다(도 5–45). 경주 감은사 서탑 사리공에서 발견된 청동제 숟가락은 역시 시면이 둥글고 작은 형식이며, 상대적으로 긴 손잡이가 달려 있다. 이는 사리를 담을 때 사용하는 특수용도(特殊用途)의 숟가락으로 생각된다. 이러한 금관총이나 감은사 서탑 출토 숟가락은 신라 사람들의 식생활 문화와 직접적인 연관성을 가지고 있다고 보기는 어려운 듯하다.

중국 호남성 장사(長沙)에서 발견된 한대(漢代) 마왕퇴 고분 3기 중에서, 대후부인의 무덤인 1호분에서 출토된 칠기 중에는 칠작(漆勺)이 있다(도 5–46). 마왕퇴 고분에서는 부장품의 목록을 적은 목간이 출토되었는데, 함께 출토된 음식류로는 갈비뼈, 생선뼈, 콩, 꿩, 닭고기, 계란 등이 확

도 5–45 은제숟가락 편
신라 5-6세기 | 경주 금관총 출토 | 국립중앙박물관 소장.

인되었고, 대후부인의 위 속에서는 참외씨가 확인되었다.

삼국시대의 본격적인 숟가락은 공주 무령왕릉에서 출토된 세 점의 청동 숟가락과 두 쌍의 청동 젓가락이다(도 5-38). 그렇지만 신라 고분에서는 식기로 사용하는 금속제 숟가락과 젓가락이 거의 출토되지 않아서 다소 이상하다. 아마도 목제를 사용하기는 했을 것이다. 경주 황남대총에서 은제 국자가 출토되기는 했지만, 이는 숟가락과는 다른 용도를 가진 물이나 술을 푸는 의례용 물품일 가능성이 있다.

도 5-46 **용문칠죽작**
중국 전한대 기원전 2세기 │ 중국 호남성 장사시 마왕퇴 1호분 출토 │ 중국 호남성박물관 소장.

통일신라에는 아직까지 금속제를 비롯하여 각종 젓가락이 출토된 예가 거의 없다. 그러나 금속제 숟가락은 여러 지역에서 출토되고 있다. 경주 안압지, 경북 영천, 부여 부소산

도 5-47 **청동숟가락**
통일신라 8-9세기 │ 경주 안압지 출토 │ 국립경주박물관소장.

유적, 황해도 평산 유적 등에서는 둥근 원형 숟가락과 갸름한 타원형 숟가락들이 발견되었는데, 이렇게 두 종류의 숟가락이 한 세트로 사용되었던 것이라고 생각된다(도 5-47). 중국 이외의 지역에서는 숟가락의 출토 예가 그다지 많지는 않다. 일본, 이집트, 인도네시아, 중앙아시아 툼슉(Tumshuq) 지역 등에서 드물게 출토되고 있을 뿐이기 때문에, 경주 안압지에서 출토되는 금속제 숟가락의 출토 예는 매우 중요하다.

통일신라시대의 숟가락은 둥근 것과 갸름한 것이 한 세트가 되어

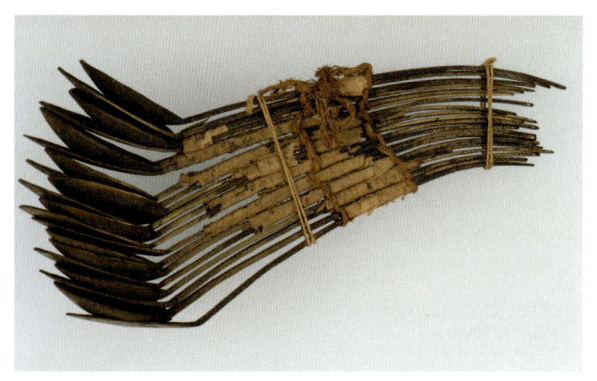

도 5-48 **청동숟가락 일괄품**
통일신라 8세기 | 일본 쇼소인 소장.

지금과 같은 "숟가락-젓가락" 세트가 아니라 "숟가락-숟가락" 세트를 구성하고 있다고 보는 것이 타당하다. 아마도 둥근 것은 음식을 덜어 오는 용도로, 갸름한 것은 떠먹는 것으로 쓰임새가 정해져 있었던 듯하다. 요즘 식당에 가서 카레라이스를 주문한다면 개인이 음식을 먹을 때 사용하는 숟가락 이외에, 카레 그릇에 약간 큼직한 국자형 숟가락이 담겨져 오는 것에 비교해 볼 수 있을 것이다.

통일신라시대의 숟가락-숟가락 세트를 이해할 때 가장 중요한 자료는 8세기 일본으로 수출되어 현재 일본 나라 쇼소인에 보관되고 있는 통일신라시대의 숟가락 세트들이다(도 5-48). 쇼소인에는 신라에서 건너간 금속제 그릇들과 함께 금속제 숟가락들도 다수 남아 있는데, 금은제 숟가락 한 점, 사와리제[佐波理製] 숟가락 345점 등 합계 347점이 있다. 쇼소인 목록에 의하면, 사와리제 숟가락은 원형 숟가락과 타원형 숟가락을 하나씩 1조(組)로 하여 종이로 감은 후, 이것을 다시 10조 단위로 모아서 노끈으로 묶어서 보관하고 있다고 전한다. 이 중에는 사가지고 갔을 때부터 지금까지 전혀 사용하지 않은 것들도 있다. 이 숟가락들을 묶어 놓은 종이는 신라의 닥종이 고문서로 알려져 있으며, 수입품으로 전래된 그대로 보관중인 것이다.

또한 쇼소인에는 신라에서 가져간 금속제 숟가락 이외에, 조개껍질에 막대기를 끼워서 사용한 숟가락이 있는데(도 5-49), 이런 숟가락은 일본말로 "가히[加比/가비]"라고 부른다. 아마도 이 "가히/가비"라는 말은 우리나라 말의 "조가비"에서 온 말이 아닐까 한다. 우리들이 어

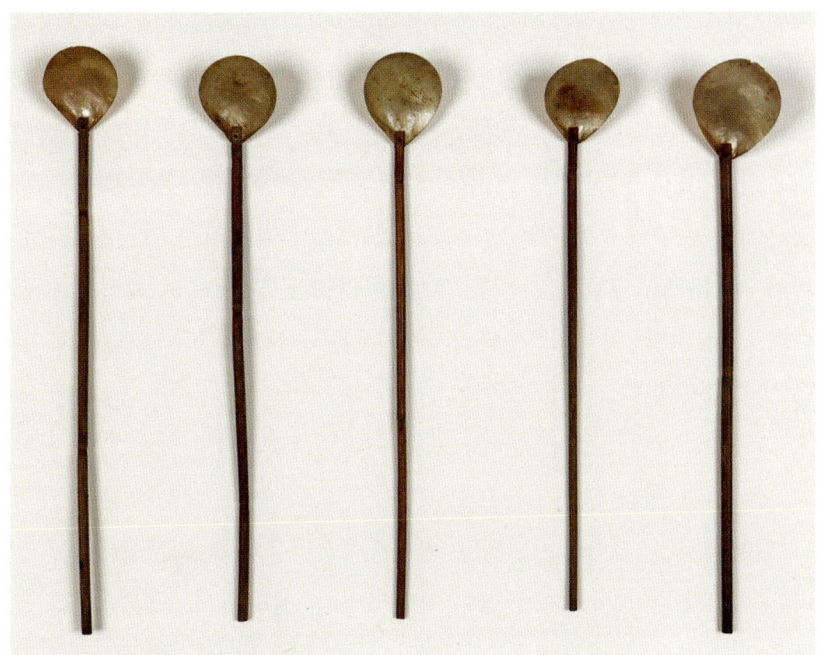

도 5-49 패각제숟가락 일괄품
일본 8세기 | 일본 쇼소인 소장.

려서 소꿉놀이하면서 놀 때, 조개껍데기에 막대기를 끼워서 숟가락 대신으로 사용했던 기억이 있다. 일본 쇼소인의 이 가비 뭉치는 열 개의 조개껍데기에 대나무 막대기를 끼워서 한 묶음으로 사용했는데, 그중에서 꼭 하나는 반드시 대나무 마디가 있는 좀 더 긴 막대기를 끼워서 하나의 세트를 구성한다. 아마도 여러 명이 함께 사용하면서, 대나무 마디가 있는 막대기가 끼워진 숟가락의 경우에는 음식을 덜어 오는데 사용했을 가능성이 있다. 경주 안압지 출토품 중에서도 가비 형식과 비슷한 형태의 동제 숟가락이 있다는 점은 흥미롭다.

쇼소인의 신라산 숟가락의 재질은 일본 사람들이 "사와리[佐波理]"라고 부르는데, 한자로는 "砂張(사장)", 혹은 "響銅(향동)"이라고도 표기하고, 모두 일본어로는 "사와리"라고 읽는다. 이 "사와리"라는 재질은 동(銅)에 약간의 주석과 납을 섞은 동합금(銅合金)의 일종으로, 우리나라의 전통 유기와 성분이 유사하다. 일본에서 사와리라는 말은 비단 숟가락뿐만 아니라 각종 접시나 대접과 같은 그릇에도 붙여져 쓰이고 있는데, 이 말은 아마도 신라의 "사발"이라는 말에서 유래하며 이러한 그릇의 재료로 와전되어 쓰이는 말인 듯하다. 신라의 유기를 두고서 일본에서는 무엇으로 만들었냐고 물었는데, 신라에서는 이것은 "사발"이라고 답하고, 그들은 그것을 "사와리"라고 듣고 재료로 해석했을 것이다. 그러니까, 일본의 "사와리"라는 것은 우리말의 "유기(鍮器)"와 같은 뜻으로 통한다.

이렇게 신라에서 일본으로 수출되어 쇼소인에 보관중인 숟가락은 일본에서 752년의 기년명을 가진 〈매신라물해(買新羅物解)〉**(도 3-12)** 라는 기록을 통해서 신라산임이 확인되었다. 신라에서 구입할 신라 물품을 나열한 매신라물해에는 "白銅匙二具(백동시이구)", 즉 백동숟가락 두 벌이라는 기록이 있다. 즉, 이 숟가락들은 752년 이전에 신라에서 만들어서 일본으로 수출한 것이 확실하다.

쇼소인의 숟가락 예를 보면, 두 종류의 숟가락 한 세트를 각자 쓸 수 있는 금속제 숟가락을 사용하던 사람들과, 10명이 하나의 큰 숟가락을 공동으로 써야 하는 조개껍데기제 숟가락을 사용하던 사람들은 아마도 서로 신분 계층이 달랐을 가능성이 있다. 즉, 나라시대의 일본에서는 상류계급에서는 신라에서 수입한 원형과 타원형의 금속제 숟가락을 사용하고, 서민은 "가히"라고 부르던 조가비 숟가락을 사용했던 것으로 생각된다. 그렇지만 금속제 숟가락이나 그릇의 수급이 점차 원활해지지 않게 되자, 일본에서는 점차 금속기보다는 목기나 칠기를 사용하면서 목제 젓가락 사용 문화로 전환하여 발전했다고 생각된다. 음식을 섭취할 때 젓가락은 한계가 있었으며, 식기도 역시 무겁지도 뜨겁지도 않은 목칠기로 바뀌게 되면서, 일본에서는 점차 그릇을 들고 먹는 식습관이 정착하게 된 것으로 보인다. 목칠기로 만들어진 식기는 그릇을 들고 먹을 때도 별로 불편하지 않았을 것이다. 이렇게 식생활 풍습은 오래 전에 서로 달라져 있었던 것이다. 반면, 우리는 식기를 들고 먹을 이유가 없었다. 우선 숟가락이 제 구실을 잘 하였고, 식기는 사기그릇과 금속기를 사용하여 무겁고 뜨겁기 때문에, 그런 식기를 직접 들고 먹을 필요가 없었다. 그래서 한국에서는 식기를 들고 먹는 습관이 용납되지 않았던 것이다. 우리나라에서는 식기를 들고 밥을 먹으면 상스럽다고 야단을 맞았다. 이는 그릇을 들고 소리를 내면서 음식을 먹는 일본과는 완전히 다른 음식문화이다.

신라의 독특한 전통 금속인 유기를 일본에서는 사와리라고 부르는데, 이와 관련된 두 나라의 유물을 보러 일본으로 갔던 나는 일본 호류지(法隆寺)나 쇼소인(正倉院) 같은 곳에 전해져 오는 전세품들을 보면서, 그 성격을 파악할 수 있었다. 안압지를 비롯한 통일신라시대 유적지에서 출토되는 유기는 우리나라 삼국시대 신라 고분 출토품과는 다소 차이가 있고 익숙하지 않아서, 결국 일본의 전세품과 출토품을 일본에서 보여달라고 하면서 비교함으로써, 그 성격을 파악할 수 있었다. 최근 보존과학의 발전과 함께, 백제 무령왕릉 동탁은잔(**도 5-39**)의 탁잔 부분이 이러한 전통 유기 성분과 같은 성분임이 확인되어, 백제에서 전통 유기가 가장 먼저 제작되었다는 것이 밝혀졌다. 아마도 한국 전통 유기의 제작 기술은 백제에서 먼저 시작되었던 것으로 보인다. 향후 백제와 통일신라, 그리고 일본의 유기 제작 기술의 상관관계에 대해서 좀 더 연구가 진전될 수 있으면 좋겠다.

신라의 식생활 문화를 살펴볼 때, 한 가지 생각해보아야 할 것은 통일신라의 차득공(車得公)이 손님 접대에 50여 가지의 음식을 내놓았다는 기록이다. 과연 차득공이 장만한 것은 어떤 음식이었으며, 그 음식들을 숟가락만으로 먹기에 적절했을지 어떠했는지에 대해서는 장차 연구해야 할 과제라고 생각한다. 차득공이 50여 가지로 손님을 접대한 구체적인 음식이 어떤 것인지는 사실 알아낼 수가 없다.

한때 경주에 관광객이 폭주할 때에는 관광식당이라는 곳이 여러 곳에서 운영되고 있었다. 단체 관광객이 오면 커다란 상에 갖가지 음식을 즐비하게 차려서 들고 오는데, 음식 수가 24가지가 넘었다. 그러나 그 음식들 중에는 수저 한번 거치지 않은 접시도 더러 있었다. 신라에서 사용한 "숟가락-숟가락" 세트는 어떤 음식을 어떻게 먹는 데 사용한 것이었을까? 이 문제는 아직까지 전혀 풀지 못하고 있다.

한동안 우리나라에서는 한 상에 차려진 음식 그릇에 여러 사람이 숟가락을 집어 넣어 서로 같이 떠먹으며 음식을 나누는 방식을 바꾸자는 이야기가 많이 회자되었다. 일본 관광객이 한국에 와서 식사할 때 가장 꺼려하는 것도 바로 이런 한국식 음식 공유 식사 방식이었다. 그러나 우리는 옛날부터 "한솥밥을 먹는다"라는 말로 서로 가장 가까운 사이임을 표현해왔다. 요즘은 이런 습관이 많이 개선되어 한 그릇에 두세 명의 숟가락이 들어가는 일은 줄어들게 되었다. 사실 조선시대 그림을 보면, 양반들은 잔치를 할 때 한 사람이 상 하나씩 받았으니 한 상의 음식을 서로 공유하는 것이 언제부터 시작된 것인지, 혹은 계층마다 다른 문화였는지는 다소 애매한 부분이 있다.

어렸을 때 동네에서 누가 배탈이 나면 배를 훑어 주는 할머니가 있었다. 갑자기 배가 아프다고 징징 울며 업혀 갔다가 "내 손이 약손이다, 뭘 먹고 체했노" 하며 배를 만져 주면 거짓말처럼 좋아져서 팔딱팔딱 뛰며 돌아오곤 했다. 어쩌다 슬그머니 그 할머니에게 가면, 할머니는 밥을 먹다가도 숟가락 하나를 들고 나와서 자기 치맛자락을 뒤집어 닦아 주면서 밥을 먹으라고 했다. 나뿐만 아니라 누구나 할머니에게 와서 아프다고 울면 또 뒤집어 콧물 닦아 주기도 하던 그 치맛자락으로 말이다. 그런데 그 할머니는 젓가락 없이 숟가락의 자루를 교묘하게 돌려서 반찬을 집어 먹곤 하였다. 손가락을 쓰는 것이 아니라 숟가락 자루로 젓가락 대용하는 것을 그 할머니를 통해서 실감한 것이다.

　어쨌든 옛날 우리들은 수저의 사용을 밥상머리에서 기본예절로 배워야 했다. 어른보다 먼저 수저를 들어도 안 되고, 먼저 자리에서 일어나도 안 되는 것이다. 어른들이 얘기가 길어져 먼저 일어나도 좋다고 허락이 있어야만 자리를 뜰 수 있었다. 요즈음처럼 거의 앉지도 않고 먹는 둥 마는 둥 먹고, 어린 사람이 숟가락 던지며 먼저 가버리는 일은 동서양 어디에도 없었던 이상한 식사 매너이다.

　또한 한국에서는 숟가락과 젓가락을 동시에 들지 못하게 하는 것이 예의범절에 맞는 것이었다. 그런데 이 젓가락 놀리기가 그다지 쉬운 일은 아니어서, 가끔 젓가락질이 서툴러 보이는 어른이 많다. 그러나 능숙한 젓가락질은 손재주에 영향을 미친다는 말도 있다. 한때 숟가락의 앞쪽을 포크형으로 나누어서 두 가지 기능을 함께 쓴 이상한 숟가락이 등장하면서 나는 은근히 걱정을 하였다. 특히 어린이의 도시락용으로 이런 변형 숟가락이 환영을 받았던 것 같았는데, 어느 순간 슬그머니 사라져 버려서 내심 안심하고 있다. 어린이들이 젓가락질을 제대로 배우며 자라면 좋겠다. 옛날 우리는 도시락에 젓가락을 가져가지 않았을 경우, 짝꿍과 마주 앉아서 친구 한번 먹고 나 한번 먹으면서 서로 사이좋은 모습을 과시하기도 했었다.

　백제에서는 금속제 젓가락의 출토 예가 확인되었지만, 신라에서는 아직까지 각종 젓가락의 출토 예가 거의 알려져 있지 않다. 그래서 신라는 숟가락-젓가락, 즉 수저 세트가 아니라 숟가락-숟가락, 혹은 숟가락-작은 국자의 세트를 사용했다고 알려진 셈이다. 고려시대가 되면 다시 숟가락-젓가락이 한 세트를 구성하는 것으로 변화하게 된다.

고려시대의 숟가락은 음식을 담는 부분, 즉 시면이 아주 길게 생겨서 매우 특이하다. 갈라진 끝 부분이 제비 꼬리를 닮았다고 해서 "연미형(燕尾形)" 형식이라고 부르는 독특한 손잡이 형태는 자루가 S자형으로 크게 휘어서 사용하기 어려웠을 것이다(도 5-50). 이렇게 극도로 사용이 불편한 숟가락이 쓰였던 까닭과 이 숟가락으로 먹었던 음식에 대하여는 앞으로 좀 더 조사할 필요가 있다. 신라시대의 숟가락-숟가락 세트가 확인되면서, 신라인의 음식에 대해서 좀 더 알고 싶었지만, 그것도 지금까지 해결하지 못한 문제로 남아있는데, 고려시대에도 이런 숟가락으로 어떤 음식을 어떻게 먹었는지는 아직도 알지 못한다. 아마도 이에 대한 해결은 나의 영역이 아닌 것 같다. 언젠가 누군가가 풀어주기를 바랄 뿐이다.

고려시대 유적에서는 숟가락과 젓가락이 반드시 동반하지 않으며, 수저의 짝이 맞지 않게 발견되는 경우도 많다. 이렇게 수저의 짝이 맞지 않고 숟가락이 젓가락에 비해서 더 많이 발견되는 것은 출

도 5-50 청동수저 일괄
고려 | 청주 사뇌사지 출토 | 국립청주박물관 소장.

토 유적, 특히 고분의 훼손에서 나타난 현상일 것이라고 이해해왔는데, 최근에는 도굴되지 않은 고분에서도 수저의 짝이 맞지 않는 경우가 종종 보인다. 그래서 아무래도 젓가락이 없는 식생활이 서민들에게는 일반화되어 있지 않았다고 생각하기도 했다. 그런데, 고려시대의 배들이 태안 마도 인근에서 발견되면서, 간혹 청동제 숟가락과 함께 목제나 죽제 젓가락이 함께 사용되었던 예들도 확인되어 고려시대에는 서민들 사이에서 목제나 죽제 젓가락이 금속제 숟가락과 함께 사용되었을 가능성도 생각해볼 수 있게 되었다. 이에 대해서는 향후 관련 유물의 증가를 기대하며 또 다른 누군가의 과제로 남겨 놓기로 한다.

조선시대가 되면 고려시대 숟가락에서 보이던 극도로 휜 자루나 시면의 형태가 점차 편안하게 변하기 시작한다. 1454년 축조된 조선시대 온령군(溫寧君)의 무덤에서 나온 조선 전기의 청동수저는 고려시대의 연미형(燕尾形) 형식이 점차 사라지는 마지막 단계의 숟가락과 젓가락이 세트를 이루고 있다(도 5-51). 이후 조선시대의 숟가락들은 점차 단순한 형태로 변화하게 되는데, 지금 우리가 사용하는 것과 같은 형태의 숟가락은 18세기 이후에 나타나기 시작한 형식이다.

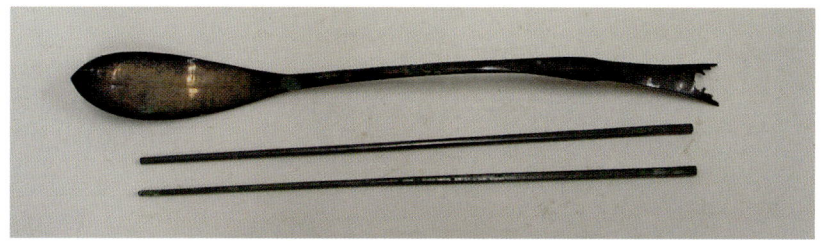

도 5-51 청동수저
조선 1454년 이전 | 서울 미아동 온령군묘 출토 | 국립중앙박물관 소장.

이상에서 신라인의 식생활 문화에 대한 이런저런 이야기를 나누어보았다.

우리 고대 역사에 관한 가장 오래된 기록이라고 전하는 『삼국지(三國志)』 「위지(魏志)」 동이전(東夷傳)에 의하면, 그때 한반도에서 생활하던 각 부족은 노래와 춤을 좋아하였다고 한다. 부여는 영고(迎鼓)라고 하는 정월의 제천(祭天) 행사를 지냈으며, 고구려에서는 동맹(東盟)이라는 제천 행사를 지냈으며, 예(濊)에서는 10월에 제천 행사를 지냈는데, 이런 제천 행사 때는 밤낮을 가리지 않고 수많은 남녀가 모여 술 마시고 노래하고 춤춘다고 전한다. 이 기록에서 보면 우리나라에서 술을 마신 역사는 매우 길었던 것으로 보이는데, 현재 전하는 유물 가운데 과연 어떤 것이 술을 마시거나 술을 담는 데 사용한 그릇이었을까? 수많은 토기 잔과 항아리는 술을 담고 마시는 데 사용했던 그릇들이었을까? 알 수 없는 것이 참으로 많다. 확실하게 단언하기는 어렵지만, 토기 가운데는 소주를 내리는 데 쓰였던 그릇들이라고 생각되는 유물들이 있다.

경주 포석정은 신라시대 유상곡수연(流觴曲水宴), 즉 흐르는 물에 술잔을 띄워 마시고 놀면서 연회를 벌였던 곳이라고 전하는데 **(도 5-52)**,

도 5-52 포석정
통일신라 | 경주 배동 소재.

역시 분명한 자료는 아직 남아 있지 않다. 술을 마시고 음식을 나누면서 잔치를 벌이며 삶을 즐겼던 옛사람들의 흔적을 우리가 지금 다 찾아볼 수는 없지만, 박물관에 남아 있는 그들이 남긴 일부 유물들을 통해서 신라인들의 생활 모습을 이모저모 생각해보는 것도 우리가 박물관을 즐기는 방법이 아닐까 싶다.

제Ⅵ장   신라인은 어디에서 살았을까

　　옛사람들의 생활 문화를 이해하기 위해서는 그들의 의식주 문화를 이해하는 것이 가장 중요하겠지만, 남아 있는 유물들의 한계로 인하여 아직까지 잘 모르는 의문점이 많이 남아 있다. 앞에서 신라인들의 의생활과 식생활을 살펴보았으니, 이제 그들이 살았던 집과 관련된 주생활(住生活)에 대해서 살펴보자. 그렇지만 현재 신라인들이 세운 집은 하나도 남아 있지 않고, 집터나 절터 같은 것만 남아 있을 뿐이다.

　　문헌기록에 의하면 신라인들은 좋은 기와집에서 살았다고 한다. 『삼국유사』에 의하면, 헌강왕 시대에는 서울, 즉 경주부터 동해 어구에 이르기까지 집이 총총히 늘어섰지만, 초가집이 하나도 없었으며 기와집의 처마가 연이어지고 노랫소리가 밤낮으로 그치지 않았다고 하였다. 또 사계절에 따라 "유택(遊宅)"이라는 별장을 가지고 있었는데, 봄에는 동야택(東野宅), 여름에는 곡량택(谷良宅), 가을에는 구지택(仇知宅), 겨울에는 가이택(加伊宅)이라고 했다. 바닥에는 융단을 깔고 살았던 것으로 보이는데, 일본 쇼소인에는 신라에서 특별히 주문해서 사서 가져간 보라색 융단이 보존되어 있어서 주목된다(도 3-39). 이 보라색 융단에는 신라의 자초랑댁에서 가져온 "염물(念物)", 즉 특별히 주문해서 가져온 것이라는 내용의 묵서명이 기록된 직물 쪽지가 붙어 있다. 아마도 자초랑댁이란 보라색 물감을 쓰는 제작자이거나, 물감을 거래

도 6-1　금동용두장식
통일신라 8-9세기 ｜ 경주 안압지 출토 ｜ 국립경주박물관 소장.

하는 업자일 것인데, 여성을 뜻하는 단어라서 매우 흥미롭다.

신라 여성들은 집안에서 은은하게 향을 피우고, 화사한 금동촛대에 큼직한 초를 밝혀 방 안을 밝혔을 것이다. 안압지 출토 유물 가운데는 의자 팔걸이의 장식으로 추정되는 용머리 장식도 발견되어서 융단이 깔린 바닥에서 의자 생활을 했을 가능성도 생각해볼 수가 있다(도 6-1). 신라 유적에서는 쪽구들이 있기는 하지만 본격적인 온돌 구조는 아직까지 확인되지 않아서 융단이 깔린 바닥에서의 의자 생활, 즉 입식 생활이 보편적이었을 가능성이 크다.

신라인의 집 형태

신라인들이 살았던 주거용 건물은 상형토기 중의 가형토기(家形土器), 즉 집모양토기나 기와, 전돌 등에 보이는 문양 등으로 당시의 모습을 짐작할 수 있다. 기록에서는 헌강왕 연간인 9세기의 신라인들은 모두 좋은 기와집에서 살았다고 하지만, 그 이전의 집들이 모두 기와집이었다고 보기는 어렵다.

신라에서 발견된 건물 모양의 상형토기는 집모양과 창고형(倉庫形)으로 나누어 볼 수 있으며, 시기가 좀 올라가는 것은 집인지 창고인지 다소 애매한 집들이 많고 대부분 고상건축(高床建築)에 가까운 모양이다.

신라인이 살았던 기와집 형태를 가장 잘 보여주는 것은 경주 북군동에서 출토된 집모양토기이다(도 6-2). 이 집모양토기는 화장(火葬)한 인골(人骨)을 매장하기 위해서 사용된 골장기(骨葬器) 중에서 외함(外函)으로 사용되었던 것이다. 기왓골이 잘 나타난 팔작지붕의 집으로 한쪽 벽에는 정방형의 문이 뚫려 있다. 문은 없어졌지만, 문짝을 끼우기 위한 문둔테 네 개가 문 사방 모서리에 잘 남아 있다. 지붕 위에는 원래 치미(鴟尾)가 있었던 것으로 보이지만 지금은 부러져서 없어졌다. 측벽 하단에는 융기문으로 집의 축대를 표현했으며, 벽면과 지붕의 합각에는 꽃무늬를 음각으로 찍어서 장식하였다.

도 6-2　**집모양토기**
통일신라 8세기 ｜ 경주 북군동 출토 ｜ 국립경주박물관 소장.

　4세기경부터 신라 고분에서 종종 출토되는 집 형태의 상형토기들은 기와집과는 다른 형식으로, 엄밀히 말하면 창고형 건물에 가깝다. 현재 남아 있는 집모양토기들은 대부분 출토지가 불분명한 경우가 많다. 출토지가 확실한 집모양토기로는 4세기경의 고분으로 추정되는 경주 사라리 5호분 출토품이 있다(도 6-3). 이 집은 맞배지붕 형식으로, 한쪽 지붕에는 큼직한 귀때 형식의 굴뚝이 달려 있으며, 높은 기대 위에 올려진 상태의 고상식(高床式) 건물이다. 이런 건물은 주거용(住居用)이라기보다는 일본 나라의 쇼소인과 같이 창고(倉庫)나 공방과 같은 용도로 사용되었을 가능성이 있다. 지붕은 기왓골이나 용마루가 없이 밋밋하고 둥그스름하

도 6-3　**집모양토기**
신라 4세기 ｜ 경주 사라리 5호분 출토 ｜ 국립경주박물관 소장.

게 표현되어 있어서 초가지붕의 집으로 생각된다. 한쪽 벽에는 들보와 손잡이 달린 창문이 표현되어 있다.

서울 리움미술관(옛 호암미술관)에 소장된 출토지 미상의 집모양토기는 가파르게 경사진 지붕에 풍성한 초가지붕을 띠로 두른 듯 표현했으며, 집 앞쪽에 사다리를 걸쳐 놓아서 마룻바닥이 높은 고상식 창고 건물로 생각된다(도 6-4). 지붕은 맞배지붕 형식이며 뒤쪽은 둥그스름하고 부드럽게 처리하였다. 한쪽 벽에는 굴뚝을 본뜬 주구(注口)가 큼직하게 마련되어 있다.

대구 현풍에서 출토되었다고 전하는 또 다른 집모양토기는 지붕에 도드라진 줄로 가로 세로 띠를 둘러서 풍성하게 이엉을 갓 얹은 초겨울의 초가지붕을 연상시킨다(도 6-5). 지붕 꼭대기에 올라앉은 작은 동물의 표현이 보는 이를 미소 짓게 하여 당시 사람들의 정조(情操)를 강하게 풍긴다. 이런 집모양토기들이 대부분 무덤에서 출토되고 있어서, 제례용이나 무덤 부장용으로 알려져 있다. 아마도 이런 토기들은 항상 곡식이 가득하기를 비는 풍요의 뜻을 기원하거나, 혹은 죽은 사람이 저세상에 가서도 풍요로운 삶을 누리기를 염원하는 마음이 담긴 것으로 해석된다.

『삼국지(三國志)』「위지(魏志)」동이전(東夷傳) 고구려조(高句麗條)에 의하면, 나라에 큰 창고가 없으며, 집집마다 작은 창고를 가지고 있는데, 이것을 "부경(桴京)"이라고 전한다. 부경은 고상식 창고 건물로서 신라 고분에서 출토되는 고상식의 집모양토기와 비슷한 형식이었을 것이다. 고상식 건물은 저장해둔 식품을 쥐와 같은 동물이나 벌레의 침입을 막고, 지상에서 올라오는 습기를 방지하기 위해서 기둥을 높게 세우고 그 위에 집을 짓는 형식이다. 이렇게 동물과 습기를 피하기 위한 의도를 가진 신라의 고상식 집모양토기들은 아마도 창고용

도 6-4　**집모양토기**
신라 5-6세기 ｜ 호암미술관 소장.

도 6-5　**집모양토기**
신라 5세기 ｜ 대구 현풍 출토 ｜ 국립대구박물관 소장.

건물일 가능성이 높다.

　『삼국유사』「기이(紀異)」에 의하면 신라에서는 "금입택(金入宅)"이라는 집이 있었다고 한다. 이는 금을 입힌 집이라고 하는데, 집의 어디에 금을 입혔다는 것인지는 확실하지 않다. 아마도 기와의 일부에 금색을 입혀 화려하게 외형을 자랑한 것으로 보인다. 그러나 금장식의 흔적이 있는 기와의 파편 등은 아직까지 알려진 바가 없다. 다만, 지금도 일본의 오래된 사찰 건물 중에는 금장식의 기와가 보이는 것은 하나의 좋은 비교 사례가 될 것이다.

　『삼국사기』의 경덕왕 연간이나 『삼국유사』의 헌강왕 연간 기록에는 경주에 기와집이 즐비하여 능히 비를 피할 수 있으며, 또한 궁궐과 절간이 하늘의 별처럼 많고 탑들은 기러기처럼 늘어서 있었다고 한다. 이러한 기록으로 볼 때, 통일신라시대 경주의 모든 집들은 모

도 6-6 황룡사 치미

신라 7세기 | 경주 황룡사지 출토 | 국립경주박물관 소장.

도 6-7 보상화문전

통일신라 8세기 | 경주 안압지 출토 | 국립경주박물관 소장.

도 6-8 물결모양전과 보상화문전

통일신라 7-8세기 | 경주 사천왕사지 목탑지 출토 | 국립경주문화재연구소·국립경주박물관·국립중앙박물관 소장.

두가 화려하게 장식된 기와를 얹어서 꾸몄다는 것을 알 수 있다. 또한 아득히 높은 지붕 꼭대기의 치미와 같은 곳에는 기이한 인물 얼굴들을 새겨서 벽사(辟邪)를 기원하였다. 그러나 그 인물상은 무섭다기보다 짓궂은 모습이다. 높은 지붕 꼭대기에 올려놓을 것이라서 기와 제작 장인이 혹시 자신의 상전 얼굴을 그렇게 표현했던 것일까, 아니면 자기 얼굴을 표현한 것이었을까? 기와 제작 장인의 장난기가 그 얼굴 모습에 배어 나온다(도 6-6). 그뿐이 아니다. 건물 바닥에는 역시 장식한 전돌이나 녹색의 유약을 입힌 전돌을 깔아 놓았으니 밟기가 아까울 지경이었을 것이다(도 6-7, 8).

신라인의 실내 생활과 등촉구

앞에서 신라인들의 집 형태를 살펴보았다. 이제 그 집 안으로 한번 들어가 볼까? 신라인들이 집 안에서 보내는 나날은 어떠했을까? 지금까지 알려진 유적으로 신라인들의 주거지 모습을 상상하기는 다소 어렵고 분명하지 않은 부분이 많다. 특히 뜨듯한 온돌을 깔고 좌식 생활을 했는지 단언하기 어렵다. 최근 쪽구들 같은 초기 온돌 형식들이 발견되고는 있지만, 아직까지 경주 시내에서 본격적인 온돌 유구를 찾기는 다소 어렵다. 앞서 언급한 바와 같이 융단이나 의자의 장식용으로 사용된 금공품 등이 발견된 것으로 볼 때, 신라인들은 온돌의 좌식 생활이 아니라 입식 생활을 했다고 보는 학자들도 있다. 이러한 좌식, 입식의 문제는 향후 유구의 발굴과 함께 논의되어야 하며, 여기에서 더 이상 깊게 다루기는 어려울 듯하다.

신라인들이 살았던 건물지에서 종종 그들의 실내 생활과 관련된 유물들이 출토된다. 물론 이러한 출토 유물들이 신라인들의 실내 생활 전부를 알려주는 것은 아니며, 매우 제한적인 용도로 사용된 것이 많다. 그중에서 가장 주목되는 것은 실내를 밝히는 등불과 관련된 등촉구(燈燭具)들이다. 전기가 없었던 그 옛날, 등불을 밝히는 것은 빛과 온도를 공급하는 데 가장 필수적이고 중요한 문제였다. 또한 이와 함께 향(香)을 피워 공기를 정화하고 벌레를 쫓았을 것이다. 등(燈)과 향은 불교 사찰에서도 필수적인 공양품으로서, 사찰 유적지에서도 관련 유물이 종종 발견된다. 또한 실내 생활 중에서는 신라인들이 자신의 용모를 단정하게 할 때 사용되었던 것으로 보이는 구리거울, 즉 동경(銅鏡)도 사용했던 것으로 보인다. 여기에서는 먼저 신라인들의 실내 생활을 추측할 수 있는 여러 가지 유물들 중에서, 불을 밝히고 피울 수 있는 등촉구를 중심으로 신라인들의 실내 생활 모습을 살펴보자.

오늘날처럼 전기로 공급되는 놀라운 실내 조명의 세상을 살고 있는 사람들에게는 호롱불을 밝혀 독서를 한다는 것이 웃기기만 한 옛날이야기다. 그렇지만 옛날에는 "형설지공(螢雪之功)"이라든지, 가을이 오면 "등화가친(燈火可親)의 계절"이라고 하여 등불을 친하게 하여 독서를 권장한다는 이야기들을 했다. 옛날에는 과거급제에, 근래에는 학교의 입학이나 졸업, 고시 합격 등의 경사가 있으면 형설지공이 열매를 맺었다고 말한다. 형설지공, 즉 형설의 공이란 여름에는 반딧불을 모아서 글을 읽고, 겨울에는 눈을 쌓아서 그 흰 빛의 반사광을 이용한 밝기로 글을 읽는다는 말이니, 지금 세상의 어느 누가 형설지공에 공감을 하겠는가? 나처럼 따지기 좋아하는 사람은 더욱 할 말이 많다. 요새 젊은이라면 또 노친네가 웃기고 있네 하겠지. 그러나 현대 문명과 동떨어진 옛 시대를 상상해본다면, 이러한 형설지공은 비유적인 것으로 해석하며 납득할 수 있을 것이다.

사람들은 언제 처음 불을 사용하기 시작했을까? 아득한 옛날, 원시인들은 동굴이나 바위 그늘에서 추위와 비바람을 견디며 살아야 했는데 어떻게 해서 불을 알게 되었을까? 산불이나 번개로 인한 불을 보면서 두려움과 함께, 크고 작은 희생을 치르면서 불을 사용하는 것을 배웠을 것이다. 불에 타 죽으면서 핏줄의 이별을 겪기도 했을 것이며, 가난한 살림살이를 불이 태워 버려서 살고 있던 고장을 떠나야 하기도 했을 것이다. 그러다 어느 순간 사람들은 불이 주는 위력을 알고 자유자재로 사용할 수 있게 되었다. 불이 주는 열기와 밝은 빛은 추위를 이기고 어두움을 극복했으니 경이로운 것이었다. 불빛은 의사를 전달하기도 한다. 가장 대표적인 것이 봉수대의 봉화일 것이다. 또한 불에 타 죽은 동물을 전혀 다른 맛으로 먹을 수 있다는 사실을 배웠을 것이다. 불에 그슬린 음식이 장기간 보관에도 매우 유용하다는 것도 배웠을 것이다.

> 산천에 눈이 쌓인 어느 날 밤에
> 촛불을 밝혀두고 홀로 울리라

위의 구절은 이전에 애창되었던 우리 가곡의 한 소절이다. 화사한 모임에는 예쁜 촛대에 아름다운 빛깔을 가진 향기로운 향초로 불을 밝혀야 분위기가 산다고 말하기도 했다. 기다리는 님을 위하여 등촉을 밝힌다는 옛 시의 구절은 참으로 자주 읊조리던 시제(詩題)였다고 할 것이다. 그래서인지 나는 썰렁한 요즘 식의 "조명기구"라는 말 대신, 옛날 조명기구들을 "등촉구"라고 부르는 것을 좋아한다. 이는 단지 불을 밝히는 것에서 그치지 않고, 불을 밝히는 의미가 좀 더 문화적으로 다양하고 풍부한 감성과 생활상을 포함하는 개념으로 인식되기 때문이다. 즉, 불을 밝히면서 나타나는 낭만과 그리움, 그 삶의 일상의 분위기를 함께 이해하는 것이 필요하다는 말이다.

"화촉동방(華燭洞房)"이라는 말은 결혼한 부부의 신방에 불을 밝힌다는 뜻이며, 신행길은 청사초롱에 불 밝힌다고 했다. 청사초롱은 구름무늬 비단으로 장식한 휴대용 등기구를 말한다. 한편, 초상이 나서 대문에 조등(弔燈)을 달면, 이웃에서는 음곡(音曲)을 삼가는 것이 우리나라의 전통적인 예의범절이었다. "거화(炬火)"라는 것은 광솔에 불을 밝히는 횃불로서, 횃불을 높이 든다는 것은 군중 선동의 힘을 불러 일으킨다는 뜻이다. 집 나간 아이를 찾아 나서는 걸음에도 불이 필요했다. 현대의 캠프 파이어는 야외에서의 불 밝힘과 청춘을 즐기는 현대 젊은이들의 낭만적 행위로 여겨지는데, 이는 옛날에도 마찬가지였을 듯하다.

그 밖에도 옥외(屋外)에서 불을 밝히던 사례로는 불교 사찰의 대웅전 앞에 놓인 화사한 석등(石燈)이 있다. 사찰의 석등은 절간에 불을 밝힌다는 단순한 의미를 가진 것이 아니라, 종교적으로 부처님의 자비를 중생에게 밝힌다는 뜻이 강하다. 해마다 사월 초파일, 즉 석가탄신일이 되면, 각 사찰은 즐비한 등불로 준비한 연등회(燃燈會)로 장관을 이룬다. 최근 우리나라의 연등회는 국가무형문화재이자, 유네스코 세

도 6-9 **연등회 행사장**
현대 | 서울 조계사 | 자료제공 〈국립무형유산원〉.

계무형유산으로 등재되었는데, 그만큼 우리나라 사찰의 연등회는 오랜 전통과 아름다운 문화를 가지고 있다(도 6-9).

예전에 나는 핀란드에 갔다가 핀란드 대사관 관저 입구 양쪽 길을 따라 납작한 등잔이 가지런히 놓여 있는 것을 보았다. 핀란드에서는 현관마다 이러한 시설을 볼 수 있는데, 이는 방문객을 반기는 뜻으로 불을 밝히기 위한 것이라고 한다. 겨울이 긴 나라의 아름다운 모습에 탄복하였다.

등불을 밝히는 것과 관련된 유물은 어디에나 상당히 많이 남아 있어서, 어느 박물관이나 미술관에서든지 특별전을 위한 전시 주제가 달릴 때에 등촉구 전시를 기획하면 실패하는 일은 없다고 하는 말을 자주 들었다.

등촉구는 건물 안에서의 조명용 등(燈)으로 좌등(坐燈)과 치등(置燈)이 있고, 건물 밖에 비치하거나 매달아 밝히는 조등(釣燈)이나 현등(懸燈), 상가(喪家)에서 내거는 조등(弔燈), 왕릉 앞의 장명등(長明燈), 이동하면서 사용해야 하는 행등(行燈), 무덤 안을 밝히기 위해 두는 갱등(坑燈)과 같이 다양한 종류가 있으며, 기타 불교나 제사 등 의례에서 사용하는 의식용 등화구(燈火具)도 종종 볼 수 있다.

선사시대에는 집 안에서 불을 직접 피웠다. 선사시대 주거지 바닥 한가운데나 구석에서 확인되는 화덕자리가 바로 그것이다. "노지(爐址)"라고도 불리는 화덕자리는 생활 공간의 중심이 되었던 곳이다(도 6-10). 어른들이 불에서 가장 가까이 자리하고, 그 주위로 가족들이 둘러싸며 살면서 생활도구와 같은 것을 만들기도 했다. 선사시대의 화덕자리는 난방용이자 조명의 역할을 했으며, 음식을 익히는 데도 중요한 역할을 했을 것이다. 아마도 산불이나 번갯불에 죽은 산짐승을 먹

도 6-10 주거지 및 화덕자리 전경
청동기시대 | 경주 천북면 동산리 401번지 유적내 15호 주거지.

게 되면서 지금까지의 생식(生食)과는 다른 맛을 알게 되었을 것이다.

우리나라 고대 주거용 등촉구는 적지 않은 양이 알려져 있으며, 그 모양새도 다양하다. 실내공간이 넓은 건물에서는 바로 타오르는 불꽃이 보이는 화덕과 같은 조명 방법을 쓰기도 했지만, 우리나라의 주거 공간은 넓고 높은 형식이 아니므로 자연스럽게 작고 아담한 등촉구를 쓰기 시작했던 것으로 보인다.

아주 옛날부터 조선시대까지 등잔(燈盞)은 가장 널리 흔하고 오랫동안 사용되어 온 등촉구 형식이다. 등잔은 작은 그릇에 기름을 담고 심지를 적셔서 불을 밝히는 조명기구로서, 실내에서 가장 흔하게 사용되었던 것이다. 주거지 유적에서 출토된 것은 아니지만, 백제 무령왕릉에서 발견된 중국제 청자 등잔들은 삼국시대 등잔 중에서 가장 유명한 예이다. 무령왕릉 출토 등잔은 무덤 안에 넣어 놓고 불을 밝혔던 갱등이다. 무덤 벽에 마련된 다섯 곳의 감실에 불을 밝힌 예쁜 등잔이 각각 넣어 놓여진 상태로 발견되었다. 아마 이런 등잔은 왕이 살아 생전에 실내 공간에서도 사용했을 것이다. 무령왕릉의 갱등은 중국에서 제작해서 수입한 청자 등잔으로, 이전에는 백자라고 알려져 있었지만 최근에는 보존과학적 분석을 통해서 백자가 아니라 청유자기(靑釉磁器)의 일종으로 확인되었다(도 6-11). 등잔 안에 불

도 6-11 **청자등잔**
중국 남조 6세기 | 공주 무령왕릉 출토 | 국립공주박물관 소장.

을 밝힌 흔적으로 타다 남은 심지가 그대로 남아 있는 상태로 출토되었으며, 벽감에는 그을음이 남아 있었다. 사용했던 기름은 유채기름이나 들기름으로 추측되는 식물성 기름이었던 것으로 생각되지만, 일부 동물성 기름이 혼용되었을 가능성이 있는 것도 있었다. 갱등은 고구려나 백제의 석실 무덤에서도 볼 수 있는데, 마지막 매장 작업에서 불을 밝힌 채로 무덤을 닫았으며, 한편으로는 갱등을 피워서 저승길을 밝혀 준다는 기원을 담았다고도 본다. 약간 썰렁하고 다소 근거 없는 이야기를 하나 하자면, 이 등불이 다 탈 때까지 무덤 안의 산소를 줄여주기 때문에, 부장품의 부식이 조금이나마 늦추어졌다고 보는 사람도 있긴 했다.

무령왕릉 출토 등잔은 기름을 부어서 사용한 것인데, 불을 밝힐 때 사용하는 연료는 기름과 초, 두 가지 종류가 있었다. 그중에서 기름은 피마자 기름이나 유채 기름, 혹은 들기름과 같은 식물성 기름을 사용하는 것이 일반적이었지만, 가끔 식물성 기름에 부분적으로 동물성 기름을 섞어 쓰거나, 어유(魚油)라고도 부르는 생선 기름을 쓰기도 했

던 것으로 보인다. 동물성 기름과 생선 기름은 그 냄새가 독특해서 그다지 좋아하지 않았을 것이지만, 몽골이나 티베트에서는 아직도 양(羊)이나 소의 지방으로 만든 동물성 기름을 쓰고 있다. 한편 부엌이나 건물 밖에서는 송진(松脂)과 같은 것을 태워서 불을 피우기도 했다. 액체인 기름과는 달리 초는 고체 형태로 된 연료이다. 초기의 초는 "지초(脂燭)"라고 하는데, 이는 송명(松明), 즉 송진이 많은 가지를 불에 그슬려 탄화시킨 다음 덩어리로 만들고 기름을 스며들게 해서 불을 붙이는 것이었다. 이후 동물성 기름을 굳혀서 만드는 초들도 지초라고 불렀는데, 지초는 대부분 그을음이 많이 나오고 냄새가 고약하다고 알려져 있다. 초 중에서 가장 비싸고 고급스러운 초는 천연 밀랍(蜜蠟)을 사용해서 만든 것으로, 값비싼 초의 사용은 등촉구의 사치 중에서 가장 대표적인 것이었다.

등촉구의 연료에 불을 붙이는 방식, 즉 채화(採火) 방식은 몇 가지가 있었을 것이다. 아마도 가장 일반적으로는 활비비로 불을 일구어 마른 잎에 붙이는 방법으로, 불씨를 살린 후, 불씨를 보관 및 관리하면서 사용했을 것이다. 또, 부싯돌을 무쇠로 쳐서 불꽃이 일면 "부싯깃"에 불을 붙여서 사용하기도 했을 것이다. 부싯깃은 마른 식물 이파리를 잘게 만들어 놓은 것을 말한다. 일제강점기였던 2차대전 말기에는 우리나라에도 성냥이 없었기 때문에, 이런 부싯돌 방식으로 불을 붙여 채화하여 사용했다.

고구려의 덕흥리 고분 벽화에서는 동쪽 벽에 그려진 여러 가지 상서로운 동물들 중에 "양수지조(陽燧之鳥)"라는 이름을 가진 커다란 새 한 마리가 있다. 이 새의 이름은 아마도 "양수(陽燧)", 즉 불을 피우는 데 사용했던 전통적인 오목렌즈 모양의 오목거울, 즉, "화경(火鏡)"을 신격화한 불새로 생각된다. 오목거울을 이용한 채화는 오랜 전통을 가지고 있는데, 어렸을 때는 오목렌즈로 햇빛을 모아 종이에 불이 붙는 놀이를 하다가 벌서기도 하였다. 지금도 올림픽의 성화를 채화할 때에는 그리스 신전에서 재래식으로 오목그릇에 햇빛을 모아 불을 붙이는 채화 의식을 거행하는데, 이런 것도 오래된 관례의 하나로 보인다.

삼국시대부터 통일신라시대까지의 주요 등촉구는 등잔과 촛대이다.

초를 사용하기 이전부터 기름을 사용해서 실내에서 불을 밝혔던 것은 이미 잘 알려진 사실이다. 삼국시대의 유적에서는 토제 등잔이 다수 출토되고 있으며, 기름 등잔으로 사용하는 토기들은 특별히 따로 제작하지 않고도, 적당한 크기의 토기를 사용했을 것이라고 생각한다. 그릇에 기름을 담고 그 기름에 심지를 담아서 불을 피워 등잔으로 사용한다.

국립부여박물관 소장품 가운데는 토제 등잔이 여러 점 있다. 그릇 바닥 한가운데 돌기가 있어서 거기에 심지를 세웠던 것으로 보인다(도 6-12). 이런 형태의 등잔은 아마도 일상 생활에서 사용하던 등명구(燈明具)였을 것이다. 실제 사용했던 것으로 보이는 등잔은 안압지를 비롯하여 부여 정림사지와 경주 황룡사지 등과 같이 여러 사찰터에서 다수 발견되었다. 안압지에서는 기름에 심지를 담가서 사용하는 접시 모양의 등잔이 157점 출토되었다(도 6-16). 경주 황룡사지에서도 수백 점의 등잔이 출토되었다. 일부 등잔 중에는 역시 잔 바닥에 작은 돌기가 있으며, 불탄 기름 찌꺼기나 그을음이 붙어 있어서 등잔으로 사용되었음을 알 수 있다(도 6-13).

한편, 신라 고분 중에서는 금령총에서 출토된 등잔형토기(燈盞形土器)가 일찍부터 알려져 있었는데(도 6-14), 이런 등잔도 역시 기름을 사용해서 불을 밝혔던 것이 확실하다.

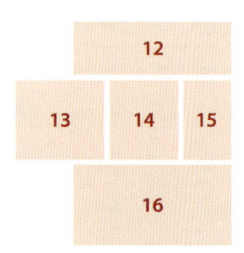

도 6-12 토제등잔
백제 | 부여 출토 | 국립부여박물관 소장.

도 6-13 토제등잔
신라 7-9세기 | 경주 황룡사지 출토 | 국립경주박물관 소장.

도 6-14 등잔형토기
신라 5-6세기 | 경주 금령총 출토 | 국립중앙박물관 소장.

도 6-15 납석제촛대
통일신라 8-10세기 | 전 경주 출토 | 국은 이양선 수집품 | 국립경주박물관 소장.

도 6-16 토제등잔
통일신라 8-10세기 | 경주 안압지 출토 | 국립경주박물관 소장.

초는 언제부터 사용되었는지는 확실하지 않다. 기름도 초도 모두 심지를 넣고 불을 밝혔는데, 고체의 초는 주로 밀랍으로 만들었다. 옛날 고급초는 보통 황랍(黃蠟)과 백랍(白蠟)의 두 종류로 나누어진다. 봉랍(蜂蠟)이라고도 하는 황랍은 벌집에서 채취하는 천연 밀랍으로 만든다. 백랍(白蠟)은 백랍충(白蠟虫), 즉 쥐똥밀깍지벌레(Ericerus pela Chavannes)의 분비물에서 채취하는 것으로 알려져 있다.

현존하는 등촉구들 중에서 촛대가 확인되는 것은 대체로 통일신라시대 이후이며, 금속제 촛대가 적지 않게 남아 있다. 또한 국립경주박물관의 국은 이양선 수집품 중에는 납석제 촛대도 한 점 남아 있다 (도 6-15). 이 촛대는 둥근 바닥 위로 가장자리가 살짝 치켜 올라간 전이 놓였고, 그 위로 둥근 기둥이 세워져 있다. 기둥 위에는 다시 받침접시가 놓여져 있으며, 그 위에 굽이 있는 잔을 얹어 놓은 듯한 형태를 하고 있다. 한 가운데는 동그란 초 받침이 만들어져 있는데, 초꽂이가 좁고 가느다란 것이 특징이다.

안압지에서 출토된 157개의 토제 등잔들은 삼국시대부터 통일신라시대까지 오랜 기간 신라에서 유행했던 형식의 등촉구이다(도 6-16). 통일신라시대에는 안압지 출토품과 같이 소박한 토제 기름 등잔과 함께, 화사하게 장식된 청동이나 금동제 촛대 및 광명대(光明臺)도 사용했다. 또한 안압지에서는 초심지를 자르는 화려한 금동제 가위도 발견되었는데(도 6-20), 이는 통일신라시대 등촉구 중에서 가장 화려하고 사치한 유물 중 하나로서 당시의 화려한 생활 문화상을 보여준다.

특히 금속으로 만들어진 통일신라시대의 등촉구는 넓은 받침과 높은 기대를 가진 형식으로, 촛대와 광명대가 있다. 촛대와 광명대는 그 형태가 상당히 비슷한데, 기본적으로는 보통 세 개의 수각형(獸脚形) 다리가 달린 얕고 넓은 접시, 즉 "반(盤)"으로 구성된 받침대 위

도 6-17   청동광명대
신라 7-8세기 | 경주 인용사지 출토 | 국립경주문화재연구소 소장.

도 6-18   청동촛대
통일신라 8-9세기 | 국립중앙박물관 소장.

도 6-19   금동수정감장촛대
통일신라 8-9세기 | 리움미술관 소장.

에 둥근 기둥 하나를 세우는 형식이다. 기둥 위에는 다시 작은 받침대를 올려놓는데, 초를 꽂는 경우에는 받침대 위에 초꽂이가 마련되어 있고, 등잔을 올리는 광명대의 경우에는 작은 받침대 위에 아무것도 없다. 경주 인용사지에서는 청동제 광명대가 하나 출토된 바 있다 **(도 6-17)**. 국립중앙박물관에는 비슷한 형태의 청동제 촛대가 한 쌍 남아 있는데, 위쪽의 작은 받침대 위에 꽃모양을 겹쳐 놓은 듯한 초꽂이가 마련되어 있는 점이 특징이다(도 6–18).

통일신라시대의 금속제 등촉구 중에서 가장 화려하고 아름다운 것은 리움미술관 소장의 금동수정감장촛대(金銅水晶嵌裝燭臺)이다(도 6–19). 한 쌍으로 구성된 이 촛대는 육화형(六花形)의 둥근 받침 아래에 여섯 개의 수각(獸脚)이 달려 있고, 다시 그 위에 둥글게 파인 앙련형식의 꽃모양 받침을 3단으로 배치했다. 각 꽃잎에는 수정을 감장해서 장식했으며, 지금은 촛농과 녹이 심한 편이지만, 곳곳에 금색이 잘 남아 있으며 얕은 선각으로 화려한 문양을 가득 새겨서 장식하였다.

안압지에서 출토된 초심지를 자르는 금동제 가위는 동판을 잘라서 가위의 몸체를 만들고, 앞쪽에 둥근 금구(金具)를 붙여서 초심지가 흐트러지지 않도록 하였다(도 6–20). 몸체에는 당초문(唐草文)과 어자문(魚子文)을 화려하게 시문하였다. 이것과 똑같이 생긴 가위가 일본 나라 쇼소인에 소장되어 있었는데(도 6–21), 오랫동안 일본에서는 이 가위의 용도를 모르고 있었다. 안압지에서 비슷한 유물이 출토되면서 본격적인 문헌 기록 검토와 신라 유물과의 비교 연구가 이루어지면서, 이 가위들이 신라에서 만든 초심지를 자르는 가위였음을 알게 되었다. 쇼소인 소장품은 안압지 출토품에 비해 크기도 약간 작고, 앞쪽에 붙인 둥근 금구가 따로 떨어져 있었다. 안압지 출토품은 발굴 당시부터 둥근 금구가 잘 붙어 있는 상태였지만, 쇼소인 소장품은 납땜을 해서 붙였던 흔적만 남아 있고 금구가 떨어져 없어진 상태였다가 최근 금구 조각이 발견되어 안압지 것처럼 복원되었다. 또한 쇼소인

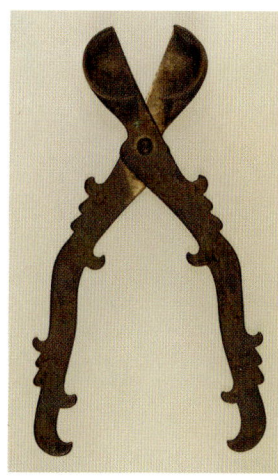

도 6–20 **금동초심지가위**
통일신라 8세기 | 경주 안압지 출토 | 국립경주박물관 소장.

도 6–21 **백동가위**
통일신라 8세기 | 일본 쇼소인 소장.

소장품에는 몸체에 아무런 문양이 없다. 그래서 두 유물을 같이 조사했던 일본 학자들은 좋은 것은 신라에서 쓰고 일본 수출품은 그 다음 수준의 제품을 보냈다고 농담을 하기도 했다. 안압지 출토 금동제 가위나 리움미술관 소장의 금동제 촛대와 같은 등촉구들은 신라인들의 화려한 일상 생활의 단면을 보여주는 중요한 작품들이다.

일상 생활에서 사용하는 등촉구 이외에, 종교적인 의식이나 행사에서 향과 촛불을 함께 밝히는 것은 중요한 의례의 일부였으며, 이때 사용하는 등촉구들은 긴요한 종교적 의식구(儀式具)가 된다. 이런 특별한 때 사용하는 등촉구들은 일상용과는 또 다른 아름다움을 더해야 한다고 생각하지 않았을까? 조선시대의 종묘제례용 의기(儀器) 가운데 보이는 촛대는 의례 규격에 맞추면서도 독특한 형식을 보여 준다.

불교 사찰에서 사용하는 가장 중요한 등촉구는 아마도 사찰 내에 세워져 있는 석등(石燈)일 것이다. 삼국시대 백제의 미륵사지에서부터 석등이 사용되기 시작했으며, 통일신라시대의 사찰에는 대부분 석등이 세워져 있다. 통일신라시대의 가장 대표적인 석등은 화엄사 각황전 앞에 있는 석등이며(도 6–22), 부석사 무량수전 앞의 석등도 비슷한 형식으로 역시 통일신라시대의 유물이다. 법주사 팔상전 앞의 쌍사자석등(雙獅子石燈)은 두 마리 사자가 등을 받쳐 들고 있는 독특한 형식으로 너무나 유명하다(도 6–23). 비슷한 형식의 쌍사자석등은 전남 광양시 중흥산성에서도 발견되었는데, 이 석등은 일제강점기에 일본 사람들이 경복궁으로 반출했다가 국립중앙박물관으로 이관되었으며, 현재는 국립광주박물관에 소장되어 있다(도 6–24).

조선시대 후기에 편찬된 『불국사고금역대기(佛國寺古今歷代記)』에는 불국사의 각 보탑(寶塔)과 건물, 그리고 "광명대(光明臺)", "봉로대(奉爐臺)" 등이 있었다고 전하고 있다. 이중에서 광명대라는 용어는 불

도 6-22 화엄사 각황전 석등
통일신라 | 구례 화엄사.

도 6-23 법주사 쌍사자석등
통일신라 | 보은 속리산 법주사.

도 6-24 쌍사자석등
통일신라 | 광양 중흥산성 출토 | 국립광주박물관 소장.

을 밝히는 기구를 뜻하는 것으로서, 불국사에 남아 있는 통일신라시대의 석등을 뜻하는 것으로 보인다. 한편 12세기에 고려를 방문했던 중국 사람 서긍(徐兢)이 쓴 『선화봉사고려도경(宣和奉使高麗圖經)』에는 고려인들이 사용하던 등촉구로서 "광명대"가 있다고 전하는데, 다리가 세 개 달리고 대나무 마디 모양의 기둥이 있는 등촉구라고 하였다. 이러한 기록으로 볼 때, 통일신라시대의 인용사지 출토 청동제 광명대(도 6-17)와 비슷한 형식의 등촉구가 고려시대까지 계속 사용되고 있었음을 알 수 있다.

대체로 등촉구 중에서 광명대는 "족좌(足座)" 또는 "좌등(座燈)"이라는 형식으로 분류하며, 바닥에 놓고 사용하므로 단단한 받침판 위에 높은 기둥을 세우고, 그 위에 불을 밝히는 등잔이나 초꽂이를 놓는다.

기둥 역할을 하는 부분을 "촉한(燭釬)" 또는 "지등(枝燈)"이라고 부르며, 불을 밝히는 부분을 "등반(燈盤)" 또는 "승반(承盤)"이라고 부른다. 금속 공예품 중에서는 등반이나 승반 위에 초를 꽂을 수 있는 초꽂이가 있는 것과 등잔을 얹어 사용하는 형식이 모두 확인되는데, 이중에서 등잔을 얹어서 사용하는 형식을 광명대로 부르고 초꽂이가 있는 것은 촛대라고 나누어 부르기도 한다. 조선시대 기록에서는 건물 바깥에서 사용하는 대형 야외용 석등도 광명대로 지칭했기 때문에, 넓은 의미에서의 광명대는 높은 기둥이 있는 등촉구를 모두 포괄하는 것이었다고 생각된다.

고려시대에는 "광명대"라고 불리워진 등촉구가 실내조명 기구의 주류가 되었던 것으로 보인다. 고려시대의 광명대는 통일신라시대와 마찬가지로, 초꽂이가 있는 촛대와 기름 등잔을 얹는 형식으로 나뉜다. 보통 등좌(灯座)라고 부르는 접시 모양의 받침대 위에 대나무 마디 모양을 한 죽절형(竹節形) 기둥을 올리고, 다시 그 기둥 위에 초나 등잔을 올려놓는 작은 받침대를 놓는다. 가끔 받침대 위에 석등처럼 쌍사자를 올려 장식한 쌍사자광명대(雙獅子光明臺)도 보인다(도 6-25). 그 외에 고려시대에는 기둥 없이 납작한 받침대만 있는 등잔도 사용했다.

조선시대의 등촉구도 기본적으로는 고려시대 등촉구의 형식을 이어서, 족좌(足座) 또는 좌등(座燈)을 바닥에 놓고 기둥 위에 불을 밝히는 등잔이나 초꽂이가 놓이는 등촉구들이 사용되었다. 조선시대의 등촉구는 받침대는 철이나 동합금인 유기로 제작하고 등잔은 백자로 제작하는 경우가 많았다. 조선시대 후기에는 "불판"이라고 부르는 둥근 받침대 위에 기둥을 세우고 그 위에 초받침과 초꽂이를 얹었으며, 초꽂이 뒤쪽에 "등선(燈扇)"이라고 부르는 반사경을 달아 놓은 것이 많다. 기둥 위로 그을음 방지용 갓을 씌우는 경우도 있다. 등선에는 은입사 기법으로 시(詩) 구절을 상감해서 장식하기도 하며(도 6-26), "囍"자

도 6–25 **청동쌍사자광명대**
고려 11-12세기 | 전 홍천 출토 | 국립춘천박물관 소장.

도 6–26 **철제구리은입사촛대**
조선 | 국립중앙박물관 소장.

문양을 투각하여 장식하기도 한다.

조명기구의 근대화는 19세기 유럽에서 새로운 연료의 개발과 함께 시작되었다.

1807년 런던 시내에 가스가 공급되었고, 1813년에는 웨스트민스터 다리에 가스등으로 조명을 시작하였다. 잉그리드 버그만(Ingrid Bergman, 1915-1982)이 출연한 영화〈가스등〉을 옛날 영화팬들은 기억할 것이다. 일본에서는 1878년 요코하마(橫浜)에서 가스등이 처음 켜졌고, 1881년 12월 18일에 도쿄의 긴자(銀座)에서 가스등이 켜졌다고 한다. 일본에서 석유가 사용되기 시작한 것은 1879년으로, 도쿄에서 처음으로 석유 램프가 점등되었다. 아마도 우리나라에는 그 후에 석유가 들어왔을 것이다. 당시 일본에서는 1873년 음력 12월 3일을 양

제Ⅵ장 신라인은 어디에서 살았을까

력 정월 1일로 정하고 서양 문물을 적극적으로 받아들이기 시작했다. 1883년 도쿄에서 전기를 이용한 전등이 처음으로 점등되었다고 하는데, 우리나라에서는 1887년 경복궁의 건청궁과 향원정, 집옥재가 갖추어져 있을 때 내정(內庭)에 아크등(arc lamp)이 처음으로 점등되었다. 이후 서울 시내에서 본격적으로 전등이 밝혀진 것은 1899년으로 알려져 있다. 초기 궁궐에서 사용된 발전기는 소음이 크고 고장이 잦아서 촛대를 준비해 놓아야 했으며, 기대보다 그다지 유용하지 않았던 모양이다.

일제강점기 말기에는 공습에 대비하여 야간 훈련이 자주 행해졌다. 보통때에도 전구에 검은 천을 씌워서 빛이 밖으로 나가지 않도록 조정해 놓았기 때문에, 천 아래로 비치는 좁은 전등 빛 아래에서 나는 숙제를 하고, 어머니는 바느질도 하였다. 광복 이후에는 북한에서 전기 공급을 끊으면서 제한 송전을 했기 때문에, 어두워진 후에야 전기가 들어왔다가 다시 일정 시간이 되면 끊어졌다. 전등 나갔으니 그만 자라고 하시는 부모님의 명령에 따를 수밖에 없었다. 이렇게 일제강점기와 광복 이후의 혼란기, 그리고 다시 한국전쟁을 거치는 과정에서, 제한 송전으로 저녁에 잠깐만 전기가 들어왔다가 나가고 나면, 빨리 자라고 야단치는 어른들 몰래 소설책을 보느라고 호롱불을 켜 놓고, 문 쪽은 가려서 불빛이 밖으로 새어 나가지 않게 조심하곤 했다.

한국 전쟁 직후에는 전기 시설이 모두 파괴되어 석유를 사용하는 등잔이나 호롱불을 사용하거나, 드물게 촛불을 사용하였다. 석유 등잔은 작은 항아리 모양의 백자 그릇에 좁다란 주둥이가 달린 뚜껑을 덮어서 피우는데, 종지의 뚜껑 한가운데 쪽 곧은 대롱이 있고 거기에 심지를 끼우면, 종지 속의 석유가 스며 올라와서 불을 밝힌다(도 6-27). 심지가 작으면 불빛이 작아서 잘 보이지 않고, 심지가 좀 크면 그을음이 나서 참으로 사용하기 어려웠다. 또 석유의 질이 나쁘면 그을음이 심했기 때문에, 밤늦게 소설책이라도 몰래 읽었다면 다음날 아침에는 콧속이 까매져서 부모님에게 들키기 십상이었다.

대청에는 석유를 연료로 사용하는 호롱불을 켰는데, 호롱 심지의 바깥쪽에 얇은 유리의 호야를 덧씌워서 바람에 흔들리지 않는 장점이 있었으나 그 유리 호야는 매우 잘 깨져서 아주 조심해야 했다(도 6-28). 또한 그을음으로 흐려지면 닦는 것이 여간 어려운 작업이 아니었다. 이 유리 호야등을 닦다가 상처를 내거나 구멍을 내면 한지를 발라서 썼는데, 안에서 심지가 타는 데도 한지는 말짱해서 신기하게 생각하였다.

지금은 얼마나 천국 같은 세상을 사는가? 옛날에는 대청마루 끝에 매달린 15촉 짜리 전구가 고맙고 기특했었는데. 어느새 지금은 전기가 없으면 하루, 아니 한시도 견디기 어려운 세상이 되었다. 지금 우리 주위에서 전기가 없어진다는 것은 상상하기도 어렵다. 근래 조명의 선택은 작은 백열등에서 형광등으로 바뀌었고, 전등의 색상도 자외선이 없는 자연광으로 변했으며, 이제는 할로겐 등이나 LED 등으로 발전했다. 조명 시설도 얼마나 아름다운 조건을 갖추게 되었는지 놀라울 따름이다. 얼마 전 방안의 조명을 바꿨다가 후회하는 중이다. 너무 밝아져서 벽지의 얼룩이 금방 눈에 띈다. 더러는 감추고 사는 부분도 있어야 하는데 말이다.

도 6-27 　백자등잔
현대 광복이후 ｜ 국립민속박물관 소장.

도 6-28 　석유 호야등
현대 광복이후 ｜ 국립민속박물관 소장.

향과 향도구

국립현충원에 가면 참배하는 이들이 커다란 향로에 작은 향(香)

을 올려 태우는 모습을 언제나 볼 수 있다. 여기서 사용하는 향로는 "치향로(置香爐)", 또는 "거향로(居香爐)"라고 부르는 형식으로, 바닥에 놓고 쓰는 향로이다. 그릇 안에 불을 피우고, 향나무를 잘게 쪼개서 태워서 향을 피우는 것으로, 이렇게 직접 향목(香木)을 태우는 것은 "소향(燒香)"이라고 한다.

나는 어려서 집안의 제사가 있을 때마다 정성을 들여서 향나무 조각을 잘게 깎아 내는 아버지의 솜씨를 항상 흥미깊게 들여다보았던 일이 자주 생각난다. 그리고 그럴 때면 늘 제기를 닦았던 일도 잊을 수 없다.

향은 덥고 습기가 많은 인도에서 피우기 시작했다고 하며, 우리나라에는 불교의 전래와 함께 삼국시대 즈음에 전해진 것으로 알려져 왔다. 『삼국사기』에 의하면, 눌지왕(訥祇王, 재위 417-458) 때 승려 묵호자(墨胡子)가 향의 사용법을 신라에 알려주었다고 한다. 묵호자는 고구려에서 신라로 와서 일선군에 있는 모례(毛禮)의 집에서 숨어 지냈다. 당시 중국 양(梁)나라의 사신이 의복과 향물(香物)을 보냈으나, 신라에서는 아무도 그 사용법을 알지 못하였다. 이때에 신라 왕녀가 병이 났는데, 묵호자가 이름을 밝히고 나아가, 이것을 태우면 좋은 향이 나며 신과 통한다고 이야기하고, 향을 태우며 서원하여 왕녀의 병을 고쳤다고 한다. 이는 신라의 향료(香料) 전래가 불교와 함께 이루어진 것임을 뜻한다.

삼국시대에는 불교 전래 이후에도 동명왕사당(東明王祠堂)이나 천단(天壇)에서 제사를 지내고 있었기 때문에, 이렇게 특별하게 마련된 제사 시설의 의례에서는 향을 피우는 향로를 사용했을 가능성이 있다. 또한 궁궐 내에서도 제단을 설치하고 여러 가지 의식(儀式) 중에 향을 피웠다는 기록이 있어서, 화사한 향로와 향합(香盒)이 사용되었을 가능성이 크다. 『선화봉사고려도경』에 의하면, 고려시대에는 "수로(獸爐)"라고 불리는 동물 모양의 향로에 독누(篤耨), 용뇌(龍腦), 전단(栴檀), 침수(沈水) 등 다양한 향을 태웠다고 한다. 고려시대의 동물형 향로는 바닥에 놓고 쓰는 거향로의 일종인데, 이때 사용된 향은 향목을 직접 태우는 소향을 사용했을 것이다. 이러한 향은 모두 남방에서 자라는 향나무에서 만들어진 것이다.

신라에서 처음 향을 피웠던 묵호자가 사용한 향료가 어떤 재료와 어떤 형태의 것이었는지는 확실하지 않다. 다만 당시 가장 널리 알려진 것은 "침향(沈香)"이었으므로, 침향일 가능성이 있지 않을까. 침향목(沈香木)은 인도 남부에서 인도네시아를 비롯하여 태평양 연안 등의 열대 기후에서 자라는 수목으로, 우아한 향기를 가지고 있어서 널리 애용되었다. 침향목의 꽃은 "정향(丁香)"이며, 줄기와 마디가 "침향"으로 구분된다. 침향목은 불상을 제작하는 데도 사용되었다. 침향목의 열매는 "계설(鷄舌)"이라고 하며, 잎은 "곽향(藿香)", 수지는 "훈륙(薰陸)"이라고 하며, 뿌리가 "전단(栴檀)"이다. 전단향 이외에 백단과 자단과 같은 향도 있는데, 백단은 풍열과 독종(毒腫), 즉 피부병의 일종인 부스럼에 잘 듣는 약으로도 사용하였다. 자단도 역시 풍열과 독종에 잘 듣는 약이며, 분말은 지혈제로 쓰였으며, 향료로서는 목욕 후에 몸에 발랐다고 한다.

또 다른 향료 중 하나인 "용뇌(龍腦)"는 부르나이, 수마트라 섬 북부지역, 보르네오 섬 북부지역 등에서 채취되는 용뇌수(龍腦樹)의 결정체로, 방충과 곰팡이 방진(防塵)에도 매우 유용한 역할을 한다. 용뇌는 당나라의 현종이 특별히 아꼈다고 전하는데, 용뇌수 나무 사이의 결정체를 잘게 저며서 만든다. 용뇌는 여러 가지로 세분되는데, 우선 품질이 가장 좋은 상등품을 "매화뇌(梅花腦)"라고 하며, 그다음 등급을 "금각뇌(金脚腦)"라고 한다. 파손된 것은 "미뇌(米惱)", 부서져서 나무토막에 섞인 것은 "창뇌(蒼腦)", 그리고 결정체를 뜯어 낸 재목은 "뇌찰(腦札)"이라고 한다.

중국 당나라 때의 유적인 법문사탑 지궁 기록에는 "유두향(乳頭香)", "단향(檀香)", "정향(丁香)", "침향(沈香)" 등이 기록되어 있으며, 공양자가 향화(香花)를 직접 들어서 친히 향등(香燈)에 공양했다는 기록도 있다. 또한 일본의 쇼소인에는 여러 가지 남방산 향목이 보존되어 있으며, 쇼소인 문서 중에는 침향과 용뇌향 이외에도, 청목향(靑木香), 감송향(甘松香), 훈육향(薰陸香), 안식향(安息香), 훈의향(薰衣香), 곽향(藿香), 사향(麝香) 등과 같이 다양한 향 이름이 기록되어 있다.

송나라 휘종이 즐겼다고 하는 "용연향(龍涎香)"은 장미에서 정제한 향유(香油)의 일종이다. 이러한 향유는 단독으로 사용되기보다는, 여러 종류의 향료를 배합하여 매육(梅肉)과 벌꿀을 섞어 빚어서 여러 가지 독특한 향을 만들어서 몸에 지니고 다니면서 사용하였다.

다양한 향료들은 각각 사용하는 방법에 따라 사용하는 도구들이 달라진다. 향을 즐기기 위한 도구들을 "향도구(香道具)"라고 부르기도 하는데, 기본적으로 향을 보관하는 향합(香盒)과 향낭(香囊)이 있다. 향을 즐기는 데 가장 흔한 사용법은 향목 자체를 태우는 소향 방식이므로, 불을 피울 수 있는 향로가 주로 사용되었다. 그러나, 향료를 가루로 만들어서 바르거나, 액체로 만들어서 뿌리기도 했으며, 혹은 다른 향료와 함께 물이나 기름, 꿀 등으로 버무려서 덩어리를 만들어서 사용하기도 했다. 이렇게 덩어리로 만들어 놓은 향들은 향주머니, 즉 향낭에 넣어서 몸에 달고 다니는 "패향(佩香)" 방식으로 사용하기도 했다. 또한 대부분의 향료들은 약재로 사용되었기 때문에, 종종 향료를 복용하기도 했다. 그 외에도 향은 몸에 바르거나 패향으로 착용하면서 사용하는 체신향(體身香)이나 입 냄새를 없애주는 구취향(口臭香), 남녀간의 연애에서 유혹하기 위한 조정화향(助情花香) 등으로 사용한 경우도 적지 않았다. 구취향으로 사용하는 향으로는 계설향, 육계(肉桂), 감초 등이 사용되었으며, 조정화향으로는 사향이 고귀한 비약으로 알려 있다.

『삼국유사』와 『삼국사기』에서는 신라의 선덕여왕이 당나라에서 보내온 모란 그림을 보면서 향이 없다는 사실을 갈파했다고 하는데, 이는 신라에서 이미 식물의 향을 즐기는 문화가 성행했다는 것을 알려주는 것이다. 또한 신라 제일의 미인인 수로부인이 바다의 용왕에게 잡혀갔다가 신라인들의 시위로 돌아오게 되었을 때, 용궁을 설명하면서 기이한 향기로 가득한 곳이라고 언급하였다. 한편, 불교 경전인 『범망경(梵網經)』에서는 승려들이 소지해야 하는 비구십팔물(比丘十八物) 중에 향로(香爐)와 병(甁), 발(鉢), 작은 손칼, 족집게 등을 언급하고 있다. 아마 승려들에게는 향을 태우는 의례가 필수적이었기 때문에 향로가 필수품으로 여겨졌다고 생각된다.

승려들이 사용했던 것과는 다소 다르지만, 신라나 백제의 장신구 가운데는 허리띠, 즉 요대(腰帶)에 요패(腰佩)를 매달아서 장식했는데, 요패로 사용하는 것은 야외에 나갔을 때 필요한 일상용 도구들이었다. 그중에는 불을 붙이는 데 사용한 양수나 부싯돌, 붓, 먹, 침통 등등 다양한 것이 있으며, 드물게 유리병이 있었던 것으로 보인다. 경주 금관총에서 출토된 금제 허리띠에는 금선과 금판으로 유리병을 감싸서 매단 요패 장식이 있다(도 6–29). 신라인들은 이 유리병에 과연 무엇을 담았을까? 아마도 이 유리병에 먹물을 담았다면, 학구적인 사람으로 생각해 볼 수 있을 것이며, 약을 담았다면 배려 깊은 사람으로, 술을 담았다면 풍류남으로, 향수를 담았다면 낭만적인 사람으로, 그리고 물을 담았다면 평상심을 가진 사람 등으로 구분해 볼 수 있지 않을까? 이렇게 구분해본다면 과연 우리 각자는 무엇을 유리병에 담아서 가지고 다닐 것인가?

도 6-29 금제허리띠의 요패 장식(왼쪽 다섯번째 유리병)
신라 5-6세기 | 경주 금관총 출토 | 국립중앙박물관 소장.

몸에 지니는 패향 방식에 사용하는 향들은 병에 넣을 수 있는 액체 형태의 향수(香水)나 향유(香油)도 있었을 것이겠지만, 아마도 고체 형태의 향이 가장 널리 사용되었던 것으로 보인다. 이러한 고체 형태의 향은 두 가지 이상의 배합 재료를 섞어서 만들어 굳혔다고 생각되며, 향주머니, 즉 향낭에 넣어서 보관했을 것이다. 삼국시대부터는 향을 보관하기 위한 금속제 향낭도 만들었다고 보이지만, 대부분의 향낭은 직물로 만든 경우가 많다. 조선시대 여인들의 노리개 중에는 향낭이 달려 있어서 착용자의 몸에서 아름다운 향기를 풍기게 하였다(도 6-30).

도 6-30 백옥향낭노리개 /
백옥투조연화문산호부향낭
조선 | 국립중앙박물관 소장.

사람들이 몸에 지니고 다니는 향 이야기 중에서 가장 흥미를 끄는 것으로는 청나라의 향비(香妃) 이야기가 있다. 청나라 궁중에서 전하는 전설적인 일화의 주인공인 향비는 원래 위구르 지역 족장의 딸로서, 건륭제(乾隆帝)의 총애를 받았으나 궁중에서의 알력을 견디지 못하고 황제의 부재중에 황태후의 명에 의하여 자결하였다고 한다. 이 여인의 몸에서는 언제나 향기가 났기 때문에 향비라고 칭했다고 하는데, 그녀가 몸에 체신향이나 조정화향과 같은 독특한 향을 지니고 있었는지, 혹은 그녀 특유의 체취였는지 알 수 없으나 향과 관련된 일화로서 주목된다.

향은 그 향기가 중요하기 때문에, 몸에 패용하는 경우가 아닌 다음에는 향기가 날아가지 않도록 향료를 보관하는 향합이 있어야 한다. 또한 불을 피워서 향을 태워야 향기를 내는 소향 방식이 가장 보편적으로 사용되었던 향 즐기기 방식이었으므로, 향의 사용 문화에서는 향로가 가장 보편적인 향도구로 사용되었다. 향로는 반드시 향을 담은 향합과 함께 사용되었을 것이다. 그렇지만 아직까지 출토 유물 중에서는 향합과 향로가 함께 발견된 예가 그다지 많지는 않다. 다만, 중국 당나라 때의 유명한 불교 사찰인 법문사탑의 지궁에서는 지궁에 매납한 물건 목록을 적어 놓은 명문 중에서 향로와 향합이 함께 기록되어 있음이 확인되었다. 또한 우리나라 군위 인각사지에서도 탑형뉴합(塔形鈕盒)과 병향로(柄香爐)가 함께 출토되었는데 **(도 6-31)**, 탑형뉴합이 아마도 향합으로 사용되었던 것일 가능성이 있다. 이러한 예들은 향합과 향로의 세트 구성 가능성을 알려주는 비교적 이른 예들이다.

도 6-31 불교공예품 일괄
나말여초 9-10세기 | 군위 인각사지 출토 | 불교중앙박물관 소장.

소향 방식에서 사용하는 향로는 그 형태와 용도에 따라 여러 가지로 나누어 볼 수 있다. 먼저 향을 피울 때 향로를 일정한 자리에 두고 쓰는 경우와 불교에서의 행향의례(行香儀禮)와 같이 향을 피우면서 움직여야 하는 경우가 있다.

먼저 일정한 공간에 고정해서 놓아두고 사용하는 향로는 "거향로(居香爐)"라고 부르는데, "좌향로(坐香爐)", 혹은 "치향로(置香爐)"라고도 부른다. 또한 문헌기록에는 "훈로(薰爐)"라고 부르는 경우도 있다. 불교 사찰에서는 불단(佛壇) 앞이나 전각 앞에, 궁궐이나 일반 거처에서는 거실에 향을 두고 피우는데, 향로 옆에는 그에 알맞게 향합이 놓여야 한다. 그러나 향이 귀한 물건이기 때문에 향합의 사용 범위는 물론 좀 더 넓어지거나 이동이 가능할 수도 있다. 향은 남방에서 생산되는 여러 가지의 향목을 잘게 저미서 만들고, 숯불 위에서 태워 향기가 피어 올라오게 하면서 사용한다. 현대에는 향목을 바로 태우는 것보다는 가루향을 가는 막대기 모양으로 만들어서 태우는 경우가 많다. 지금도 향은 장례식이나 종교 의례에서 자주 사용된다.

백제 왕실에서 발원한 불교 사찰인 부여 능산리사지에서 출토된 유명한 백제금동대향로(百濟金銅大香爐)는 삼국시대의 대표적인 거향로 중 하나이다(도 7-34). 백제금동대향로는 뚜껑 부분이 2중, 혹은 3중의 산악문(山岳文)으로 구성된 박산(博山) 형태를 하고 있어서 박산로(博山爐) 형식으로 알려져 있다. 박산로는 중국 한대(漢代)에 유행했던 형식이지만, 백제금동대향로는 한대의 향로와는 형태나 도상적 특징이 상당히 달라졌다. 다섯 개의 산봉우리가 표현되어 있는 백제금동대향로에는 산 중간 중간에 향의 연기가 빠져나가기 위한 구멍이 나 있다.

통일신라시대에는 와당의 문양 중에 뚜껑이 있는 향로가 표현된 경우가 종종 있는데, 이들도 역시 거향로의 일종이라고 생각된다. 익산 미륵사지에서 출토된 금동향로는 통일신라시대의 대표적인 금속제 거향로로서, 역시 뚜껑이 덮여 있고 수각형의 다리가 달린 형식이다. 뚜껑의 구멍을 통해서 향기가 나온다(도 6-32).

통일신라 말기부터 고려시대에는 금속제 향완(香埦)이 거향로로 널리 유행했으며, 고려시대에는 청자로 만든 향로도 많이 사용되었다. 고려시대 금속제 향완은 대부분 뚜껑이 없는 고배형의 향로로서, 표면을 은입사기법으로 화려하게 장식한 예들이 많다(도 6-33). 대부분 불교 사찰에서 사용한 거향로이다. 한편 고려시대의 향완은 토제나 도제로도 만들어졌다.

한편, 궁궐이나 일상에서는 여러 가지 형태의 다양한 향로들이 청자로 제작되어 사용되었는데, 특히 청자 향로 중에는 동물 모양을 본떠서 만든 동물형 향로가 많다. 『선화봉사고려도경』에는 12세기 고려에서 사자 모양의 청자 향로를 사용했다는 것이 기록되어 있는데, 실제로 청자 향로 중에는 사자형 뚜껑을 가진 향로들이 있다(도 6-34). 청자 향로 중에는 장식적인 뚜껑을 가진 소형 향로가 상당히 많은데, 이들은 상류층의 일상 생활에서 사용된 것으로 보인다.

도 6-32 금동향로
통일신라 8-9세기 | 익산 미륵사지 출토 | 국립익산박물관 소장.

도 6-33 흥왕사명 청동은입사운룡문향완
고려 1229년 / 1289년 | 리움미술관 소장.

도 6-34 청자사자형유개향로
고려 | 국립중앙박물관 소장.

손에 들고 돌아다니면서 향을 피울 수 있는 휴대용, 혹은 이동용 향로는 대부분 긴 손잡이를 향로 몸체에 붙어 있는 "병향로(柄香爐)" 형식이다. 이때, 향로와 함께 향합을 손에 들어야 하기 때문에, 합의 받침을 손가락에 끼워서 향로와 합을 함께 들고 다닐 수 있도록 고안된 것이 많다. 그러므로 휴대용 향로인 병향로와 세트를 이루는 향합은 받침대가 달린 합을 사용한 경우가 많다. 통일신라시대에 만들어진 성덕대왕신종에는 양쪽의 공양자들이 연꽃 모양의 병향로와 향합을 들고 있어서(도 6-41), 당시 병향로와 향합의 동시 사용을 짐작할 수 있다.

병향로와 향합을 함께 사용하는 것은 불교 의례와 관련이 있었던 것으로 추정된다. 앞에서 승려의 필수품인 비구십팔물에도 향로가 있다고 했는데, 중국 하남성(河南省) 낙양(洛陽)에서 발견된 당나라 때의 유명한 승려인 신회(神會, 684-758)의 무덤에서는 병향로(도 6-35)와 탑형뉴합(塔形鈕盒, 도 6-36), 정병(淨瓶), 칠발(漆鉢) 등이 함께 출토되었다. 신회묘 출토 병향로는 몸체 아래에 꽃모양의 기대가 있고, 긴 손잡이 끝부분에는 사자모양의 진(鎭)이 장식되어 있다.

중국에서는 남북조시대부터 병향로를 사용했다고 생각되지만, 우리나라에서는 대체로 통일신라시대부터 병향로가 사용된 것으로 보인다. 석굴암의 부조 중에 병향로가 표현된 예가 일찍부터 알려져 있었으며, 리움미술관 소장품 중에서도 출토지는 불확실하지만 비교적 상태가 좋은 금동제 병향로가 남아 있다.

최근 창녕 말흘리(末屹里) 유적에서는 커다란 쇠솥 안에 투조한 금동제 장식판 파편들과 풍탁, 쇠사슬 등과 함께 병향로(도 6-37)와 초두 등을 묻어놓은 것이 발견되었는데, 일종의 교장유적이다. 함께 출토된 금동제 투조 장식판들은 아마도 불교 사찰 내부를 장엄(莊嚴)하는 금동번(金銅幡)의 파편이었던 것으로 추정된다(도 6-38). 앞서 언급한

도 6-35 청동병향로
중국 당 8세기 | 중국 하남성 낙양시 신회묘 출토 | 중국 낙양박물관 소장.

도 6-36 청동탑형뉴합
중국 당 8세기 | 중국 하남성 낙양시 신회묘 출토 | 중국 낙양박물관 소장.

도 6-37 청동병향로
통일신라 8-9세기 | 창녕 말흘리 유적 출토 | 국립김해박물관 소장.

도 6-38 금동투조장식판
통일신라 8-9세기 | 창녕 말흘리 유적 출토 | 국립김해박물관 소장.

군위 인각사지에서도 병향로와 정병, 탑형뉴합, 이단합(二段盒), 청동 북 등이 함께 발견되었는데(**도 6-31**), 이 유적은 초기에 승탑 유적으로 알려졌으나 최근에는 교장유적으로 추정하고 있다.

거향로와 병향로 이외에 어딘가에 매달아 두고 사용하는 현향로 (懸香爐)가 있다. 현향로는 고려시대 유적에서 종종 출토되지만, 통일 신라시대의 유적에서는 아직까지 발견되지 않았다. 한편, 우리나라에

도 6-39 **은제도금훈구**
중국 당 9세기 | 중국 섬서성 서안시 법문사탑 지궁 출토 | 중국 법문사박물관 소장.

도 6-40 **은제도금훈구(도 6-39)의 내부**
중국 법문사박물관 소장.

서는 아직까지 발견된 예가 없지만, 중국 당나라의 유적이나 일본 쇼소인에서는 "훈구(薰球)", 혹은 "훈낭(薰囊)"이라고 불리는 독특한 휴대용이면서 동시에 어딘가에 매달아 놓을 수 있는 동그란 구체(球體) 형태의 향로 형식이 있다. 이러한 훈구는 아마도 의복에 매달거나, 혹은 이불 속에 넣어 두는 특수한 장치를 가진 향로로 추정되는데, 향을 태우는 구조가 독특하다. 훈구는 보통 두 개의 투조한 반원형 동체(胴體)를 결합하여 둥근 구체를 만드는데, 동체 안에는 다시 금속판과 파이프로 연결하여 서로 움직일 수 있도록 설계된 독특하고 작은 그릇이 들어 있다(도 6-39, 40). 이 작은 그릇이 향을 피우는 화로(火爐) 역할을 하는 것으로, 바깥의 동그란 구체 형태의 향로가 굴러다녀도, 안쪽의 화로는 향목의 무게로 인하여 언제나 평형을 잡을 수 있도록 설계된 것이다. 크기에 따라 작은 것은 의복에 매달고 다닐 수 있으며, 큰 것은 이불이나 침상 안에 넣고 향을 피워서 향내가 배이도록 사용했다고 추정한다. 이런 것은 반드시 향합이 동반하지 않아도 무방하겠지만, 사용하기 전에는 합에서 향을 옮겨 담아야 했을 것이다. 따라서 알맞은 향합이 항상 옆에 있었을 것이라고 생각되지만, 향합과 함께 출토된 예는 아직까지 알려진 바가 없다.

국립경주박물관 정문에 들어서면 바로 성덕대왕신종이 보인다(도 9-2). 가끔 녹음이긴 하지만 종소리가 들리기도 한다. 이 종의 몸체에는 무릎을 꿇고 구름 위에 앉아 있는 비천상(飛天像)이 있는데, 공양인상(供養人像)이라고도 한다. 이 비천상은 긴 손잡이가 달린 병향로를 들고 있는데(도 6-41), 현존하는 금속제 병향로들과는 모양이 약간 다르다. 이렇게 병향로를 든 비천상은 일본 나라 호류지(法隆寺)에 소장되어 있는 옥충주자(玉蟲廚子)에서도 찾아볼 수 있어서 서로 비교해 볼 수 있다. 이러한 병향로는 한쪽 자루 끝을 잡아 한 손으로 잡고 같은 손으로 탑형 향합을 들게 된다. 이는 향로와 향합은 함께 있어야 하며, 한 손으로 두 개를 다 들고 있으면서 다른 한 손으로 향합을 열고 향을 집어넣을 수 있었음을 뜻한다. 아마도 병향로는 승려의 소지물로서, 어떤 수행 중에도 향을 쓰기 편하도록 만든 것이었다고 해석할 수 있을 것이다.

도 6-41 성덕대왕신종의 병향로를 든 비천상
통일신라 771년 | 국립경주박물관 소장.

이러한 병향로와 함께 세트로 사용된 향합은 보통 탑형뉴합(塔形鈕盒)의 형식이다. 탑형뉴합은 몸체와 뚜껑이 합쳐서 동그스름한 구형(球形)을 이루고, 뚜껑 위에 여러 층의 탑을 연상시키는 독특하고 높은 꼭지를 가진 합이다. 중국 하남성 낙양의 신회묘에서는 병향로와 탑형뉴합, 그리고 정병이 함께 출토되어, 이 세 종류의 불교 의식구가 일종의 세트처럼 승려들의 소지품으로 사용되었을 가능성을 보여준다. 신회묘에서 발견된 7층의 탑형뉴(塔形鈕)와 나팔형의 기대를 가진 탑형뉴합의 안에서는 향회(香灰), 즉 향을 피웠던 재 흔적이 남아 있어서 향합으로 알려졌다(도 6-36).

탑형뉴합은 군위 인각사지에서도 출토되었으며, 여기에서도 정병과 탑형뉴합, 병향로가 함께 출토되어 주목된다. 그외에 리움미술관이나 일본 도쿄예술대학교 등에도 비슷한 형식의 탑형뉴합이 남아 있는데, 이 유물들은 구체적인 출토 상황을 알 수 없다. 또한 비슷한 형식의 탑형뉴합은 일본의 호류지나 쇼소인 소장품에서도 탑완형합자

도 6-42 **금동합**
통일신라 7-8세기 | 경주 안압지 출토 | 국립경주박물관 소장.

(塔鋺形合子)라는 이름으로 남아 있다.

경주 안압지에서는 탑형식의 꼭지는 아니지만, 독특한 호리병 모양의 꼭지가 달린 금동합이 발견되었다(**도 6-42**). 이 합의 뚜껑 안쪽과 바닥 저부에는 침각(針刻)으로 "仇"라는 명문이 새겨져 있어 이들이 한 짝으로 사용되었음을 알 수 있다. 이는 출토지가 확실한 예로서 주목할 만하다. 이러한 독특한 형태를 가진 합들이 모두 향합이었는지는 확실하지 않지만, 병향로나 향로와 함께 발견되었거나 전래되는 것들은 향합이었을 가능성이 있다. 경주 안압지 출토 금동합과 같이 용도를 알 수는 없지만 향합으로 추정해 보고 싶은 합들은 상당히 많다.

합은 뚜껑이 덮여 있을 때 완전하고 어울리는 모양새를 갖추는 그릇으로, 목칠기, 금속기, 자기, 줄기식물을 엮은 것 등으로 만들어졌다. 외형상의 특징으로 나누어 보면, 원형(圓形), 화형(花形), 방형(方形), 불규칙한 이형(異形) 등 다양한데, 이중에서 방형합은 함(函), 혹은 갑(匣)이라고 부르기도 한다. 이형합은 형태에 따라 능형(菱形), 운형(雲形), 하엽형(荷葉形, 연꽃잎 모양), 구형(龜形, 거북이 모양), 과형(瓜形, 참외 모양), 합형(蛤形, 조개모양) 등 여러 가지가 있다.

뚜껑은 그릇에 올려놓는 방식에 따라서 세 가지 형식으로 나누어진다. 맨 먼저는 내피형식(內被形式)으로, 뚜껑의 구연부에 안쪽으로 턱을 만들어 동체에 얹어 덮는 형식이다. 두 번째는 외피형식(外被形式)으로, 동체의 구연부에 턱을 지게 하여, 뚜껑이 동체 바깥쪽으로 덮는 형식이다. 마지막은 합구형식(合口形式)으로, 동체나 뚜껑의 구연부에 턱을 만들어서 덮는 것인데, 이때 바깥에서 보면 매끄럽게 하나로 연결되어 보이는 형식이다. 대체로 동체의 구연부 안쪽에 따로 만들어 붙인 전을 돌린 후 그 위에 뚜껑을 덮는 형식은 금속기나 목기의 제작에 많이 사용되었다.

앞에서도 살펴보았지만, 합은 음식 보관용 그릇으로 사용되기도 했으며, 향합으로 사용되기도 했다. 그 외에도 합은 차합(茶盒), 화장합(化粧盒), 약합(藥盒), 경합(鏡盒) 등 다양한 물건을 보관하는 용도로 사용되었다. 불교 사찰에서는 경전을 보관하는 경합(經盒)이나, 붓다의 사리를 담아서 탑에 봉안할 때 사용하는 사리합(舍利盒)과 같은 특별한 합들도 제작하여 사용했으며, 서양의 가톨릭교회에서는 종교 의례에 사용하는 성찬합(聖餐盒)으로도 사용한다. 지금도 합은 여러 가지 귀중품을 담거나 바느질 그릇으로도 사용되고 있으며, 물건을 정리할 때도 매우 유용하게 사용한다. 나는 합이라는 것이 그저 정리할 때 유익하여 자주 이용하고 있지만 말이다.

합의 용도를 정확하게 알 수 있는 경우는 대부분 무덤이나 불교 관련 유적에서 출토된 것이다. 먼저 중국의 예를 보면, 강소성(江蘇省) 의흥(宜興)의 동진묘(東晋墓) 출토품 중에는 청자경합(靑磁鏡盒) 안에 동경(銅鏡)과 철경(鐵鏡), 철비(鐵匕)가 들어 있는 상태로 발견된 예가 있다. 또한 섬서성 서안의 하가촌 출토 유물 중에는 다양한 은제합들이 발견되었는데, 그중에서 하나의 은합 안에서는 주사(朱沙)와 호박(琥珀)이 발견되었고 약합(藥盒)이라는 묵서명이 쓰여 있었다. 한편, 9세기 법문사탑 지궁 출토품의 경우에는 의물장(衣物帳)의 기록을 통해서 출토품의 명칭과 용도가 확인된 것이 상당히 많은데, 사리합의 경우에는 단순히 금은합(金銀盒)으로 기록해 놓았고, 향합은 향합, 혹은 향보자(香寶子) 등으로 기록해 놓았다. 독특한 형태의 은제 거북이모양의 합은 차합(茶盒)이었다고 알려졌다. 이와 같이 합의 용도는 음식, 향, 약, 화장품, 차 등과 같은 다양한 일상의 물품을 보관하는 데 사용했으며, 동경과 불경, 사리 등과 같은 특수한 물품을 보관하는 데도 사용하여 용도가 매우 다양했다.

우리나라 삼국시대 불교 유적에서는 둥그스름한 금속제 원형합들이 종종 출토된다. 비교적 일찍 발견된 것 중 하나는 경주 황룡사 목탑지 심초석에서 출토된 은제연당초문합(銀製蓮唐草文盒)이다(도 6-43). 황룡사 목탑지에서는 이 은합과 함께, 아무런 문양이 없는 은제합과 금제합도 발견되었다(도 6-44). 이 중에서 아무 문양 없는 은제합은 중국 섬서성 요현(耀縣) 출토 사리장엄구 중에서 발견된 합과 상당히 비슷한데, 요현 출토 사리장엄구는 석함 명문에 의해 수나라 인수(仁壽) 4년, 즉 604년에 봉안된 것으로 밝혀졌다. 또한 중국에서는 섬서성 장안현(長安縣) 천자곡(天子谷)의 오층전탑(五層塼塔) 3층에 마련된 사리공에서 백자발과 함께 비슷한 형태의 금제합과 은제합이 발견되기도 했

| 43 | 44 |

도 6-43 은제연당초문합
신라 7세기 | 경주 황룡사 목탑지 출토 | 국립중앙박물관 소장.

도 6-44 금제합과 은제합
신라 7세기 | 경주 황룡사 목탑지 출토 | 국립중앙박물관 소장.

다. 천자곡 오층전탑 사리장엄구는 함께 반출된 사산조 페르시아시대의 은화가 614-626년 사이의 것이며, 수나라에서 당나라 초기의 백자발이 함께 발견되었기 때문에 7세기 전반경의 유물로 추정된다. 그러므로, 황룡사 목탑지 심초석에서 발견된 문양이 없는 금제합과 은제합은 황룡사 목탑의 창건기인 7세기 전반경의 유물로 추정된다. 일반적으로 사리는 금, 은, 동의 순서에 따라 3중 그릇에 봉안하는 경우가 많은데, 간혹 유리나 수정으로 사리병을 만들기도 하므로 모두 합 형태의 사리기를 사용하는 것은 아니다.

최근 백제의 익산 미륵사지 서석탑에서 출토된 사리장엄구 중에는 여섯 개의 청동합이 확인되었는데(도 6-45), 이 합들 안에서는 각각 유리구슬, 금제구슬, 진주구슬, 금제화형장식, 향가루 등 다양한 공양품이 발견되어 사리장엄구가 아니라 공양구로 봉안되었음이 확인되었다(도 6-46). 미륵사지 서석탑 사리장엄구는 함께 봉안되었던 사리봉안기에 의해서 639년에 제작되었음이 밝혀졌으므로, 7세기 전반 백제와 신라, 당나라에서 모두 이러한 형식의 합들이 널리 사용되었다고 생각된다.

도 6-45 청동합
백제 639년 | 익산 미륵사지 서석탑 출토 | 국립익산박물관 소장.

도 6-46 청동합과 내부공양품
백제 639년 | 익산 미륵사지 서석탑 출토 | 국립익산박물관 소장.

도 6-47 **청동은입사보상당초봉황문합**
고려 11-12세기 | 리움미술관 소장.

고려시대에는 납작하고 작은 원형의 은합을 만들어서 향을 보관하여 몸에 차고 다녔던 향합의 예도 남아 있으며, 다양한 금은제 합들이 제작되었다. 또한 운당초문(雲唐草文)을 은입사기법으로 상감한 청동합이 적지 않게 보이며, 칠기로 제작한 경합(鏡盒)이나 경함(經函)도 성행했다. 특히 주목할 것은 리움미술관 소장의 청동은입사보상당초봉황문합이다(도 6-47). 이 합의 형식이나 문양은 당나라 금은기 중에 보이는 합의 양식과 비교할만 한 것으로, 이들에 대한 양식적 비교가 향후 검토되어야 할 과제이다. 한편, 삼국시대 이후의 금속제 합 형식은 고려시대와 조선시대까지 계속 사용되었으며, 조선시대에는 유기로 만들어진 무문합(無文盒)이 많다.

인생과 역사를 담은 거울 이야기

사람이 스스로 얼굴을 비춰보게 되었던 것은 아마 물을 마시러 가서 물에 비치는 자기의 모습을 보면서부터였을 것이다. 고대 그리스 신화에서는 나르시스가 강물에 비친 자신의 아름다움에 반해서 물에 빠져 죽었는데, 이를 가엾게 여긴 신이 그 자리에 꽃을 피워냈으니 그 꽃이 수선화라고 전한다. 자신에게 빠진 사람을 나르시스트라고 하는 까닭도 여기에서 비롯되었다.

물에 비친 모습을 담아내기 위해서 사람들은 그릇에 물을 떠서 거기에 형상을 비춰서 보곤 했다. 중국에서는 동경의 기원을 동감(銅鑑)에서 찾고 있는데, 이는 청동으로 만든 커다란 대야 모양의 그릇을 뜻한다. 즉, 금속으로 만든 큰 그릇에 물을 담아 얼굴을 비추는 것에서 거울이 시작된 것이다. 그렇지만 사람들은 곧 그릇에 물이 없어도 금속판의 표면을 잘 다듬고 문지르면 얼굴이 비친다는 것을 알게 되었다. 그렇게 만들어진 것이 바로 금속으로 만든 거울, 즉 동경(銅鏡)이다. 글자 그대로 보면 동경은 구리로 만든 거울이 되겠지만, 실제로 사용하는 금속은 대부분 구리와 주석, 아연 등을 섞은 동합금(銅合金) 종류인 청동이나 백동 계통이므로, 보통 금속제 거울을 통칭하여 동경이라고 부른다. 다만, 간혹 철로 만드는 거울인 철경(鐵鏡)도 있는데, 이는 심하게 녹이 슬어 있기 때문에 보존 상태가 좋은 동경과는 쉽게 구별이 된다.

동이든 동합금이든 철이든, 금속으로 만든 거울은 그 역사도 긴 편이다. 이집트에서는 이미 제6왕조시대(기원전 2345-2181년경)부터 금속제 거울이 사용되었으며, 대부분 손잡이가 달린 거울, 즉 "병경(柄鏡)" 형식이다. 이집트 제11왕조시대의 석관의 부조에는 손잡이가 달린 거울을 들고 있는 카위 왕비(Queen Kawit)의 형상이 새겨져 있는데(도 6-48), 이 거울은 금속제였다고 추정된다. 이집트 제12왕조시대의 한 무덤에서는 사트 하토르 이우네트(Sat-Hathor-Yunet) 공주가 사용했던 금속제 거울이 발견되었는데, 얼굴 비치는 경면(鏡面)은 은제로 만들고, 손잡이는 금과 흑요석 등으로 화려하게 장식해 놓았다(도

도 6-48 카위 왕비의 석관 부조 중 거울을 들고 있는 카위 왕비

이집트 제11왕조 시대(기원전 2055-2004년경) | 이집트 데이르 엘 바하리 출토 | 카이로 이집트박물관 소장.

제VI장 신라인은 어디에서 살았을까

도 6-49 은제금장식거울
이집트 제12왕조 시대(기원전 1842-1798년경) | 이집트 라훈 사트 하토르 이우네트 공주 무덤 출토 | 카이로 이집트박물관 소장.

6-49). 옛날 영화에서도 클레오파트라 여왕이 손잡이가 달린 거울을 들고 있는 모습으로 나오는 장면들이 종종 보였다.

동아시아에서도 기원전 2000년경부터 금속제 거울을 사용하기 시작했는데, 동아시아의 동경들은 손잡이가 없고 다소 작은 원형(圓形)의 거울이 많다. 동판에서 시작한 동경에는 처음에 별다른 문양이 없었으나, 점차 얼굴을 비추는 앞쪽의 경면 반대쪽, 즉 뒷면에 여러 가지 아름다운 무늬와 뜻이 좋은 길상구(吉祥句)를 새겨서 장식하기 시작했다. 동경의 장식성은 거울로서의 기능을 상실한 후대에도 계속 이어져서, 무늬나 명문의 상징성과 사상적 특징, 역사성이 강조되며 계승되었다.

"오월동주(吳越同舟)", "토사구팽(兎死狗烹)", "와신상담(臥薪嘗膽)", "경국지색(傾國之色)" 등과 같은 말들은 지금도 자주 듣는 고사성어(故事成語)들이다. 이 고사성어들은 중국 역사에서 그 기원을 찾을 수 있다.

춘추전국시대의 오나라와 월나라는 글자 그대로 불구대천(不俱戴天)의 원수지간이였다. 오나라에 굴복한 월왕(越王) 구천(句踐)은 오나라의 노예가 되어 온갖 고초와 모욕을 참으며 살았다. 구천은 장작더미에서 잠을 자고, 담즙을 핥는다는 "와신상담"이라는 말로 표현되는 갖가지 고초를 겪으면서 지냈는데, 결국 그 굴욕을 잊지 않고 힘을 길러서 원수를 갚았다.

그렇게 사이 나쁜 오나라와 월나라, 두 나라 사람이 같이 배를 타게 된다면 어찌 되었겠는가? "오월동주"라는 말은 바로 사이가 나쁜 두 사람이 같이 가는 일을 뜻한다. 배를 타고 가다가 풍랑이라도 인다면 이 두 사람이 어찌 행동을 했을까? 물론 그에 대한 해석은 여러 가지로 가능하다. 단지 같은 배를 타게 된 기구한 사연을 말하기도 하고, 죽느냐 사느냐의 기로에 섰을 때는 부득불 공동 행동을 취해야 한다는 뜻을 시사하기도 한다. 이런 말들은 자신들의 이익을 위해서는 염치없이 협동하다가 여차하면 배신하는 요즈음 정치판에서도 자주 볼 수 있는 형국이다.

그 역사를 한 개의 거울에 그대로 담아 놓은 것이 바로 중국 한나라 때 만들어진 〈오자서고사문경(伍子胥故事文鏡)〉이라는 동경이다 (도 6-50). 이 거울은 네 개의 동그란 뉴(紐) 사이의 네 구획 안에 이름이 써진 인물들을 배치했다. 중앙에는 장막 속에 앉아 있는 "오왕(吳王)"을 표현해 놓았고, 그 오른쪽에는 "越王(월왕)"과 "范蠡(범려)"라는 명문이 써진 두 명의 서 있는 인물이 표현되어 있다. 월왕과 범려의 오른쪽 구획에는 다시 긴 치마를 입은 두 여자가 표현되어 있는데, 명문에는 "玉女二人(옥녀이인)"이라고 쓰여 있다. 옥녀이인과 오왕 사이의 공간에는 긴 칼을 들고 앉아서 오왕을 바라보고 있는 인물 하나가 표현되어 있는데, 명문에는 "忠臣伍子胥(충신오자서)"라고 쓰여 있다. 이 장면은 춘추전국시대에 월왕이 범려와 함께 오나라를 칠 궁리를 하면서, 옥녀 두 사람을 오왕에게 뇌물로 보냈던 고사(故事)를 표현한 것이다. 오왕에게 보내진 두 미녀 중 한 명이 경국지색으로 유명한 서시(西施)였는데, 서시의 미모에 빠진 오왕이 정치를 소홀히 하자 오자서가 이를 간하다가 결국 자결하게 되었다. 월왕 구천의 책사였던 범려는 월나라가 오나라를 멸망하자 서시를 데리

도 6-50 **오자서고사문경 / 백씨오자서경**
중국 후한대 2-3세기경 | 중국 상해박물관 소장.

고 잠적했다. 토사구팽(兎死狗烹)을 피하기 위함이었다고 한다. 이 이야기는 『사기(史記)』 오자서열전(伍子胥列傳)에 전한다.

이렇게 긴 사연을 가진 동경을 왜 만들어서 지니고 있었을까? 스스로를 다짐하는 의미가 아니었을까? 이렇게 옛 이야기를 표현해 놓은 동경의 역할은 거울이 단지 얼굴을 비춰보는 것만이 아닌 것임을 말해 준다. 역사적 사실은 많은 것을 가르쳐준다. 역사는 이래서 배워야 한다.

〈오자서고사문경〉과 같이 여러 가지 역사적 사실을 문양과 명문으로 표현한 거울도 있지만, 점차 거울에 표현되는 문양들은 복을 빌거나 행운을 비는 상서로운 무늬를 표현하는 경우가 많아졌으며, 새겨지는 글자들도 자손이 번성하고, 부귀영화가 가득하고, 벼슬이 높아지기를 바라는 덕담을 새기는 경우도 많았다. "長宜子孫(장의자손, 자손이 마땅히 길게 이어짐)", "延壽萬年(연수만년, 수명이 만년까지 연장됨)", "位至三公(위지삼공, 지위가 삼공, 즉 최고 지위에 이름)" 등의 명문이 그러한 예이다. 이런 덕담을 새긴 동경은 선물로 주기에도 좋은 것이었다. 한편, 명문 중에는 제작지나 제작자를 밝혀 놓은 것들이 있어서, 동경 제작의 원조를 밝히는 경우도 있었다. 중국 송대에 만들어진 거울 중에서 "湖州眞石家(호주진석가)"라는 명문을 가진 것은, 호주(湖州) 지방의 "石(석)"씨 성을 가진 집에서 만든 진품(眞品)이라는 뜻이다(도 6–51). 그렇지만, 이런 명문도 명문 자체가 문양화되어서 그대로, 혹은 뒤집혀서 복제되는 경우도 종종 있었다.

도 6–51 호주진석가명 팔화형경
고려/송 | 경북 영덕 강구면 상직리 산73번지 출토 | 국립경주박물관 소장.

우리나라에서 화장품 산업이 자리 잡기 전에는, 해외여행을 다녀오는 사람들이 외국에서 작은 콤팩트를 하나쯤 여행 선물로 사가지고 와서 주었는데, 그걸 받으면 그렇게 고맙고 반가울 수가 없었다. 당시의 유명 브랜드는 제작지가 런던, 뉴욕, 파리, 도쿄 등에 있었으니, 그 먼 곳에서 만들어져서 내 손에 들어온 것이니 반갑고 신기할 수밖에 없었다. 이와 같은 이치로 생각해보면, 고대의 동경은 중국 사신이나 여행자의 선물로 애용되었던 것으로 생각할 수 있다. 게다가 좋은 문구가 새겨졌으니 좀 좋은가? 득남을 했다는 집에는 "位至三公(위지삼공)"이나 "加錄進官(가록진관, 녹봉이 더해지고 관직에 나아감)" 등과 같이 고위직에 오르기를 기원하는 글귀나, "長命富貴(장명부귀, 긴 수명과 부유하고 귀함)" 등의 상서로운 글귀가 들어있다면 선물 효과는 더 커질 것이다. 이러한 중국 동경의 교류는 상상 이상으로 넓었다. 똑같은 동경들이 중국, 우리나라, 일본에까지 분포되어 있었다.

중국 강남의 호주(湖州), 양주(楊洲), 항주(杭州) 지역에서 만들었다는 명문이 새겨진 동경이 고려에서 크게 유행했다. 중국 서쪽의 감숙성(甘肅省) 서쪽 끝에 있는 임조(臨洮) 지역에서 만들었다는 동경도 고려시대 고분에서 출토되었다. "호주진석가" 명문을 가진 동경은 개성에서도, 경북 영덕에서도, 전남 신안선에서도 출토되어, 우리나라의 여러 곳에서 발견되었다. 이렇게 외국에서 들여온 동경은, 진품을 바탕으로 다시 찍어 만들어서, 비슷한 모조품과 복제품이 성행하기도 했다. "방제경(倣製鏡)"이라고 하는 이런 가짜 동경의 유행은 요즘 말로 하면 "짝퉁의 범람"이라고 할 수 있다.

중국과의 국교가 아직 어려웠던 시절인 1995년 김영삼 대통령이 중국에 가서 당시의 강택민(江澤民) 주석을 만난 적이 있다. 그때 만약 강택민의 고향인 양주 이야기를 하면서 동경 이야기를 했다면, 또는 그곳을 갔던 신라인 최치원과의 관련성을 이야기했다면 얼마나 좋았을까, 고향 이야기를 반기지 않는 동양인이 있을까라는 생각을 혼자서 해 본 적이 있다. 강택민의 고향 양주를 비롯한 절강성(浙江省) 일대는 아주 옛날부터 동경의 제작지로 유명한 곳이었고, 당나라와 송나라 때부터 양주, 항주, 호주에서 만든 오리지널 동경이라는 명문을 새겨 놓은 동경도 많이 남아 있다. 즉, 당송시대 동경의 원조는 중국 강남지역이었던 것이다.

한국에서는 청동기시대부터 동경을 제작했다.

가장 초기의 동경은 경면이 오목한 오목거울로, "요면경(凹面鏡)" 형식이라고도 한다. 이런 동경은 중국 동북지역의 요령성(遼寧省)에서부터 한반도에 걸쳐 광범위하게 제작되었고, 무늬의 표현 양식에 따라 거친 무늬를 가진 "조문경(粗文鏡)"과 잔잔하고 세밀한 무늬를 가진 "세문경(細文鏡)"으로 나눈다. 조문경과 세문경은 모두 중국 거울과는 달리 꼭지가 여러 개 있어서, "다뉴경(多鈕鏡)"이라고도 부른다. 우리나라 청동기시대의 다뉴세문경(多鈕細文鏡)은 기하학적 무늬가 정교하게 시문되어 있어서 청동기 주조의 전성시대에 제작되었음을 알려준다. 주조할 때 사용하는 거푸집은 토형(土型)과 석형(石型)을 쓰기 시작했는데, 한반도에서는 석형이 주류를 이루다가, 기원전 3세기경부터 토형이 사용되었다고 추정된다.

경북 영천 어은동에서는 금호강 남쪽 기슭에 위치한 구릉의 남쪽 사면에서 중국 한나라에서 만든 "한경(漢鏡)"과 한경의 방제경 12면이 함께 출토되었다. 이와 함께 동물형 띠고리 두 점, 청동제 말과 사슴, 마구 및 마구장식 등이 함께 발견되었다. 그중에서도 동경은 한나라 수입품과 그것을 모방한 방제경이 함께 뒤섞인 상태로 발견되었는데, 이렇게 중국 수입제와 국내 모방제작품이 공존하는 경향은 이후 고려시대까지 계속 이어진다.

삼국시대 동경은 그다지 많지는 않다.

먼저 신라에서는 황남대총 북분에서 철제원형경이 발견되었는데, 한쪽에 섬유질로 쌌던 흔적이 남아 있었다(도 4-1). 황남대총 남분에서는 방격규구조문경(方格規矩鳥文鏡)이 발견되었는데(도 6-52), 마(麻)로 추정되는 직물로 포장되어 있었다고 알려져 있다. 또한 경주 금령총에서도 동경이 출토되었다고 하는데, 실물은 현재 어디로 갔는지 알 수 없다. 7세기에 창건된 경주 황룡사지에서는 목탑지 심초석 아래에서 수나라 때 것으로 추정되는 사신경(四神鏡)이 출토되었다.

백제에서도 동경의 출토 예는 많지 않으나, 공주 무령왕릉에서 3면의 동경이 발견되어 주목된다. 이 3면의 동경은 6세기 전반이라는 하한 연대가 확실한 유물로서 매우 중요한 자료이다. 청동신수경(青銅神獸鏡)은 한대의 방격규구신수경(方格規矩神獸鏡) 형태의 거울 문양 위에 다시 새로운 신수문(神獸文)을 고부조로 덧붙여서 새로 만든 백제의 작품이다(도 6-53). 여기에 표현된 인물상은 고구려 각저총(角抵塚) 벽화

도 6-52 청동방격규구조문경
신라 5세기 | 경주 황남대총 남분 출토 | 국립경주박물관 소장.

도 6-53 청동신수경
백제 6세기 | 공주 무령왕릉 출토 | 국립공주박물관 소장.

도 6-54 청동의자손수대경
백제 6세기 | 공주 무령왕릉 출토 | 국립공주박물관 소장.

도 6-55 청동의자손수대경
일본 7세기 | 일본 군마현 간논야마 고분 출토 | 일본 군마현립역사박물관 소장.

의 인물과 매우 흡사하여 주목된다. 한편, 무령왕릉 출토 동경 중에서 청동의자손수대경(靑銅宜子孫獸帶鏡, 도 6-54)은 일본의 군마현(群馬縣)에 있는 간논야마(觀音山) 고분 출토 거울과 크기 및 형태가 매우 비슷하여(도 6-55), 같은 틀로 만들어진 "동범경(同范鏡)"일 가능성이 제시되기도 했다.

신라에서는 7세기경부터 고분보다 탑에서 발견되는 사리장엄구의 일부로서 동경이 종종 출토되기 시작한다.

통일신라시대 동경 중에서 일상용 동경으로 추정되는 것은 경주 안압지에서 출토된 동경들이다. 안압지에서는 두 점의 동경이 출토되었는데, 모두 거울 테두리가 매우 얇다. 그중 한 점은 가느다란 활모양 꼭지인 인형뉴(引形鈕) 형식을 가지고 완전한 형태의 하화문경(荷花文鏡)이며(도 6-56), 다른 한 점은 꼭지도 결실된 칠화문경(七花文鏡)의 파편이다(도 6-57). 이렇게 두께가 얇아지고 문양이 간결해지는 동경 형식은 중국에서는 주로 동북지역인 요령성 지역에서 발견되고 있는데,

도 6-56 하화문경
통일신라 8-10세기 | 경주 안압지 출토 | 국립경주박물관 소장.

도 6-57 칠화문경 파편
통일신라 8-10세기 | 경주 안압지 출토 | 국립경주박물관 소장.

도 6-58 소문경
통일신라 8세기 | 경주 불국사 석가탑 출토 | 불국사박물관 소장.

도 6-59 파경
통일신라 8세기 | 경주 불국사 석가탑 출토 | 불국사박물관 소장.

중국에서는 이런 형식의 거울을 하화문경, 혹은 하엽문경(荷葉文鏡)이라고 부른다.

　통일신라시대 사리장엄구 중에서 발견된 동경 중에서 주목되는 것은 경주 불국사 석가탑에서 출토된 동경 두 점이다. 하나는 아무런 문양이 없는 소문경(素文鏡)으로, 작지만 완전한 형태이다(도 6-58). 다른 한 점은 훨씬 대형 동경의 파편인 파경(破鏡)으로, 매우 작은 조각으로 쪼개어져 봉안되었다(도 6-59). 이 파경은 왜 4분의 1 크기도 안

제Ⅵ장　신라인은 어디에서 살았을까　195

되는 파편으로 탑에 봉안했을까?

익산 미륵사지에서는 보상화문 팔화경(寶相花文八花鏡)의 파편이 출토되었는데(도 6-60), 전형적인 당경(唐鏡) 계통에 속한다. 이 파편 역시 복원한다면 상당한 크기였을 것이지만, 원래 형태는 짐작하기 어려운 상황이다.

고려시대 11세기경의 강원도 월정사 석탑에서는 탑 내 사리공 두 곳에서 불상과 사리기를 비롯한 각종 사리장엄구가 발견되었다. 그중에서 독특하게 동경 4면이 발견되었는데, 이 중 하나의 동경은 중국 10-11세기경 강남 지역에 있던 오월국(吳越國) 시대의 동경과 비슷하여 주목된다.

일본의 한 연못에서는 수백 개의 동경이 출토되기도 했다. 이는 동경에 나의 모습을 담아 기원과 함께 연못에 던져 넣었으리라는 해석을 하기도 한다.

우리 고대의 기록에는 두 연인이 헤어지면서 거울을 쪼개서 둘로 나누어 후일 징표로 삼았다는 이야기가 종종 전하는데, 이러한 이야기를 상기하면 동경은 얼굴이나 마음을 비추는 도구뿐만 아니라, 마음을 다스리는 도구로서의 상징적인 의미도 가지고 있었던 것으로 보인다. 그렇기 때문에 거울은 탑이나 불단을 장엄하는 데도 쓰였고 사리장엄구와 함께 탑 안에 봉안되기도 했던 것이리라. 거울을 불단이나 탑에 장엄한 예는 일본이나 중국에서 종종 볼 수 있다.

통일신라시대에는 금은평탈경(金銀平脫鏡)이나 나전경(螺鈿鏡)과 같이 화려하고 장식적인 동경들도 만들어지고 애호되었다.

도 6-60 **보상화문 팔화경 파편**
중국 당 8-9세기 | 익산 미륵사지 출토 | 국립익산박물관 소장.

금은평탈경은 얇은 금판이나 은판으로 무늬판을 만들어 그릇 표면에 붙여서 장식하는 평탈기법으로 장식한 거울이다. 평탈기법은 중국에서 한대 이후부터 주로 칠기의 장식기법으로 사용되었다. 금속기에 평탈기법이 적용되기 시작한 것은 당나라 때부터이며, 개원 및 천보 연간에 널리 유행했다고 한다. 금은평탈경은 동경의 뒷면에 얇은 금은의 문양판을 옻칠을 이용해서 붙인 후, 문양판 부분의 옻칠만 벗겨내서 장식하여 만든다. 우리나라에서는 국립중앙박물관에 기증된 동원 수집품(도 6-61, 도 3-41)과 이원순 수집품 등 두 점이 전하고 있다. 안압지에서 출토된 목칠기 중에서 평탈기법의 흔적이 보이는 것으로 미루어, 통일신라시대에 평탈기법이 발전했음을 알 수 있다.

나전경은 나전칠기 제작기법을 동경 제작에 응용한 것이다. 나전칠기는 이미 중국에서 서주(西周)시대부터 시작되었던 것으로 알려져 있으며, 당나라 때 전성기를 이루면서 동경의 제작에도 나전 장식이 응용된 것이다. 나전경은 야광패(夜光貝)나 소라껍데기를 얇게 저민 나전판을 동경 위에 붙이고, 나전판과 함께 홍색의 호박(琥珀), 황색의 대모(玳瑁), 녹색의 공작석 등을 함께 붙여 장식하였다. 우리나라에는 전 경상도 출토품으로 전하는 나전단화금수문경 한 점이 리움미술관에 소장되어 있으며(도 6-62), 유사한 예들이 일본 쇼소인에 여러 점 전하고 있다.

도 6-61 청동금은평탈경
통일신라 8-9세기 | 동원 이홍근 기증품 | 국립중앙박물관 소장.

도 6-62 나전경 / 나전단화금수문경
통일신라 8-9세기 | 전 경북 출토 | 리움미술관 소장.

한국에서 출토되는 동경은 통틀어서 "고려경(高麗鏡)"이라고 일컬을 만큼, 고려시대의 동경이 방대한 수량으로 남아 있다. 고려시대의 동경이라고 알려진 거울들 중에는 중국에서 가져온 한경(漢鏡), 당경(唐鏡), 송경(宋鏡) 등도 다수 있는데, 중국에서 직접 가져온 수입품과, 그것들을 모방해서 만든 방제경들이 함께 존재한다. 또한 고려에서만 자체적으로 만들었던 동경도 적지 않은 수량이 남아 있다.

최근의 발굴성과에 의하면 대부분의 고려시대 고분에는 동경이 출토되고 있으며, 상당히 다양한 크기와 형태의 동경들이 있었음을 알 수 있다. 당시 중국의 송나라에서는 동금법(銅禁法), 즉 동의 사용을 금지하는 법이 있었기 때문에, 동경의 제작이 그다지 활발하지 못했으며, 국가에서 생산품을 검수하는 "검기관(驗記官)" 제도가 있어서 국가의 통제를 받았다. 그래서 송대의 동경은 크기나 형태에서 어느 정도 틀에 박힌 한계를 벗어나지 못하였다. 그러나 고려에서는 당경의 방제품을 비롯하여 다양한 형태의 거울을 제작했으며, 매우 커다란 동경도 많이 생산하고 있었다. 고려시대 유적 출토 동경 중에는 표면에 빗을 놓았던 빗자국이 남아 있는 경우가 종종 확인되어 흥미롭다(도 4–20).

고려시대의 동경에 표현된 문양은 화조문(花鳥文), 서수문(瑞獸文), 용문(龍魚), 인물화상문(人物畫像文), 인물고사문(人物故事文), 보상당초문(寶相唐草文), 봉황문(鳳凰文), 앵무문(鸚鵡文), 문자문(文字文), 시명(詩銘), 길상문(吉祥文) 등 매우 다양하다. 또한 어떤 동경 중에는 수입된 동경을 모방해서 제작하면서, 안쪽에 "高麗國造(고려국조)", 즉 한국에서 만들었다는 의미의 글귀를 새긴 것도 발견된다는 점이다(도 6–63). 이것은 "메이드 인 코리아(made in Korea)"를 표기한 예로서 흥미롭다.

동경은 보통 비단 보자기에 싸거나 상자에 담아서 보관했으며, 거울걸이에 매달아 놓고 사용했다. 모든 동경은 뒷면에 꼭지가 달려 있는데, 청동기시대의 동경은 여러 개의 꼭지가 있는 경우도 있지만, 삼국시대 이후의 동경은 중국 동경들과 마찬가지로 뒷면 한가운데에 하나의 꼭지가 있다. 동경을 사용할 때는 이 꼭지에 끈을 꿰어서 "경가(鏡架)"라고 하는 거울걸이에 매달아 놓고 사용하는 경우가 많았다. 현존하는 경가는 대부분 고려시대 이후의 것인데, 고려시대에는 금이나 은으로 화려하게 장식한 경가를 사용하기도 했다(도 6-64). 이렇게 끈을 꿰어 매달아 사용하는 거울을 "현경(懸鏡)"이라고 하고, 손잡이가 달린 거울은 "병경(柄鏡)"이라고 한다. 손잡이가 달린 거울은 고려시대부터 사용되기 시작했으며, 예나 지금이나 큰 차이가 없다. 또한 거울은 외형상의 특징에 따라 둥근 것, 모난 것, 꽃모양의 것 등으로 나누어지는데, 형태에 따라 원형경(圓形鏡), 방형경(方形鏡), 화형경(花形鏡), 능형경(菱形鏡) 등으로 구분해서 부르기도 한다.

요즘 거울은 유리로 만들지만, 옛날 거울은 모두 금속으로 만들었다. 여기에서는 고대의 동경에 대한 이야기를 좀 더 살펴보자. 옛날부터 사랑하던 두 남녀가 파탄에 이르면, "파경(破鏡)"이라는 말을 듣는다. 이 말은 거울이 깨진다는 뜻이다. 두 사람의 남녀가 서로 헤어지게 되면 거울을 둘

도 6-63 "고려국조(高麗國造)"명 동경
고려 | 국립중앙박물관 소장.
도 6-64 은제도금경가
고려 | 국립중앙박물관 소장.

로 쪼개 나누어 지니다가 후일 두 조각을 맞추어서 서로를 알아본다는 옛이야기도 전한다. 이때 두 남녀는 반 조각의 거울을 몸에 지니고 다녔을 것이다. 그렇지만 우리나라의 남성들이 거울을 몸에 지니고 다녔다는 기록이나 흔적은 거의 찾지 못했다.

반중 조홍감이 고와도 보이나다
유자 아니라도 품은 즉도 하건만은
돌아가 반길 이 없으니 그를 서러하노라

이 시에서 보면, 거울을 품지는 않았지만, 유자를 지니고 다니는 낭만적인 선비는 있었던 모양이다. 우리와는 달리 일본에서는 거울을 지니고 다녔던 남자에 대한 이야기가 가끔 전하기도 한다.

한편, 옛날부터 거울이 흐려지면 좋지 않은 조짐이라며 금기시(禁忌視)하였다. 거울이 흐려지면 당장 불편했을 것이다. 동경을 사용할 때는 동질(銅質)에 따라 거울면이 잘 보이기도 하고 흐리기도 했을 것이다. 동경의 품질이 나빠서 잘 보이지 않을 때는 동경을 손질해주는 장인이 있었을 수도 있다. 날씨가 습한 일본에는 동경을 손질해주는 장인이 골목을 다니며 경면을 다듬고 주석을 발라서 손질해 주었다고 한다. 동경을 손질해주는 장인은 외부인으로서 내당에 들어갈 수 있는 유일한 남성이었으므로, 심심찮게 추문을 뿌리기도 했다는 후문도 함께 전한다.

우리들이 어렸을 때만 해도 어머니의 경대(鏡臺)에는 예쁜 경대보를 씌워놓았는데, 이는 경면이 흐려지는 것을 막기 위함이었다. 방문 앞에 걸어 놓은 거울이 추운 밤을 지내며 갈라져 금이 간 것을 보면서 불길해 하는 것도 당연한 일이었다. 기온의 차이가 극심하면 얇은 유리에 금이 가는 것을 이해하지 못했기 때문이다.

개화기에 유리 거울이 처음 보급될 때는 남편이 무엇인가를 품속에 감추어 두고 자주 끄집어내 혼자 들여다보곤 하는 것을 수상하게 여긴 젊은 아내가 그것을 몰래 꺼내보았다가, 그 안에 예쁜 여인이 있어서 자기 얼굴인지 모르고 법석을 떨었다는 재미있는 이야기가 전하기도 한다. 요즈음 우리는 얼마나 자주 거울을 보며 지낼까? 거울이 없던 시절의 사람들은 스스로를 어떻게 생겼는지, 어찌 짐작하고 살았을까?

학교 다닐 때, 교실에서 창가에 앉으면 으레 유리거울을 몰래 갖고 있다가 햇빛을 반사시켜 알맞은 각도에 앉아 있는 친구에게 빛을 보내어 눈부셔하는 걸 보면서 놀려주곤 하였다. 선생님께서는 돌아서 계시니 당연히 모르실 수밖에 없다. 이런 이야기도 다 옛날 추억이다.

이제까지 신라인들의 집과 실내생활에 대해서 불을 밝히는 등촉구, 낭만적이고 아름다운 향기와 향로, 향합, 그리고 얼굴을 비춰볼 수 있는 거울 등을 중심으로 다소 잡다하게 살펴보았다.

신라인들의 주거 생활과 관련하여 마지막으로 민망한 이야기를 한 가지 덧붙이며 이 장을 마무리해야겠다. 지금까지 신라인들이 먹고 입고 생활하는 것에 대해서 골고루 살펴보았지만, 여기에서 언급하지 못한 것은 바로 측간(廁間) 문화이다. 신라인들의 측간 문화는 어떠했을까?

인더스 문명을 대표하는 모헨조다로 유적에서는 수세식 화장실 유구가 알려져 있으며, 수많은 고대 문명에서 화장실과 배수구 유구에 대한 자료가 증가하고 있다. 그러나 아직까지 신라인들의 화장실 문화에 대해서는 우리가 좀 더 관심을 가지고 찾아봐야 할 듯하다.

백제의 익산 왕궁리 유적에서는 일종의 수세식 화장실에 해당하는 유구가 확인되었으며, 백제의 부

도 6-65 토제호자
백제 | 부여 군수리 출토 | 국립부여박물관 소장.

제Ⅵ장 신라인은 어디에서 살았을까

여 군수리 출토 유물 중에는 "호자(虎子)"라고 하는 휴대용 변기도 있다(도 6-65). 오늘날의 병원에서 사용하는 환자용 변기와 비슷한 모양이다. 조선시대에도 요강과 같은 휴대용 변기가 있었는데, 우리도 어렸을 때 요강을 사용했었다. 예전에는 이런 휴대용 변기, 즉 요강의 청소 담당은 효성스러운 자녀들의 몫이었다. 과연 신라에서는 어떠했을까?

제Ⅶ장   신라의 동물원

　　어렸을 때 창경원에 가면 동물원에 놀러가곤 했다. 지금의 동물원과는 완전히 다르지만, 경주 안압지에서 출토된 각종 동물 뼈를 보면서 신라에도 동물원이 존재했다는 생각을 종종 한다. 멧돼지나 산양, 사슴과 같이, 가축이라고 할 수 없는 동물의 뼈들이 나오고 있으며,『삼국사기』「문무왕」조에 의하면 안압지에서는 연못을 파고 기화요초(奇花瑤草)와 진금기수(珍禽奇獸)를 길렀다는 기사가 보이기 때문이다. 기화요초는 기이한 꽃과 아름다운 풀, 진금기수는 귀한 날짐승과 진기한 동물이니, 바로 지금의 식물원과 동물원과 비슷한 곳이 아니었을까.

　　박물관학적 측면에서 보면, 동물원과 식물원이 모두 박물관의 범주에 들어가므로, 안압지의 식물원과 동물원은 우리나라 최초의 식물원과 동물원이면서, 최초의 박물관이라고 할 수 있을 것이다. 다만 현대의 우리가 생각하는 박물관 개념과는 다소 달랐으며, 일반에게 공개하기 이전 단계의 박물관이라고 생각하면 될 것이다.

　　안압지와 같은 특수 시설에서 키우는 것이 아닌 동물도 신라 고분 출토 토우 중에서는 종종 보인다. 토우에 표현된 동물들은 가축 이외에도 다양한 동물들이 있으며, 거북이나 물고기와 같은 수생(水生) 동물이나 용과 같은 상상의 동물도 있었던 것으로 보인다. 대부분의 동물형 토우들은 토우를 만드는 도공이 실제 동물의 생태를 잘 알고 있었기 때문에 제대로 빚어서 만들 수 있었던 것으로 보인다.

신라 토우에서 보이는 동물들은 통일신라시대의 고분에서 나오는 십이지신상(十二支神像)에 비견될만한 십이지(十二支)에 해당하는 동물들도 찾아볼 수 있다. 띠를 상징하는 십이지는 쥐, 소, 호랑이, 토끼, 용, 뱀, 말, 양, 원숭이, 닭, 개, 돼지 등으로, 그중 일부는 가축이었으며, 호랑이와 쥐, 원숭이 같은 동물은 진기한 동물에 속하며, 용은 상상의 동물에 해당한다. 또한 가축 중에서도 일부는 식용으로 키웠을 것이며, 일부는 애완용이었던 것으로 생각해 볼 수 있다. 토우로 표현된 동물 중에는 말, 개, 소, 멧돼지, 사슴, 토끼, 호랑이, 원숭이 등이 있으며, 고양이, 족제비, 쥐, 이리, 그리고 희한하게도 두더지도 있다. 새 종류로는 오리, 닭, 원앙, 후투티, 올빼미, 독수리, 가마우지 등이 있다. 그 외에 거북이와 자라, 맹꽁이, 개구리, 뱀 등과 말뚝망둥이, 메기, 잉어 등의 물고기, 게, 가재, 불가사리, 물개 등도 확인되었다. 물론 이런 동물들은 동물학을 전공한 전문 학자들이 판별한 것이지만, 사실 필자도 이 동물들을 제대로 구별하지 못한다.

이전에 경주 계림로 유적을 조사하는 과정에서는 다양한 토우와 선각형 토기들이 발견되었는데, 그중에서도 계림로 지구 47호분에서 출토된 고배 뚜껑에는 사람과 거북이, 물고기, 새 등을 굵직하게 음각한 예가 확인되었다(도 7-1). 여기 보이는 동물 중에는 몸체에 선각을 넣어서 마치 용(龍)을 연상시키는 형태를 가진 것도 있다. 이러한 동물과 인물의 구성은 경주 황남동에서 출토되었다고 전하는 토우장식 고배 뚜껑에서도 찾아볼 수 있다(도 7-2). 계림로 출토 선각 인물 및 동물문 토기 뚜껑의 표현 양식은 반구대 암각화와 같은 의례적 의미를 가진 것일지도 모른다. 어떤 형식으로 표현했든지 이러한 토기의 문양은 사람과 동물 간의 관계와 그 동물들의 의미를 다시 한번 생각하게 하

도 7-1 선각인물동물문 고배뚜껑
신라 5-6세기 ｜ 경주 계림로 47호분 출토 ｜ 국립경주박물관 소장.

도 7-2 토우장식 고배뚜껑
신라 5-6세기 ｜ 경주 황남동 출토 ｜ 국립경주박물관 소장.

는 자료들이다. 다음으로는 신라 유물 중에서 확인된 각종 동물들 중에서 우리에게 친근한 몇 가지 예들을 간단하게 소개하겠다.

개

인간이 가축화한 동물 가운데 가장 오랜 동물이 개였으리라고 보는 가축의 기원설에 대하여 상당히 많은 학자들은 긍정적인 편이다. 개의 사육은 늑대의 어느 부류가 먹이를 구해 인간에게 접근하여 왔으므로 이를 순화하여 사육하게 되면서 가축화가 비롯되었다고도 한다. 사냥용으로 부리기 시작한 가축용 개는 사냥 이외에도 목축을 비롯한 각종 사역견(使役犬)으로 키워졌으며, 군견(軍犬)으로서의 기능도 중요했던 것으로 보인다. 지금도 개는 마약이나 화약 탐색견(探索犬)으로 유용하게 부려지고 있다.

개 모양의 토우는 경주 황남동 출토 장식토우 중에서 가장 수량이 많다. 이중에서 한 토기 뚜껑에는 멧돼지와 개가 서로 마주 보고 서

도 7-3 **개와 멧돼지 토우장식 토기뚜껑**
신라 5-6세기 | 경주 황남동 출토 | 국립중앙박물관 소장.

있는 형태가 표현되어 있는데(도 7-3), 이 장면은 개가 멧돼지를 사냥하는 모습일까? 아니면 다른 의미를 가진 것일까?

집 지키는 개의 역할은 개가 가축화하게 된 동기일 수도 있어서, 사람이 사는 집을 지키는 것이 아마도 가장 최초로 개에게 주어진 역할이었을 것이다. 고구려의 무용총(舞踊塚) 벽화에는 나무 아래에서 벌어진 젊은이의 씨름을 바라보는 노인과 개의 모습으로 평화로운 가정의 안마당을 그리고 있다. 사람과 개의 정다운 모습을 생생한 광경으로 표현한 것이다.

오늘날에는 개를 애완용으로 기르는 경우가 훨씬 많아진 셈이지만, 오랜 기간 동안 개는 식용으로도 상당한 비중을 지니고 있었다. 고구려의 안악3호분에서는 동쪽벽의 부엌 앞마당에 두 마리의 개가 뛰놀고 있는 정경이 그려져 있다. 그런데 그 옆의 육고(肉庫, 고기를 보관하는 창고)에는 고리에 꿰어진 채로 통째로 매달린 식용 동물들이 그려져 있는데, 이 동물들은 노루, 돼지, 개이다(도 7-4). 결국 개는 인간과 가까운 사이로 지내면서, 마지막에는 인간의 먹이가 되었던 것이다.

보신탕 이야기로 한동안 언론에서 야단이었다. 영국의 한 여배우가 광화문에서 데모를 하기도 했다. 언젠가는 프랑스의 유명한 육체파 여배우가 한국 사람들보고 "개고기 먹지 말라"고 공개적으로 이야기하기도 했다. 남의 제사에 배 놔라 감 놔라 하는 격인데, 말고기를 먹는 사람들은 괜찮은가? 나는 수십 년 애완견과 함께 살고 있다. 가끔 사람들이 개고기를 먹냐고 나에게 물어보는데, 나야 절대 먹지 않는다. 그러나 남이 먹는 것에 대하여 왈가왈부할 생각은 없다. 식용육으

도 7-4 **부엌과 육고**
고구려 357년 | 안악 3호분.

로 쓰이는 동물이 어디 개나 말뿐인가? 개는 고대 중국에서부터 신에게 바치는 동물의 하나였고 오랫동안 식용이었다. 고구려의 고분 벽화에서도 애완견과 식육용견이 나란히 그려져 있는데 그 오래된 전통에 무슨 말을 하랴.

돼지

한자로 "저(猪)"라고 쓰는 돼지는 일반 돼지와 멧돼지로 나누어진다. 일반 돼지는 가축으로 키우는 동물이지만, 멧돼지는 야생 돼지인데, 이 돼지들은 모두 그 체질이 아주 강건하다. 어떤 기후나 어떤 풍토에도 잘 적응하며, 잡식동물의 가장 대표적인 예가 된다. 성장하는 속도도 빠르고 다산계(多産系) 동물에 속한다. 이렇게 돼지는 가축으로서 나무랄 데가 없으며, 고기 맛도 뛰어나서 언제나 식단의 선두를 장식한다.

　　최근에 극히 재미있는 책을 읽었다. 나디아 허라는 사람이 쓴 『동물원기행』이라는 책인데, 한국에서는 2016년에 번역본이 나왔다. 나는 동물원과 식물원이 모두 박물관의 범주에 들어간다고 하면서도 그동안 이들에 대한 공부는 소홀히 여겼는데, 이 책은 동물원에 대한 참 다양한 시각을 전해 주고 있다. 동물원이나 식물원이나, 어떤 성격의 박물관이건, 그 시작은 수집에서 비롯하여 수집품을 공공에게 공개하는 절차를 밟는 것이 보통이다. 그러므로 신라의 안압지에서 보이는 초기 단계의 동물원과 식물원 자료도 이러한 수집과 박물관적 해석이 가능할 것이다.

　　오래전 일본의 릿교[立教] 대학에 있으면서 박물관학을 이수했는데, 그 수업 중에 도쿄(東京) 교외의 다마(多摩) 동물원(현재의 多摩動物公園)을 다녀와서 리포트 쓰기가 있었다. 수강생 일동은 일요일을 택해서 한꺼번에 몰려갔는데, 다음날 우리는 모두 리포트를 제출하지 못했다. 이유는 곰과 원숭이 우리 앞에서 너무 놀아 버렸기 때문인데, 까다롭기로 유명했던 당시 지도교수님은 웃으면서 다시 한번 다녀오라고 해서 놀랐었다. 전 해에도, 또 그 전 해에도 수강생들이 모두 그랬다고 하여, 우리는 안심하며 가슴을 쓸어내렸다. 교수님께서는 박물관이란 그렇게 재미있어야 한다는 말을 덧붙이시면서 웃으셨던 것이 매우 인상적이었다.

　　옛날 추억은 각설하고, 『동물원기행』이라는 책에서 가장 흥미로웠던 것은 저자가 돼지와 인간과의 관계 및 돼지의 쓰임새를 열거한

부분이었다. 돼지와 인간의 관계가 그렇게 다양하고 돼지가 유용한 동물이었다는 점에 놀랐다. 최근에는 돼지의 판막이 인간의 심장 판막 수술에 응용될 수 있을 정도로 의료 기술이 발전했는데, 돼지에 대한 편견, 혹은 일종의 혐오감 때문에 그 놀라운 의료 기술 개발이 유보 상태라는 것도 흥미로웠다.

도 7-5 돼지와 돼지우리 도용
중국 전한대 기원전 2세기 | 미국 미니애폴리스미술관 소장.

한대(漢代)의 토용 중에는 식재료로써 돼지를 만들면서 돼지우리까지 함께 만든 경우가 종종 보인다(도 7-5). 또한 한대의 명기(明器)에는 돼지와 멧돼지가 함께 나타나고 있어서 흥미롭다. 멧돼지는 돼지의 선조격이라고나 할까? 가축과 사냥이 동시에 행해진 결과물인지 주목해 볼만하다. 일본에는 돼지가 에도[江戶]시대 말기에 류큐[琉球]에서 유입되었다고 하는데, 우리나라에서는 훨씬 더 일찍부터 사육하기 시작했다. 『조선왕조실록』에서는 이미 조선시대 이전부터 돼지가 사육되었으며, 재래종과 중국 수입종 등 여러 종류가 있었다고 한다.

도 7-6 토제기대 장식 중 돼지 세부
가야 | 부산 복천동 32호분 출토 | 부산대학교박물관 소장.

우리 고대의 유물로는 동래 복천동 32호분에서 출토된 멧돼지 모양의 토우가 장식된 기대가 있으며(도 7-6), 신라의 장식토우들 중에서도 멧돼지의 수량이 다른 어떤 동물형 토우보다 훨씬 많이 나타나고 있다.

도 7-7 멧돼지 토우
신라 5-6세기 | 경주 황남동 출토 | 국립중앙박물관 소장.

그중에서도 가장 흥미를 끄는 것은 사냥길에서 잡힌 멧돼지가 네 발이 묶인 채 말 잔등에 실려 있는 모습이라고 하겠다. 묶인 멧돼지는 말의 엉덩이 쪽에 얹힌 꼴이며, 그 앞쪽에는 상반신이 결실되긴 했으나 사람이 앉아 있는데 처진 두 다리와 오른쪽 팔뚝이 남아 있다. 아마도 사냥에서의 자랑스러운 포획물을 말 뒤꽁무니에 싣고 의기양양해서 돌아오고 있는 모습인 것 같다(도 5-3).

그 밖에도 토우로 표현된 멧돼지 중에는 곤두세운 두 귀와 아래로 찢어진 두 눈, 그리고 깊숙이 찍어서 표현한 입이 보인다. 어떤 멧돼지는 독특하게 저돌적인 입 모양을 하고 온 땅을 파 뒤엎을 듯한 기세로 나타나기도 한다(도 7-7). 이런 토우들은 매우 작긴 하지만, 멧돼지의 생태를 이토록 잘 파악하여 유감없이 나타낼 수 있었던 장인들의 솜씨가 놀라울 지경이다.

말

완벽하게 마구(馬具)를 착장한 경주 금령총 출토 기마인물상은 상형토기 중에서 가장 뛰어난 솜씨가 돋보이는 유물이다(도 2-14). 이 기마인물상 이외에도, 신라 토우 중에는 마구를 착장한 말에 앉아 있는 기마상이 여러 점 있고, 사람이 없어도 안장이 강조된 말 모양의 토우들이 있다. 또한 장식토우 중에는 말 등에 사냥에서 잡은 짐승을 얹고 가는 모습이나(도 5-3), 기마 인물이 짐을 싣고 가는 모습, 그리고 마구를 착장한 말의 모습 등이 표현되어 있다(도 7-8). 따로 만들어 붙인 고

도 7-8 안장을 걸친 말 토우
신라 | 국립경주박물관 소장.

도 7-9 토용 말
통일신라 8세기 | 경주 용강동 고분 출토 | 국립경주박물관 소장.

뼈가 그대로 표현된 말도 있다. 용강동 고분에서 출토된 말 모양의 토용 중에는 안장과 장니(말다래)가 연결되어 하나로 늘어뜨린 모습으로 남아 있는 것도 있다(도 7-9).

울산 삼광리에서 출토된 선각 토기 중에서 한 점의 긴목항아리는 어깨에서 동체의 굵은 부분에 말과 사슴을 2단으로 새겨 장식하였다(도 7-10). 말은 등줄기의 갈기가 곤두서 맹렬한 기세로 달리는 모습을 잘 나타내고 있다. 사슴은 길게 뻗은 두 뿔의 모양이 뚜렷하다. 이렇게 세련된 솜씨로 그려진 긴목항아리들은 대체로 경주와 인근 지역에서 출토된 것이다. 그러나 그 정확한 지점, 상태가 알려져 있지 않은 경우가 많아서 아쉽다. 경주 미추왕릉지구 계림로(鷄林路) 16지구 제2호분에서 출토된 긴목항아리에는 어깨 부위에 잔잔한 물고기를 그린

도 7-10 선각동물문 긴목항아리
신라 5세기 | 울산 삼광리 출토 | 국립중앙박물관 소장.

예가 있어서 흥미롭다.

　　말과 인간의 관계는 유럽의 구석기시대 동굴 벽화에서부터 나타나기 시작한다. 말이 가축으로 길들여진 시기가 언제인지는 확실하지가 않다. 다만 기원전 4000년경에 농경 지역에서 소가 가축화되자, 거의 비슷하게 야생의 말도 가축으로 길들여지게 되었을 것이라고 추측할 따름이다. 기원전 2000년경에는 오리엔트와 이집트 등에서 전차를 끄는 데 말이 사용되었던 것으로 보인다. 기원전 1200년경 고대 오리엔트 사회에서는 기마(騎馬) 풍습이 나타났으며, 소아시아 반도와 이란과 같은 지역에서는 전차 대신에 기마병(騎馬兵)이 성행하게 되었다. 철기시대로 접어들면서 기마병에 대한 모든 것이 정비되어 기마병이 군사력의 표준이 되었으며, 군세를 헤아리는 척도가 되었다. 이렇게 해서 기병의 세력이 확대하여 농경 유목민과 농경 민족 사이의 격렬한 투쟁의 역사가 거듭되기에 이르렀다. 기마병의 도입은 전쟁에서 여러 가지 변화를 가져왔다. 중국에서도 기원전 4세기경부터 기마 민족, 혹은 유목 민족과의 투쟁이 시작되는데, 한 무제의 서역 원정이나 장건(張騫)의 서역 명마(名馬) 수입은 좋은 말에 대한 욕망을 강렬하게 대변한다.

　　말을 타는 기마병의 존재는 승마(乘馬)와 관련된 각종 마구(馬具)를 통해서 확인할 수 있다. 승마는 사람의 이동에 매우 유용한 수단이었으며, 승마용 말은 전쟁에서 기마용 말로도 이용되었을 것이다. 말은 승마용으로만 사육한 것이 아니라, 짐을 옮기는 데도 유용했다. 그러므로 말의 사육 목적은 승마용과 운반용으로 나누어진다. 우리나라에서는 운반용 동물로 소를 많이 사용하고 있었지만, 말도 사용했을 것이다. 전쟁에서 말은 매우 유용하고 중요한 동물이었다. 한편, 삼국시대에도 말고기를 먹었는지는 모르겠지만, 제주도에서는 아직도 말고기를 식용으로 사용하기도 한다. 말은 소 못지않게 인간에게 유용한 동물이었던 것이다.

국립경주박물관 전시실에는 화려하고 사치스러운 신라의 마구들을 많이 볼 수 있다. 특히 신라 고분에서 출토된 마구들은 신라인들의 기마용 장식이 얼마나 화려하고 사치스러웠던가를 단적으로 나타내는 좋은 예이다. 신라 고분에서 출토된 등자(鐙子), 말방울, 재갈, 가슴이나 꼬리에 매다는 안장 장식 등 뛰어난 유물들이 헤아릴 수 없이 많이 전하고 있어서, 당시의 당당하고 화사하게 치장했던 말의 모습을 능히 짐작하고도 남음이 있다. 다시 말하자면 이런 마구의 존재나 말의 표현들이 발전했던 것은 신라인이 그만큼 말과 가까운 생활을 영위했다고 해석할 수도 있다.

반면, 마구에 대한 지나친 사치가 유행하자, 『삼국사기』에서는 그에 대한 사치 금지 조항이 생겨나기도 했음을 기록하기도 한다. 『삼국사기』에서는 수레와 말에 대한 사치 금제(禁制) 기사가 있다. 수레에는 자단(紫檀)과 침향(沈香)을 쓸 수 없었으며, 대모(玳瑁)나 금, 은, 옥으로 감싸거나 장식하지 못한다고 했다. 수레에 까는 방석에도 비단의 사용을 금하고 있는데, 이는 다른 마구의 금제에서도 같은 방식으로 적용되었다. 마구 중에서 안장에 해당하는 안교(鞍橋)에는 자단이나 침향의 사용을 금한다고 했는데, 침향과 자단, 정향(丁香), 백단(白檀), 정자(丁子) 등은 향료의 원료가 되는 남방의 나무로, 먼 이국에서 수입해 오는 값비싼 재료들이다. 그러니 이러한 수입재 원목을 안교 제작에 쓴다면, 그 화려함이 어떠했을지 가히 짐작할 만하다. 그밖에도 재갈이나 등자에 금이나 금동제를 쓰지 못하며 고삐 밀치개에 매듭끈의 사용을 금한다고 하였는데, 이러한 규제와는 상관없이 화려한 마구들이 많이 만들어졌던 것으로 보인다.

신라 고분에서 출토되는 가장 화려하기로 으뜸인 마구는 황남대

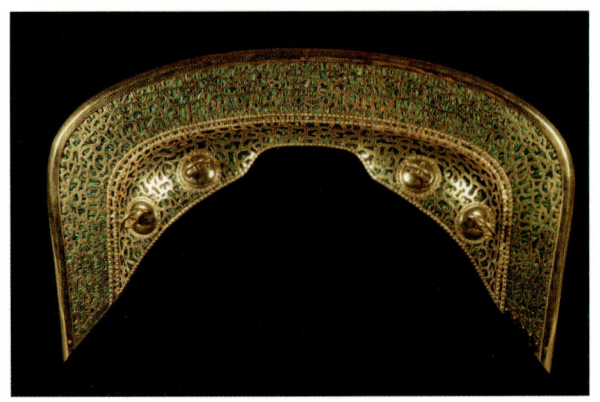

도 7-11 **비단벌레장식 말안장(복원품)**
신라 5세기 | 경주 황남대총 남분 출토 | 국립경주박물관 소장.
도 7-12 **비단벌레**
박제표본 | 국립경주박물관 소장.

총에서 출토된 비단벌레 날개로 꾸민 금동제안교(金銅製鞍橋)이다(도 7-11). 옥충(玉蟲)이라고도 하는 비단벌레는 딱정벌레목 비단벌레과에 속하는 날벌레이다(도 7-12). 매미보다 약간 작은 비단벌레는 영롱하게 빛나는 무지갯빛의 날개를 가졌다. 황남대총의 금동제안교는 한쪽 편에만도 비단벌레 수백 마리의 날개가 장식품으로 사용되었다. 금빛으로 번쩍이는 금속판 아래에 무지갯빛으로 영롱하게 빛나는 비단벌레 날개를 깔아서 장식한 안교의 화려함은 상상 이상이다. 황남대총에서는 비단벌레 날개로 장식한 금동제 허리띠도 나왔다. 비단벌레 날개 장식은 문헌기록에는 남아 있지 않으나, 신라 고분에서 출토되는 마구나 장신구 중에는 종종 비단벌레 날개로 장식한 예들이 확인된다. 경주 금관총과 식리총, 미추왕릉지구 등 여러 곳에서 비단벌레로 장식한 안교와 등자 등이 출토되었다(도 7-13).

등자는 말 등에 올라탈 때 사람이 발을 걸치기 위해서 만들어 놓은 둥근 발걸이를 말한다. 원래 승마에 익숙한 고대의 유목민이나 기마민족들은 등자 없이 그냥 말 등 위에 앉아서 말을 탔다고 한다. 점차 승마가 널리 보급되면서 말타기에 익숙하지 않은 사람들이 말을 탈 때는 높은 말 등에 올라가기가 어려웠기 때문에, 등자가 개발된 것으로 생각된다. 등자가 필요하지 않은 상태, 즉 등자 없이 말을 타는 것은 아주 능숙한 승마술을 가지고 있었음을 대변한다. 고대 중국인과 로마인들 중에서 승마에 익숙하지 않은 신분이 높은 사람들은 말을 탈 때마다 부하들이 발을 받쳐 주거나 심할 때는 부하가 직접 엎드려서 그 등을 밟고 말에 올라탔다고 한다. 이런 예들은 고대 로마나 중국을 배경으로 한 사극에서 종종 나온다. 중국 TV 드라마 프로그램 중에는, 월왕 구천이 오나라에서 모욕적인 포로 생활을 보내면서 오왕 부차(夫差)에게 엎드려서 자기 등을 승마용 발판으로 제공하는 장면이 나오기도 한다. 말타기와 등자에 대해서 이해가 잘 되지 않으면, 이러한 중국 TV 드라마를 보기를 권한다.

중국에서 언제부터 등자를 쓰기 시작했는지는 확실하지 않으나, 서진(西晉)시대 4세기 초반 경부터는 등자가 사용되기 시작한 것으로 보인다. 302년경의 고분으로 알려진 중국 호남성(湖南省) 장사시(長沙市) 금분령(金盆嶺) 21호분에서는 여러 점의 청자 도용이 발견되었는데, 그중에는 말의 왼편에만 삼각형의 등자가 달려 있는 청자기마인물상(青磁騎馬人物像)이 발견되었다(도 7-14). 아마도 이렇게 초기의 등자는 말타기가 익숙하지 않은 사람이 등자에 발을 얹고 말 등위에 올라타기 위해서 만들어졌기 때문에, 한쪽에만 달아 놓았던 것으로 보인다.

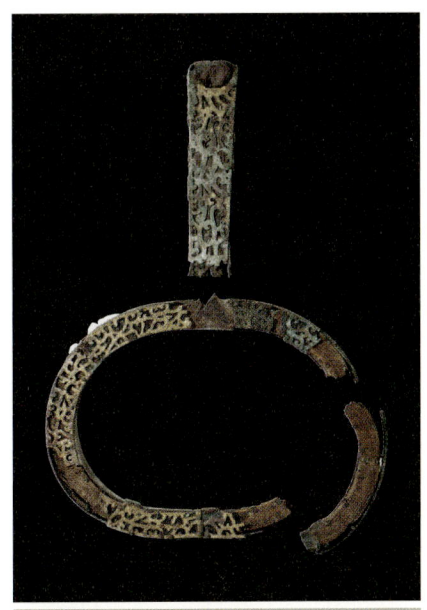

도 7-13 **비단벌레장식 등자**
신라 5-6세기 | 경주 금관총 출토 | 국립중앙박물관 소장.

도 7-14 **청자기마인물상**
중국 서진 302년경 | 중국 호남성 장사시 금분령 21호분 출토 | 중국 호남성박물관 소장.

도 7-15 금동등자
신라 6세기 | 경주 천마총 출토 | 국립경주박물관 소장.

그렇지만 지금도 몽골 사람들이 등자를 쓴다는 얘기는 듣지 못하였고, 미국의 서부 개척시대 사람들도 안장이나 등자 없이 말을 다스리는 모습을 영화에서 자주 볼 수 있다. 등자는 결국 말타기에 익숙하지 않은 사람들이 만들어낸 문화인 것이다.

우리나라 고분에서 출토되는 등자는 발을 걸기 위한 둥근 형태의 윤부(輪部)와 윤부를 지탱하는 자루에 해당하는 병부(柄部)로 구성된 윤등(輪鐙, 윤형등자) 형식이 대부분이다(도 7-15). 윤등은 목심(木心)으로 표면이나 주위를 철이나 금동으로 보강을 해서 만든 것이 대부분이다. 윤등은 병부의 길이에 따라서 자루가 짧은 단병식(短柄式)과 자루가 긴 장병식(長柄式)으로 나누어지는데, 초기에는 단병식을 많이 사용했고 장병식이 좀 더 늦게 나온다. 자루가 길어지면 좀 더 가볍게 말의 배를 차서 속도를 조절할 수 있다고 한다.

신라 고분에서 발견되는 등자는 한 쌍으로 이루어진 등자가 많아서, 말의 배 양쪽에 등자를 걸고 있었던 것으로 보인다. 금령총에서 출토된 기마인물상도 역시 말의 양쪽에 모두 등자를 매달아서 사용하고 있다(도 2-14).

　통일신라에서는 전통적인 윤등 형식과 함께, 발을 얹는 부분이 항아리 모양을 한 호등(壺鐙, 호형등자) 형식이 크게 유행했다. 호등은 윤등에 비해서 무겁고 화려하게 치장할 수 있지만, 실제로 말을 다스리는 데는 아무런 영향을 주지 못한다. 황해도 평산에서 출토된 금동제호등(金銅製壺鐙)은 주머니 모양으로 발을 올려놓는 부분의 표면을 화려한 금은상감기법으로 장식했다(도 7-16). 이러한 형태의 호등은 국은 이양선 수집품 중에도 전하고 있는데, 국은 소장품은 표면에 흑칠의 흔적이 보이기도 한다(도 7-17). 이러한 장식적인 호등은 일본 쇼소인에도 남아 있다.

　말을 타는 데 사용하는 안장과 등자와 같은 마구들은 말을 타는 사람들의 사치를 대변해주는 중요한 공예품들이다. 신라에서는 안장 장식이나 여러 가지 마구에 대해서 신분에 따라 사치품의 사용을 규제하고 있었으며, 안장에 까는 방석을 비단으로 꾸미는 것도 역시 엄격하게 규제하였다. 마구 중에는 말을 장식하는 행엽(杏葉)도 화려하

도 7-16　철제금은상감호등
통일신라 8-10세기 ｜ 전 평산 출토 ｜ 국립중앙박물관 소장.

도 7-17　청동옻칠호등
신라 ｜ 전 경주 황오동 출토 ｜ 국은 이양선 기증품 ｜ 국립경주박물관 소장.

게 치장한 것이 많은데, 경주 계림로 14호분에서 출토된 행엽은 바탕 금속 위에 파란색 유리를 입힌 후, 그 위에 다시 투조한 금동판을 씌워서 장식한 것으로, 색다른 화사함을 자랑한다(도 7–18). 이렇게 화려한 마구들은 대체로 관료가 될 수 있는 사두품(四頭品)의 신분까지만 사용하는 것으로 규제하였다.

신라인들은 말을 사랑하고 말타기를 즐겨했으며, 각종 마구들을 신분에 따라 화려하게 제작했다. 말을 타고 이동하는 것은 사람이 걸어서 가는 것보다 훨씬 빠르고 멀리 갈 수 있으므로, 승마는 가장 손쉬우면서도 유용한 이동수단이었을 것이다. 말 이외에도 수레나 배와 같은 다른 이동수단도 있기는 했지만, 신라 사회에서 가장 유용한 이동수단은 말이었다고 볼 수 있다.

근래에도 자동차에 갖가지 장식을 달거나 치장하여 고치는 경우를 종종 볼 수 있다. 유리의 색조 변경이나 장식 붙이기, 바퀴의 휠 바꾸기 등과 같이, 나는 다 알지도 못하는 자동차 꾸미기 방법이 많다. 예나 지금이나 말이나 자동차에 치장하여 자랑하려는 마음은 다름이 없는가 보다.

도 7–18 금동행엽
신라 5세기 | 경주 계림로 14호분 출토 | 국립경주박물관 소장.

소

신라 토우에 표현되어 있는 소들은 당당하다(도 7-19). 길고 요란하게 뻗은 뿔을 가진 것이 마치 물소와 비슷한 것도 있다. 떡 벌린 발도 강인한 인상을 준다. 황성동 석실분 출토의 토용 중에는 굴레와 고삐 등이 착장된 소가 보인다(도 2-9). 소는 밭갈이, 논갈이 등 노동력의 원천이며, 운반의 수단이었으며, 연자방아를 돌리기도 했다. 그러므로 옛날 농촌 사회에서의 소는 한 집안의 생활 수준의 척도가 되기도 했다.

소는 원래 무리를 지어 사는 습성을 가지고 있어서, 송아지를 볼모로 하면 어미 소가 젖을 먹이기 위해 접근해 오기 때문에, 송아지와 어미 소를 함께 잡아서 가축화했다고 한다. 고대 오리엔트 지역에서 소는 경제생활의 주역이자, 종교 행사에서의 희생(犧牲) 제물이었다. 소젖을 짜는 것을 "착유(搾乳)"라고 하는데, 이는 낙농(酪農)의 으뜸이 되었다. 소의 배설물은 비료가 되기도 하지만, 몽골이나 인도와 같은 지역에서는 연료로도 이용하였다. 살아 있을 때 인간에게 매우 많은 도움을 주었던 소는 죽어서도 매우 유용한 동물이었다. 소가 죽으

도 7-19 소모양토우
신라 5-6세기 | 경주 황남동 출토 | 국립중앙박물관·국립경주박물관 소장.

면 고기는 식용으로 사용되었으며, 소가죽도 역시 인간에게 매우 필수적인 재료로 사용되었다. 무엇보다 획기적인 사실은 소에 의해 경작이 가능해졌다는 것이다. 이로써 농경의 주역이 바뀌었고, 아울러 모계사회가 부계사회로 변천하게 되었다. 다만 아시아에서 소를 경작에 동원시킨 것과는 달리, 유럽에서는 밭갈이에는 말이나 나귀를 이용하고 소는 식용이나 우유를 생산하기 위해서 키우는 경우가 많았다는 점이 차이가 있다.

한대의 토용 중에는 개, 돼지, 말 등이 많지만, 소는 그 예가 매우 드물다.

그러나 고구려 고분 벽화에는 소가 자주 등장한다. 고구려 안악 3호분의 벽화에 표현된 차고에는 두 대의 수레가 그려져 있는데, 등받이를 댄 의자에 차양을 친 수레이다. 이 수레 근처에 있는 외양간에는 구유 앞에 매여 있는 검은소, 누렁소, 얼룩소가 그려져 있는데(도 2-12), 이 소들은 모두 코뚜레를 꿰어 찬 형상이다. 고구려 덕흥리 고분 벽화에서는 우차가 표현되어 있고(도 2-11), 무용총 주실 왼쪽 벽에 그려진 벽화에서도 당당하게 생긴 소가 수레를 끄는 장면을 찾아볼 수 있다(도 7-20). 고구려 고분 벽화에서 보이는 수레 중 상당수가 소가 끌고 있는 우차라는 점이 특징이다.

도 7-20   소가 끌고 있는 수레
고구려 5세기 | 중국 길림성 집안시 무용총.

한국전쟁이 나던 해 여름, 진주에는 적지 않은 피난민들이 북쪽에서 내려왔다. 그들은 소달구지에 가재도구와 가족들을 싣고 나타났는데, 당시 어린 우리들 눈에 비친 북한의 소는 두 뿔이 안쪽으로 휘고

덩치가 크며 사나워 보였다. 남북한의 소도 각각 다른 개성이 있었던 것 같았다.

사슴

삼국시대의 왕실에서는 제사를 위한 사냥을 권장했다. 가끔 이런 국가적 제사로 거행되는 사냥에서 흰 사슴을 잡았다는 기록이 있는데, 이는 매우 경사스러운 일로 여겨졌다. 고구려 무용총에는 말 탄 무사가 한 쌍의 사슴을 활로 쫓는 장면이 벽화로 그려져 있고(도 7-21), 신라의 전돌 중에도 역시 말 탄 사냥꾼이 화살을 쏘며 사슴을 쫓는 그림이 남아 있다(도 7-22).

사슴은 잡식성 동물로 유순하여 좋은 사냥감이었다. 고기는 연하고 맛이 좋으며 가죽은 부드럽고 질기다. 또 귀한 약재로 쓰여 왔으며, 고대 각종 이기(利器)의 손잡이는 사슴의 뿔, 즉 녹각(鹿角)으로 만들어진 경우가 많다. 신라의 금관(金冠)을 장식한 입식(立飾) 중 뒤쪽의 형태가 사슴의 뿔에서 유래했다는 해석은 이미 널리 알려져 있다. 신라 토우 중에는 수사슴 형태는 많지 않으나, 두 귀 중 하나는 결실되었으나, 길게 뺀 목이며 짧은 꼬리가 암사슴의 성질을 잘 나타내는 동물 모양의 토우가 있다(도 7-23).

도 7-21 수렵도 중 사슴 사냥
고구려 5세기 | 중국 길림성 집안시 무용총.

도 7-22 수렵문전돌 중 사슴 사냥
신라 7-8세기 | 전 경주 흥륜사지 출토 | 국립경주박물관 소장.

도 7-23 **사슴모양토우**
신라 5-6세기 | 경주 황남동 출토 | 국립중앙박물관 소장.

도 7-24 **사슴장식항아리 / 쌍록장식광구소호**
가야 | 전 경남 출토 | 국립중앙박물관 소장.

사슴 모양이 표현된 대표적인 유물은 가야토기로 알려진 사슴장식항아리이다(도 7-24). 가느다란 목에서 나팔꽃 모양으로 활짝 열린 입을 가진 이 항아리는 동체에는 동그란 구멍이 뚫려 있다. 동체의 어깨 부위에 잘생긴 사슴 두 마리가 서 있는데, 동체의 구멍으로 미루어 볼 때 이 항아리는 술을 빚는 데 사용한 용기로 생각된다. 술을 빚기 위한 곡물을 넣고 더운물을 부어 발효시킨 다음 동체의 구멍으로 빨대를 넣어 곡물을 걸러내면 술이 나오는 것이다. 아마도 이 항아리는 항아리 형태와 기능 자체만으로도 할 이야기가 많겠지만, 여기에서는 두 마리의 사슴과 술이 제사와 같은 의례에 사용되었을 상징성 정도만 간단하게 언급하고 다음으로 넘어가야겠다.

토끼

동아시아에서 사람이 태어난 해의 상징동물인 십이지(十二支)는 쥐, 소, 호랑이, 토끼, 용, 뱀, 말, 양, 원숭이, 닭, 돼지, 개 등으로, 용을 제외한 다른 동물은 모두 현실 세계에 존재하는 동물들이다. 이 중에서 소, 말, 양, 닭, 돼지, 개는 가축으로 키웠으나, 쥐, 호랑이, 토끼, 뱀, 원숭이는 야생동물이다. 신라 토우 중에는 십이지 동물이 모두 확인되기는 하지만, 양과 토끼 모양의 토우는 그다지 많지 않다. 십이지 동물이 신라에서 세트를 구성하며 등장하는 것은 7세기 이후의 일인 듯하다. 소, 말, 돼지, 개에 대해서는 앞에서 간단하게 살펴보았으므로, 여기에서는 야생동물에 속하는 토끼에 대해서만 간단하게 살펴보겠다.

토끼는 원래 인도 고대의 범어(梵語)에서는 달의 다른 이름으로도 알려져 있었는데, 이는 뛰어오르려는 동작이란 뜻을 가지고 있기 때문이라고 한다. 『대당서역기(大唐西域記)』에 보면, 제석천(帝釋天)이 토끼 스스로가 몸을 바친 사실을 알고 달세계에서 살게 하여, 달나라의 천왕이 부리는 사자가 되었다는 이야기가 나온다. 이렇게 토끼와 달을 연결시키는 이야기들은 끊임없이 아주 오랫동안 인도와 동아시아 지역에 널리 퍼져 있었음을 알 수 있다. 신라 토우 중에는 토끼가 많이 남아 있지는 않으나, 독특한 귀가 몸집보다 커 보이며, 놀란 듯한 눈이나 뛰어오르려는 동작을 잘 나타내고 있다(도 7–25).

도 7–25 **토끼모양토우**
신라 5-6세기 | 경주 황남동 출토 | 국립중앙박물관 소장.

원숭이

옛날 우리나라에 원숭이가 실제로 살았는지 어떤지는 잘 모르겠다. 일본에는 지금도 원숭이가 여러 지역에서 제법 많이 서식하고 있는데, 일본 고대 유적이나 유물에는 몸을 웅크리고 기대 위에 올라앉은 원숭이의 모습이 종종 발견된다. 신라에서는 왕릉 호석에 표현된 십이지신상 중에서 원숭이 상이 확실하게 표현되어 있으며, 신라 토우 중에서도 원숭이로 볼 수 있는 상들이 종종 확인된다. 신라 토우 중에 표현된 원숭이는 치켜든 고개와 납작한 얼굴에 눈, 코, 입이 구멍으로 표현되고 한 손으로 생식기를 붙들고 구부정하게 구부리고 앉아 있다(도 7–26). 길고 구부러진 팔이 영장류의 모습 그대로 사람의 모습과 크게 다르지 않다. 간송미술관에 소장된 고려청자 연적에 표현된 좀 더 사실적인 원숭이(도 7–27)에 비해서는 훨씬 애교가 덜하지만 아주 생생

도 7-26 **원숭이모양토우**
신라 5-6세기 | 경주 황남동 출토 | 국립중앙박물관 소장.

도 7-27 **청자원숭이모양연적**
고려 12세기 | 간송미술관 소장.

한 생태감이 표현되어 있어서 흥미롭다.

각종 새

신라 토우 중에 표현된 각종 새 종류는 상당히 많다. 독수리, 가마우지, 원앙, 오리, 올빼미, 닭, 후투티 등으로 분류되고 있는데, 가장 흔하게 볼 수 있는 새는 닭과 오리였다. 신라 토우 중에서 닭은 뾰족한 부리와 벼슬이 잘 표현된 형상으로 나타난다.

오리모양토기는 원삼국시대부터 만들어지기 시작했으며, 투창(透窓)이 있는 그릇 받침 위에 오리가 올라앉은 형태의 상형토기가 가장 대표적이다 **(도 7-28)**. 이러한 상형토기에 표현된 오리는 약간 숙인 머리에는 독특한 부리와 눈, 코가 잘 표현되어 있다. 살짝 치켜 올린 꼬리는 오리가 뒤뚱뒤뚱 걷는 모습을 그대로 생생하게 표현해 놓았다. 날개는 앙증맞을 정도로 귀엽고, 목에는 둥근 목걸이를 하고 있는 것

도 7-28 오리모양토기
삼국시대 ｜ 대구 달성군 출토 ｜ 국립중앙박물관 소장.

도 있어서, 집에서 기르던 오리를 표현한 것이라고 추정된다.

　　신라 토우 중에는 새나 오리가 상당히 많이 나오는데, 이러한 새들을 왜 표현했는지에 대해서는 여러 가지 해석이 가능하다. 특히 오리모양토기는 물과 관계되는 기우제(祈雨祭)와 같은 행사에 관계된 특수한 의례용 그릇, 즉 제기(祭器)로 볼 수도 있다. 한편으로는 예나 지금이나 식용(食用)으로의 오리나 오리 알 등의 존재와 중요성을 생각해볼 수도 있다. 지금도 강가에 살고 있는 들오리들은 강가 여기저기 알을 낳아 두는데, 강가에 사는 사람들은 그 알을 찾아서 먹기도 한다. 고대에는 지금보다 오리가 더 많았을 것이며, 사람들에게 풍부한 식품원이 되었을 것이다.

　　한편 고대 사회에서는 새에 대한 독특한 신앙이 있어서, 사람이 죽으면 그 영혼은 새가 사후(死後) 세계로 인도한다고 믿었다. 새는 사후 세계로의 안내역, 혹은 메신저 역할을 한다고 믿었던 것이다. 『삼국지(三國誌)』「위서(魏書)」 동이전(東夷傳) 변진조(弁辰條)에는 죽은 사람의 가슴에 큰 새의 깃털을 얹어서 무덤에 묻어주는 풍습이 있다고 기록되어 있다. 일본에서도 죽은 사람의 가슴에서 새의 뼈가 발견되거

도 7-29 왕비의 목제두침
백제 6세기 | 공주 무령왕릉 출토 | 국립공주박물관 소장.

나, 나무로 만든 새가 함께 출토되는 경우가 종종 있다. 백제에서는 무령왕릉 왕비의 두침(頭枕) 양쪽에 나무로 만든 새를 각각 얹어서 장식한 것이 발견되었다 (도 7-29). 무덤에서 발견되는 이러한 새들은 모두 죽은 자가 가야 할 사후 세계와 현실 세계, 혹은 초월적 하늘 세계와 현실 세계를 연결해주는 메신저 역할을 하던 신령한 존재를 상징하는 것이라고 생각해볼 수 있다.

물고기와 각종 수생 동물

신라의 요패(腰佩)에는 반드시 물고기 형태의 장식이 매달린다. 백제 무령왕릉에서 출토된 청동잔 중에는 잔 속에 두 마리의 물고기가 마주하여 연꽃과 함께 그려진 연지(蓮池)를 표현해 놓기도 했다. 강과 바다 근처에 사는 사람들에게 물고기는 언제나 가까이에서 자주 보는 수생 동물 중 하나이다. 신라 토우 중에서도 물고기의 표현은 상당히 자주 보이고, 만든 솜씨도 매우 뛰어나다. 마치 정물화를 보는 듯하게 늘씬한 물고기도 있고, 가끔은 아주 통통한 물고기가 표현되어 있기도 한다. 둥글둥글한 물고기 비늘을 표현하거나, 지느러미를 따로 만들어 붙여서 정성껏 만든 물고기들도 많다 (도 7-30). 어떤 물고기는 금방이라도 물로 헤엄쳐 달아나 버릴 듯하다. 신라 토우의 동물들을 전시하면서 물고기 전문가에게 의뢰해본 결과, 신라 토우에 표현된 물고기는 망둥이, 메기, 잉어 등으로 분류되었다. 선각으로 장식된 토기 중에도 물고기는 상당히 자주 등장하는 주제이다.

도 7-30 **물고기모양토우**

신라 5-6세기 | 경주 황남동 출토 | 국립중앙박물관 소장.

물고기 외에도 물에서 사는 거북이와 자라, 개구리, 맹꽁이 같은 수생 동물들이 적지 않게 보이며, 물개, 불가사리, 게, 가재 등도 종종 보인다. 또한 물에서 사는 동물은 아니지만 개구리를 잡아먹는 뱀이 함께 표현된 경우도 많다(도 7-31). 신라 토우에서 뱀이 개구리를 물고 있는 장면은 거의 정형화되어 여러 곳에서 확인되므로, 중요한 조형 주제였던 것으로 생각된다.

도 7-31 **개구리를 잡아먹는 뱀이 장식된 토기뚜껑**

신라 5-6세기 | 경주 월성로 11-1호분 출토 | 국립경주박물관 소장.

토기 뚜껑에는 보통 여러 종류의 수생 동물들이 함께 장식되는 경우가 많다(도 7-32). 발이 네 개 달린 자라는 뒷발을 내밀고 꼬리를 흔드는 모습으로, 곧바로 물 속으로 뛰어들 것 같은 자세이다. 특히 재미있

도 7-32 어류, 자라, 게가 장식된 토기뚜껑
신라 5-6세기 | 경주 황남동 출토 | 국립중앙박물관 소장.

도 7-33 거북이장식 토기뚜껑
신라 5-6세기 | 경주 황남동 출토 | 국립중앙박물관 소장.

는 것은 집게발까지 잘 남아 있는 게들이다. 둥근 게딱지가 소담하게 만들어지고 얼기설기 뻗은 발들이 지금이라도 비적비적 옆으로 기어갈 듯하다. 어떤 경우에는 뒤집어진 게딱지를 선각으로 표현하고, 그 좌우에 집게발 한 쌍과 발 세 쌍을 나누어 정연하게 붙여서 사실적으로 표현하기도 한다. 게는 원래 발이 10개인데, 토우에 표현된 게들은 대부분 집게발 1쌍, 그냥 3쌍 등 8개만 표현된 것이 많다. 거북이는 자라와는 달리 등껍질에 문양이 표현되고 고개를 내민 얼굴이 매우 귀엽게 표현된다(도 7-33).

지금까지 신라인들이 알고 있었던 동물들에 대해서 살펴보았다. 마지막으로 삼국시대의 동물원을 폭넓게 이해하기 위해서 한 가지 덧붙인다면, 부여 능산리사지에서 출토된 백제금동대향로를 살펴보아야 할 것이다(도 7-34). 백제금동대향로에 표현된 동물은 현실 세계의 동물들과 상상의 동물들이 함께 등장하는데, 현실 세계의 동물로는 호랑이, 사자, 원숭이, 멧돼지, 사슴, 사람을 등에 태운 코끼리, 개, 닭, 새, 뱀 등과 같이 다양한 종류가 있다. 그밖에 외뿔새, 꼬리가 긴 새, 부리가 긴 새도 역시 현실에 존재하는 새일 가능성은 있으나, 정확한 새의 명칭은 알 수 없다. 그 외에 용, 봉황과 같은 상상의 동물과,

사람 얼굴에 짐승의 몸을 가진 인면수신(人面獸身), 사람 얼굴에 새의 몸을 가진 인면조(人面鳥), 비단을 물고 있는 새, 뱀을 물고 있는 괴수 등 다양한 상상의 이름 모를 동물들이 표현되어 있다. 백제 금동대향로에 표현된 다양한 종류의 동물들은 아마도 백제인들의 동물원, 혹은 세계관을 보여주는 조형물로써, 신라인과는 다소 다른 양상을 찾아볼 수 있다.

도 7-34 백제금동대향로
백제 7세기 | 부여 능산리사지 출토 | 국립부여박물관 소장.

제Ⅷ장 신라인은 어떻게 살았을까

　　지금까지 신라인들이 남겨 놓은 유물 자체를 통해서 신라의 문화를 이모저모로 이해하려고 시도하였는데, 그중에서 가장 많은 도움을 주었던 것은 토우와 상형토기들이었다. 이들은 신라인의 일상 생활문화를 여러 가지 방안으로 추측하려는 필자의 의도를 여러 방면에서 거들어 주었다. 지금까지 신라인들의 의식주 생활문화에 대해서 살펴보았다면, 이제는 신라인들이 어떻게 살았는지에 대해서 좀 더 구체적이고 본격적으로 생각해보고 싶다. 특히 신라인들은 어떤 일을 하고 살았으며, 어떤 오락과 풍류를 즐기며 인생을 즐겼는지, 그리고 그들의 희로애락(喜怒愛樂)은 어떠했을지에 대해서는 누구나 궁금해할 듯하다. 한편, 문헌기록이나 유물에 거의 남아 있지 않은 신라인들의 정신세계와 신앙에 대해서도 한번쯤 생각해보아야 하지 않을까 싶다. 여기에서는 토우와 상형토기, 그리고 문헌 기록 등과의 관계를 중심으로 신라인들이 어떤 삶을 살았는지에 대해서, 신라인들의 삶의 이모저모에 대해서 이런저런 이야기를 해보자.

　　신라에는 단편적이지만 기록에 전하는 대로 드라마틱한 삶을 산 역사적 인물이나, 전설적인 인물이 적지 않다. 그 밖에도 무명인이지만 주목받을 만한 업적을 남긴 장인들이나 뛰어난 공예품과 건축물을 제작한 인물들이 많았다. 그들이 남겨 놓은 유물들은 우리에게 끝없는 이야깃거리를 제공한다. 여기에서는 유물과 잊혀진 이들의 이야기를 엮어보면 어떨까. 이런 옛날이야기를 시작할 때 먼저 생각해야 하는 것들은 앞에서 계속 살펴본 신라의 토우들과 토우로 장식된 수많은 토기들이다. 현재 남아 있는 신라의 장식 토우들은 앞에서 이야기한 바와 같이 일제강점기에 일제가 경주역의 차고를 만들기 위해 흙을 퍼 나르는 과정에서 발견되었다. 처음 발견 당시에는 토기에 토우들이 다닥다닥 붙어 있었지만, 발견한 일본인들이 토우가 재미있는 것이 많고 신기해서, 원래 몸체에서 하나씩 뜯어내 버려서 지금과 같이 다 따로따로 전해지게 된 것이다. 그러니 원래 어떤 토기에 어떤 사람들이, 혹은 어떤 동물들이 어떻게 모여 있었는지를 전혀 알 수 없게 되어 버렸다. 신라의 장식토우는 참으로 다양하고 그 조형성이 매우 풍부하다. 토우 중에는 사람만 표현된 것이 아니라 상징적 의미를 가진 동물들도 많다. 또한 사람과 동물들이 함께 나오는 것도 많다. 그러므로 이러한 토우들을 가지고 퍼즐을 맞추듯이 신라인이 무엇을 생각하며 어떻게 살았는지 이야기를 엮어 보자.

1970년대에 경주 미추왕릉지구의 계림로 고분군을 발굴하는 과정에서, 온전한 형태로 토우가 붙어 있는 토기 몇 점이 출토되어 장식토우에 대한 기초적 양상들을 확인할 수 있게 되었다. 토우가 붙은 토기들은 장경호(長頸壺)라고 불리는 긴목항아리와 고배(高杯), 고배 뚜껑 등과 같은 형태의 그릇이 많다. 이제 그 토기 종류와 장식토우의 배합을 살펴보면서, 토우들이 전하는 메시지를 우리 자신이 엮어 보면서 새로운 글을 써보는 것도 재미있지 않을까.

중고등학교에 다닐 때 우리에게는 작문시간이 있었다. 선생님이 제시한 제목에 따라 글을 쓰는 수업인데, 그때는 작문이 참으로 어려웠고 그다지 반가운 시간은 아니었다. 지금 생각하면 그 당시에 작문을 배웠던 것이 학술연구자로서, 박물관 학예사라는 전문직으로 살아가는 데 많은 도움이 되었던 듯하다.

신라인들이 어떻게 살았을까에 대한 이야기를 하는 데 가장 적합하고 중요한 작문 소재는 아마도 경주 계림로 미추왕릉지구에서 출토된 토우장식장경호(도 4-10)일 것이다. 인근의 또 다른 고분에서 출토된 토우장식장경호(도 8-1)와 함께 국보로 지정되어 있는 이 토우장식장경호(도 4-10)는 커다란 항아리의 어깨와 목에 각종 장식 토우가 잔뜩 붙어 있는 형태를 하고 있다. 이 토우장식장경호에는 뱀이 개구리를 잡아먹고 있는 장면, 죽은 조상들과의 이음줄, 혹은 메신저 역할을 했다고 해석되는 각종 새들, 그리고 악기를 연주하는 모습과 남녀의 성애(性愛) 장면 등이 표현되어 있어서, 아마도 벽사(辟邪)의 의미를 가진 특별한 의례용 항아리로 추정되어왔다. 그러나 이러한 상징성 이외에도, 항아리를 만들어 달라고 한 사람이나 가문의 큰 염원이 담긴 형상으로 표현한 것일 가능성도 있다. 정확한 의미를 새긴 글자가 남아있지 않은 이상, 이 장식토우들이 내포하고 있는 상징성은 쉽게 해석하기 어려우면서도, 여러 가지 생각을 해볼 수 있다는 점에서 매우 흥미진진한 주제이기도 하다. 이 그릇에 등장하는 여러 인물들 중에서, 특히 유명한 가야금 타는 사람은 유난히 배가 부른 여인으로 보이므로, 임산부로 해석할 수도 있다. 동물들은 매우 다양한데, 개구리를 먹는 뱀 이외에도 거북이, 물고기, 토끼 등이 표현되어 있고, 새들도 형태가 다양하여, 오리와 날개를 활짝 펴고 있는 새, 부리가 긴 새 등이 보인다. 이런 형상들의 구성을 내 나름대로 해석해본다면, 임산부로 보이는 여인이 음악을 연주하고, 그 옆에서는 남녀의 성애 장면을 표현하고 있으니, 이는 다산(多産)을 기원한 것으로 보인다. 또한 개구리를 물고 있는 뱀은 부정타지 않게 지켜주고 있는 형상으로, 벽사(辟邪)의 상징으로 볼 수 있다. 그렇다면 이 항아리는 다산과 풍요를 기원하는 제사용 술을 빚어 담근다거나, 아니면 봄에 파종할 종자를 보관하는 항아리였을 것이다.

도 8-1 **토우장식장경호**
신라 5-6세기 | 경주 미추왕릉지구 출토 |
국립경주박물관 소장.

이 토기와 함께 국보로 지정되어 있는 또 다른 토우장식장경호(도 8-1)에는 토기의 긴 목 부분에 한 손에는 막대기를 들고 다른 한 손으로 자신의 성기를 쥐고 있는 남자상이 장식되어 있으며, 그 옆에는 개구리를 물고 있는 뱀이 두 쌍 붙어 있다. 반대쪽에도 역시 성기를 드러낸 남자상이 붙어 있는데, 이 토우들의 의미는 무엇일까? 역시 벽사적 의미를 가진 것일까? 이 토기는 왜 이런 형태로 만들어진 것일까? 이 남자는 어떤 일을 하고 살던 사람일 것인가?

신라인의 직업

예나 지금이나 사람은 먹고 살려면 일을 해야 한다. 인간은 각기 그에게 주어진 직업이 있고 그 직업에 따라 삶을 영위한다. 우리나라에서는 조선시대 이후부터 흔히 "사농공상(士農工商)"으로 직업을 분류했는데, 조선시대의 사농공상은 사, 즉 공부하는 선비를 가장 위에 두고, 그다음 농업, 공업, 상업의 순서로 위계를 둔 것이었다. 그렇지만, 이런 위계나 직업의 분류가 과연 언제부터 만들어졌을까?

아마도 수렵인과 채집 경제를 거쳐서 제대로 된 농업인이 등장하면서 직업 분화가 일어나기 시작했을 것이다. 농업이 경제생활의 중심이 되면서 정착지를 중심으로 한 생활 과정에서 인간들 사이에서는 땅과 땅에서 생산하는 식량을 중심으로 한 싸움이 벌어졌는데, 이러한 인간들의 싸움은 어느새 집단끼리의 전쟁 규모로 변화하게 된 듯하다. 이러한 과정에서 농업에 종사하는 전문인 이외에도 전문 수렵인, 직업

군인 등의 존재가 구분되기 시작하였다. 그 밖에도 각종의 공예 기능을 가진 장인(匠人)이나 풍류를 이끌어가는 연예인의 존재도 일찍부터 확인할 수 있다.

여기에서는 사회 계층의 분화 과정에서 생기는 직업의 위계나 사회 구조에 대한 역사적 고증과는 상관없이, 신라시대의 유물에 남겨진 단편적인 자료들을 통해서 신라인들이 기본적인 생계를 위해서 가졌던 몇몇 직업에 대하여 이런저런 이야기를 해보고자 한다. 그때나 지금이나 사람이 살아가는 데 기본적인 전업직종은 그다지 변하지 않았을지도 모른다. 인간은 누구나 기본적으로 먹고, 마시고, 잠을 자고, 희로애락을 느끼면서 살아가는 삶을 살아야 하니까 말이다. 신라 토우나 토용에서 확인할 수 있는 신라인들의 전업직종으로 특히 주목할 만한 것은 사냥꾼, 농부, 병사(兵士)나 무사(武士), 장인(匠人) 등이 있다. 물론 전업직종의 전문인들이 가진 기술이 발전했고, 사회 구조와 자연과의 관계가 크게 변화했기 때문에, 현대의 직업과 옛날의 직업이 같다고 하지 않을 수도 있긴 하다. 그러나 그것은 기술이 바뀐 것이지, 인간의 생활 속에서 차지하고 있는 역할 자체가 바뀐 것은 아닌 경우도 많다는 것을 기억할 필요가 있다. 또한 지금은 사회와 자연의 관계 변화로, 주변에서 사냥꾼을 거의 찾아볼 수는 없지만, 그 대신 우리는 사냥꾼 대신 전문 목축업자들이 키워서 제공하는 고기를 먹고 살고 있는 것이다.

신라 토우 중에는 사냥꾼이 종종 발견된다. 가장 대표적인 신라의 사냥꾼은 동원기증품으로 수집된 토우장식고배 위에 서 있는 인물이다(도 8-2, 3). 이 토기는 전형적인 신라 토기 고배의 뚜껑 위에 전형적인 수렵 장면이 토우로 표현된 것이다. 등에 화살통을 메고 활시위를 당기고 있는 키 큰 사냥꾼이 서 있고, 그 옆에는 몰이꾼으로 해석되는 인물이 있다. 활을 당기고 있는 사냥꾼 맞은편에는 멧돼지가 있다.

도 8-2 토우장식고배
신라 5-6세기 | 동원 이홍근 기증품 | 국립중앙박물관 소장.

도 8-3 토우장식고배(도 8-2)의 사냥꾼
국립중앙박물관 소장.

사냥꾼이 몰이꾼과 함께 멧돼지를 사냥하는 모습이다. 앞의 식생활 문화에서 이미 살펴보았지만, 사냥한 멧돼지를 말 뒤에 묶어 타고 돌아오는 사냥꾼이 표현된 토우도 있었다(도 5-3).

역시 앞의 동물원 부분에서 살펴보았지만, 『삼국사기』에는 왕실에서의 수렵 행사가 자주 등장한다. 특히 국가 제례와 관련하여, 해마다 왕실에서 수렵을 하고 흰 사슴을 잡으면 길조로 여겼다는 이야기를 했다. 이런 기록과 토우에 표현된 사냥꾼들을 볼 때, 동물을 수렵하는 사냥꾼들도 아마도 일상생활을 영위하기 위해서 수렵을 매일 행하는 직업적인 사냥꾼들과, 제례의 거행이나 체력 단련 등을 위한 취미로 사냥을 즐기는 일시적 사냥꾼들이 동시에 존재하고 있었음을 알 수 있다.

직업적인 사냥꾼은 필자가 여학생일 때도 존재했다. 우리나라에서는 일제강점기부터 사냥꾼들은 총독부로부터 수렵면허를 발급받아야 했다. 다만, 한국전쟁 직후부터는 패잔병이 산에 숨어 있는 경우가 있어 산으로 들어갈 수 없었기 때문에 사냥을 하지 못했다. 그러므로 그 당시 사냥꾼들은 아마 지금으로 치면 모두 실직자였을 것이다. 1961년 수렵법이 처음 제정되고 수렵면허가 다시 발급되기 시작했으나, 지금은 야생동물 보호법으로 인하여 수렵면허 시험이 매우 어려워졌으며 대부분 취미로 사냥하는 사람들이 면허를 딴다고 한다. 이제는 직업적 사냥꾼이 거의 존재하기 어려운 세상이 되었지만, 육고기의 수급은 오히려 축산업의 발전으로 풍요로워졌으니, 옛날과는 확실히 많은 것이 바뀐 세상을 살고 있다는 생각이 든다.

앞서 식생활 문화 부분에서 커다란 괭이를 둘러맨 농부상을 소개한 바 있다(도 5-2). 신라보다 앞선 시대의 유물 중에서도 농경문청동기와 같은 예가 있어서 농경 생활 모습을 짐작하기란 그다지 어렵지 않다. 청동기시대의 유물인 농경문청동기는 대전에서 출토된 것으로 전하는데, 따비로 밭을 갈고 소쿠리로 걷어 들이는 농경생활이 간략하게 표현되어 있어서 흥미롭다(도 5-1). 특히 밭을 갈고 있는 사람은 머리 위에 새 깃털을 두 개 꽂았으며, 남근이 표현되어 있어서 남자임을 알 수 있는데, 반대쪽에서 그릇에 무엇인가를 거두어 두고 있는 사람은 여성으로 보인다. 아마도 아주 오래전부터, 그리고 신라시대에도 인구의 대부분은 농업이 생업이었을 것이다.

조선시대에는 농업, 공업, 상업 중에서 농업을 가장 귀하다고 여겼으니, 이는 사람들의 먹거리 생산을 담당하는 직업이기 때문일 것이다. 요즘 시대가 바뀌어서 농업을 하찮게 여기는 풍조도 있지만, 사실 먹고 사는 게 제일 중요하다면, 농업만큼 중요한 직업이 어디 있겠는가. 먹거리 생산을 제 손으로 할 줄 모르는 우리는 언제나 밥 먹을 때마다 농업인들께 감사드리고 먹을 것을 귀하게 여기고 살아야 한다.

앞서 잘생긴 신라의 남성에서 소개했던 경주 금령총 출토 기마인물상은 전형적인 신라의 무사(武士) 형상이다(도 2-14). 무사와 병사는 계급적 차이가 있을지도 모르겠지만, 둘 다 현대의 군인에 해당하는 것으로 생각해볼 수 있을 것이다. 현대의 군인은 무기가 전부 총과 포탄으로 바뀌었으니, 칼과 같은 재래식 무기를 가지지는 않겠지만, 신라시대 토우나 토용에서 표현된 무사상은 칼이나 곤봉과 같은 무기를 가지고 나타난다. 금령총 출토 기마인물상 중에서 신분이 높은 공자상은 왼쪽 허리에 칼을 차고 있다(도 8-4). 신라시대의 칼은 대부분 고분에서 출토되고 있어서 그 모습을 짐작하기 어렵지 않으나, 머리에 쓰는 투구의 모양은 고분에서 출토 예가 매우 드물고 또 그 상태가 좋지 않아서 짐작하기가 곤란하다.

아마도 금령총 출토 기마인물상이 머리에 쓰고 있는 삼각형의 고깔형 모자, 혹은 내관(內冠)이라고 부르던 금제관모(金製冠帽)는 투구라기보다는 계급을 알려주는 군모(軍帽)의 역할을 하던 것일 가능성이 있다. 삼국시대 고분에서 출토되는 투구는 대부분 철판을 두드려 만든 철제 투구로서, 목가리개와 함께 나오는 경우가 많다(도 8-5). 이러한 철제 투구와 비슷한 형태는 토우에서 찾아보기 어렵다.

금령총 출토 기마인물상 이외에도 신라와 가야 토기 중에는 기마인물상이 몇 점 남아 있다. 국립중앙박물관에 소장된 기마인물상(도 8-6)은 왼손이 없어졌지만, 칼을 차고 머리에는 독특한 관모를 착용했는데, 투구일 수도 있다고 생각한다. 발을 당당하게 바깥쪽으로 뻗은 모습이 인상적이다.

국립경주박물관에 소장되어 있는 국은 이양선 기증품 중의 기마인물상은 마갑(馬甲)을 착용한 말 위에 방패와 관모를 쓰고 무장한 인물로 표현되어 있다(도 8-7). 이러한 예들을 보면, 기마인물상들 중에서 관모를 쓰고 칼이나 방패를 든 인물들은 모두 무사 계급의 인물로서,

도 8-4 토제기마인물상(도 2-14) 중 공자상
신라 6세기 | 경주 금령총 출토 | 국립중앙박물관 소장.

도 8-5 철제투구와 목가리개
신라 5세기 | 경주 쪽샘 C10호분 출토 | 국립경주문화재연구소 소장.

도 8-6 토제기마인물상
신라 | 경주 출토 | 국립중앙박물관 소장.

도 8-7 토제기마인물상
삼국 | 국은 이양선 기증품 | 국립경주박물관.

현대 사회의 군인에 해당하는 직업을 가진 사람들일 것이다.

그밖에 현대 사회의 경호원에 해당하는 직업도 있었을 듯한데, 경주 괘릉에서는 무덤을 지키는 사람들이 외국에서 온 서역인처럼 우람하고 독특한 풍모를 지닌 인물로 표현되어 있어서 주목된다(도 3-2).

수공예를 담당하는 장인(匠人) 집단은 공업 분야에 들어가는 사람들이었지만, 현대에는 예술가와 디자이너, 그리고 장인과 기술자 등에 모두 해당하는 직업을 가진 사람이다. 신라에서는 다양한 수공예 기술을 가지고 있었기 때문에 수많은 유물들이 다양한 재질과 형태로 만들어졌지만, 아쉽게도 이 유물들을 만들어낸 장인의 흔적은 그다지 많이 남아 있지 않다.

백제에서는 무령왕릉의 왕비가 착용했던 은제팔찌에 "다리(多利)"라는 제작자, 즉 금속공예 장인의 이름이 새겨져 있지만(도 3-44), 신라 고분에서 출토된 유물들 중에서는 장인의 이름이 거의 확인되지 않는다. 시대가 좀 늦긴 하지만 통일신라시대 왕실에서 발원해서 제작한 성덕대왕신종의 명문에는 "주종대박사(鑄鍾大博士) 대나마(大奈麻) 박종일(朴從鎰)"을 비롯한 장인의 이름이 새겨져 있어서 주목된다. 성덕대왕신종의 명문에 나오는 박씨 성을 가진 대나마와 나마들은 아마도 금속공예 장인 집단에 속하는 사람들로 생각된다. 신라에서는 화려하고 섬세한 각종 귀금속 공예부터 일상생활용기와 범종을 비롯한 불교공예품들에 이르기까지 다양한 금속공예품이 금속공예 장인에 의해서 제작되었다.

또 다른 분야의 장인으로는 경주 안압지 출토 유물들 중에 화려한 평탈칠기 유물들이 포함된 것으로 볼 때, 칠장(漆匠)이 있었던 것으로 보인다. 칠기와 함께 각종 목공예 장인 집단이 있었을 것이며, 돌만 보면 불탑이나 석불을 만들고 싶어한다는 석공(石工) 집단도 있었을 것이다. 석공 장인들은 비석에 글씨를 새기는 각자장(刻字匠) 역할도 했을 것이다. 또한 전돌과 기와를 만드는 와공(瓦工)이나 수많은 신라 토기와 깜찍한 장식토우 및 아름다운 토용들을 제작한 도공(陶工)들도 있었다.

일본 쇼소인에 남아 있는 신라 물품 중에는 보라색 물감을 물들여서 양탄자 제조 및 판매를 했던 자초랑댁과 같은 염직(染織) 및 직조(織造) 장인의 흔적도 남아 있다(도 3-39). 또한 쇼소인에는 신라에 무씨(武氏)와 양씨(楊氏) 성을 가진 전문 먹 제조업자가 만든 먹이 남아 있어서(도 3-38), 신라의 다양한 장인들을 이해하는 데 매우 중요한 자료가 된다.

이미 앞에서 살펴본 바와 같이 신라에서는 이미 일찍부터 외국에서 온 이방인의 유입 및 외래 문물의 교류가 이루어졌다. 이와 함께 중국 당나라와의 공무역, 사무역, 그리고 밀무역에 대한 관심을 두루 가져야 할 것이다.

20세기 이후의 현대 사회에서는 당시와 같은 국제적 시장의 흐름이 흐르고 있는 시대이다. 일제강점기와 한국전쟁을 거치면서, 극심한 물자 부족 상황의 한국에는 새로운 문물이 다양한 방법으로 유입되었다. 특히 한국에 주둔하고 있던 미군 부대로부터 군대용 생활용품들이 흘러나왔으며, 구호물자라는 명목으로 외국에서 갖가지 물품들이 넘쳐나기 시작했다. 그뿐만 아니라 홍콩이나 마카오에서 밀수품이 밀려들어 오면서 일상생활에 변화를 가져왔으니, 그때의 상황을 대변하는 가장 상징적인 말이 "마카오 신사"라는 말일 것이다. 이렇게 외국 문물들이 밀려들어 오면서 밀수를 전업으로 하는 밀수꾼이 20세기에 새롭게 전문직종으로 등장하였다. 그러나 사실은 아주 오래전부터 밀무역이 있었고, 이에 종사하던 사람들이 밀수꾼이었던 것이다. 이러한 밀수는 정부의 수출 규제가 강했을 때에 더 극성했던 것으로 보인다. 밀수는 우리 정부가 민간의 수출입 자유를 허가할 때까지 계속 성행했으며, 지금도 뉴스에서 가끔씩 여러 가지 기가 막힌 밀수꾼 이야기들을 들을 수 있다.

신라인의 풍류와 오락

신라인들은 일만 하고 산 것이 아니라, 일찍부터 다양한 풍류 생활을 즐겨 했으며, 여러 가지 오락 생활도 즐기며 인생을 살았던 것으로 보인다. 풍류와 오락 생활은 여러 가지가 있었겠지만, 특히 차와 술을 즐기고 춤추기를 즐겼다.

차 마시는 풍습은 이미 선덕여왕 연간부터 알려져 있었다. 당나라에 갔던 사신이 차의 종자를 가져와서 지리산에 심었는데 이때부터 성행하였다고 한다. 경주 안압지에서 출토된 토기에는 "차(茶)"라는 묵서명이 쓰인 예도 있으며(도 5–14), 작은 풍로가 출토되어 차를 다릴 때 사용하던 다도구(茶道具)의 일종으로 해석되어 왔다. 부여 부소산에서는 찻잎을 갈았던 다연(茶碾)을 비롯한 각종 다기(茶器)들이 출토되었다(도 5–21).

부소산 출토 다기들 중에서 각종 금속제 그릇들과 다연들의 형태는 중국 당나라 때 세워진 섬서성 법문사탑의 지궁에서 출토된 다도구들과 곧바로 비교되어 흥미롭다. 법문사탑 지궁에서는 은제도금 오화형접시(도 8–8)나 은제도금 다연(도 8–9) 등이 출토되었는데, 이들은 9세기 당나라 황실의 차 마시기 풍습에 사용되었던 것들이다. 당나라에서는 찻잎을 가볍게 덖은 다음, 절구에 찧어서 틀에 넣어 덩어리로

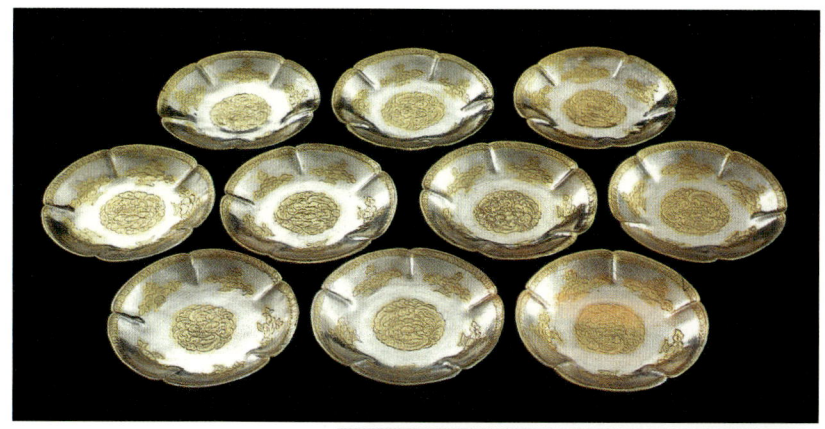

도 8-8 은제도금오화형접시
중국 당 9세기 | 중국 섬서성 서안시 법문사탑 지궁 출토 | 중국 법문사박물관 소장.

도 8-9 은제도금다연
중국 당 9세기 | 중국 섬서성 서안시 법문사탑 지궁 출토 | 중국 법문사박물관 소장.

만들어 건조시켰다가 조금씩 잘라서 다연에 갈아 차를 우려 마셨다고 한다. 다연은 목제, 석제, 금속제 등으로 만들었는데 은제도금그릇들은 사치가 절정에 달한 것이다. 부소산 출토 다연은 철제품으로 실용성이 강하지만, 하가촌의 다연은 금도금을 한 은제품으로서 장식성이 강하다. 그러나 서로의 형태와 용도는 비슷하다. 또한 부소산에서 출토된 세발달린 초두는 청동제이지만, 중국 서안의 하가촌 교장 출토 금제초두와 세발의 형태 및 손잡이까지 거의 같은 형식을 공유하고 있어서 주목된다. 부소산 출토품과 하가촌 출토품은 모두 전형적인 교장유물로서, 함께 사용하는 다도구 일체가 생활용품으로서 함께 묻혔

제Ⅷ장   신라인은 어떻게 살았을까   243

다는 점에서 공통된 성격을 가진 유물들이다. 또 다른 통일신라시대의 교장유물인 황해도 평산 출토품 중에는 역시 부소산 출토품이나 당나라 교장 출토품들과 비슷한 대접과 오화형접시(도 5-41)와 같은 그릇들이 발견되었으며, 독특한 철제금은상감호등(도 7-16)도 출토되어 주목을 받았다.

아쉽게도 경주 안압지에서는 당나라의 법문사나 하가촌 유적 출토품이나 일본 쇼소인 소장품과 같이 고급스럽고 값비싼 금은제 유물들이 발견되지 않았다. 그러나 단편적인 유물들이라고 할지라도, 당시의 화려한 생활 모습을 짐작하게 하는 자료들이 풍부하게 확인되었다. 특히 안압지에서 출토된 금속제의 그릇이나 숟가락, 자물통이나 옷걸이 등의 일상생활용 금속공예품들은 당시의 대외교류와 화려한 금공 기법들을 보여준다.

신라인의 오락 생활과 관련된 가장 중요한 유물은 경주 안압지에서 출토된 주령구(酒令具)이다(도 8-10). 나무로 만들어진 주령구는 14면체로 다듬어 각 면에 재미있는 동작을 요구하는 글귀를 써 놓았다. 주령구는 "주령(酒令)"행하기 놀이에서 사용하는 것으로, 주령 놀이는 전한(前漢)시대부터 시작되었다. 이는 술을 마시면서 글귀를 뽑아서, 글귀에 나오는 내용대로 시를 짓거나 벌을 주면서 놀이하는 게임의 일종이다. 당나라에서는 기다란 대나무판이나 은판 여러 개에 한쪽에는 『논어』의 인용구를 쓴 후, 뒤쪽에는 주로, 술 마시기, 술 권하기, 벌주기 등의 글귀를 써 놓은 후, 통에 넣어 놓고 판을 뽑으면서 거기 쓰인 대로 시를 짓거나 벌칙을 행하면서 놀았다고 한다. 중국 강소성(江蘇省) 단도현(丹徒縣)에서는 은판으로 만든 거대한 거북이 모양의 통 안에 논어의 글귀를 쓴 은판 50매를 1조로 넣어 놓고 사용했던 논어주령주(論語酒令籌)가 출토되기도 했다(도 8-11).

도 8-10   주령구(복제품)
신라 7-9세기 │ 경주 안압지 출토 │ 국립경주박물관 소장.

도 8-11   은제도금논어주령주
중국 당 │ 중국 강소성 진강시 정묘교교장 출토 │ 중국 진강시박물관 소장.

　안압지 출토 주령구에도 각 면마다 스스로 노래 부르기, 누구에게나 노래 청하기 등과 같은 내용이 쓰여 있었다. 그 내용을 보면, 시 한 수 읊기, 월경이라는 노래 부르기 등과 같은 의젓한 놀이도 있는가 하면, 여러 사람의 코를 때리기, 더러운 것 버리지 않기, 얼굴을 간질여도 참아내기 등과 같은 짓궂은 놀이도 있다. 술 마시기에 관한 것이 단연코 많다. 술 석 잔을 한 번에 마시기, 팔뚝을 구부려 술 마시기, 술 두 잔이면 즉시 비우기, 술 다 마시고 크게 웃기, 스스로 노래하고 스스로 술 마시기 등과 같은 내용이 보인다. 이 중에서 팔뚝을 구부려 술 마시기는 아마도 옛날 로마 사람들이 서로 팔을 교차하여 술잔을 비우던 것과 비슷한 것이 아니었을까? 주령구에 보이는 내용들은 오늘날에도 한 번쯤 놀아볼 만한 것들이라, 지금에도 써볼 수 있는 놀이기구라는 생각이 든다.

　중국의 『삼국지』 「위지」 동이전에는 한결같이 우리의 선조들을 노래와 춤을 좋아하는 민족으로 묘사하고 있다. 부여에서는 정월에 영고(迎鼓)라고 부르는 하늘에 올리는 제사를 지냈으며, 고구려는 10월에 동맹(東盟)이라는 제사를 지냈는데, 모두 밤낮을 가리지 않고 남녀

도 8-12 **무용도**
고구려 5세기 | 중국 길림성 집안시 무용총.

가 모여 술 마시고 노래하며 춤춘다고 하였다. 고구려 벽화에도 넓고 긴 소매의 옷을 입고 팔을 들어 춤을 추는 무용도(舞踊圖, 도 8-12)를 비롯하여 거문고, 비파, 피리 등을 연주하는 주악상과 같은 모습들을 찾아볼 수 있다.

앞에서 살펴본 백제의 금동대향로에는 다섯 개의 산봉우리 근처에 다섯 사람의 악기를 연주하는 사람들이 표현되어 있다. 이 다섯 명의 주악상(奏樂像)은 각각 북, 배소(排簫), 피리, 완함(阮咸, 도 8-13), 슬(瑟, 도 8-14)을 연주하고 있다. 자세는 두 다리를 한쪽으로 여미고 앉은 사람과 무릎을 꿇고 앉은 모습 등으로 나누어진다. 이러한 자세의 차이는 악기에 따라 연주하는 방식을 따른 것이다.

『삼국사기』에 의하면, 신라에는 삼죽(三竹), 삼현(三絃), 박판(拍

도 8-13 백제금동대향로(도 7-34)의 완함 연주자 세부

백제 7세기 | 국립부여박물관 소장.

도 8-14 백제금동대향로(도 7-34)의 슬 연주자 세부

백제 7세기 | 국립부여박물관 소장.

도 8-15 신라금

통일신라 8세기 | 일본 쇼소인 소장.

板), 대고(大鼓), 가무(歌舞)가 있어서 신라악(新羅樂)을 구성했다고 한다. 악기 중에서 유명한 만파식적(萬波息笛)은 가뭄에는 비를 부르고 장마에는 비를 멎게 하는 피리인데, 이것은 천존고(天尊庫)에 보관되어 있었다고 한다. 일본의 쇼소인에는 신라금(新羅琴)이라고 하는 악기가 전하고 있는데(도 8-15), 거문고나 가야금과 비슷하면서도 약간 차이가 있는 악기이다. 특히 머리 부분이 양쪽으로 갈라진 양이두(羊耳頭) 형식인 점이 특징인데, 이런 양이두 형식의 금(琴)은 백제에서도 사용했던 것으로 보인다.

그 밖에도 고구려의 왕산악이 거문고를 연주하면 백학이 날아들어 춤을 추었다는 이야기라든지, 신라의 백결선생이 방아타령으로 가난한 아내를 위로했다는 이야기들이 전해지고 있는데, 지극히 낭만적인 이야기이다.

신라의 기와나 전돌, 혹은 범종의 장식문양 중에는 주악비천상이나 춤을 추는 모습 등이 다채롭게 표현되어 있다. 그중에서도 가장 주목되는 것은 삼국통일을 한 문무왕을 위해서 아들 신문왕이 건립했다고 하는 경주 감은사지 서탑에서 출토된 사리장엄구 중에 표현된 네 명의 주악천인상(奏樂天人像)이다. 감은사 서탑 사리장엄구의 주악천인상들은 금동제 내함(內函)의 사방 모서리에 각각 앉아서, 제각기 동발(銅鈸), 요고(腰鼓), 횡적(橫笛, 도 8-16), 비파(琵琶, 도 8-17) 등의 악기를 연주하고 있다. 여기에서 동발은 현대의 캐스터네츠랑 비슷한 모양의 금속제 바라이며, 요고는 장고와 비슷한 북의 일종이다. 횡적은 옆으로 부는 피리이며, 비파는 서역에서 들어온 기타와 비슷한 현악기인데, 여기에 표현된 비파는 머리 모양이 새 머리 형태를 한 당비파(唐琵琶) 형식이어서 독특하다.

도 8-16　금동사리내함 내부 피리를 연주하는 천인상
신라 7세기 후반 | 경주 감은사 터 서탑 출토 | 국립경주박물관 소장.

도 8-17　금동사리내함 내부 당비파를 연주하는 천인상
신라 7세기 후반 | 경주 감은사 터 서탑 출토 | 국립경주박물관 소장.

신라의 토우나 토용에도 주악상이 여러 점 확인된다. 가야금이나 비파, 피리와 같은 악기를 연주하는 인물도 있고, 노래를 부르는 것처럼 보이는 인물도 있다.

가야금을 연주하는 사람들이 가장 많은데, 토우에 표현된 가야금이라고 부르는 악기는 양이두 형식으로 표현되어 있어서 일본 쇼소인의 신라금(도 8-15)과 같은 형식이다. 경주 미추왕릉지구에서 출토된 토우장식장경호(도 4-10)에는 임신한 여인으로 보이는 인물이 가야금을 뜯는 모습이 표현되어 있고, 그 외에도 가야금을 뜯고 있는 인물을 표현한 토우는 여러 점이 남아 있다. 그중에서 비교적 큰 인물상으로는 얼굴이 없어졌지만 남자로 추정되는 인물이 가야금을 두 손으로 들고 있었던 토우가 있다(도 8-18). 아쉽게도 가야금은 두 손에서 분리되어 따로 떨어져 있는데, 가야금은 쇼소인 소장의 신라금과 마찬가지로 양이두 형식이고, 몸체에는 줄까지 표현되어 있다. 아마도 이러한 양이두 형식의 가야금이 고식(古式)의 가야금이 아닐까 한다.

신라 토우 중에는 두 발을 벌리고 몸을 약간 앞으로 굽혀 선 자세로 앞에 비파 모양의 악기를 연주하는 인물상도 있다(도 8-19). 두 눈이나 입은 파새김하여 만들고, 코는 높게 만들어 볼과의 사이 부분을 깊게 음각해서 얼굴을 만들고, 양쪽 귀도 빚어서 잘 만들어 놓았다. 머리에는 복두(僕頭)를 쓴 듯하다.

한편 신라 토우 중에는 양발을 벌리고 양손으로 피리를 앞쪽으로 잡고 부는 모습의 인물들도 여러 점 확인된다

도 8-18 **가야금을 연주하는 토우**
신라 5-6세기 | 국립중앙박물관 소장.

도 8-19 비파를 연주하는 토우
신라 5-6세기 | 국립경주박물관 소장.

도 8-20 피리를 연주하는 토우
신라 5-6세기 | 경주 황남동 출토 | 국립중앙박물관 소장.

도 8-21 노래하는 토우
신라 5-6세기 | 국립경주박물관 소장.

| 19 | 20 | 21 |

(도 8-20). 신라에서는 만파식적과 같은 신기한 피리가 있었다고 전하고 있는데, 감은사지 서탑 출토 사리장엄구의 주악천인상은 피리를 옆으로 비스듬하게 불고 있다(도 8-16). 그러므로 신라에는 앞으로 불기도 하고 옆으로 불기도 하는 등 다양한 종류의 피리가 있었던 것으로 보인다.

악기를 연주하는 사람들과 함께 노래하는 사람들도 있고 춤추는 사람들도 보인다. 노래하는 사람들 중에서 하반신의 성기가 표현되어 남자로 생각되는 인물들이 많다. 대부분 두 다리를 벌리고 서 있는 자세에서 두 팔은 앞쪽으로 단정하게 모으고 노래를 한다(도 8-21). 노래를 부르는 것처럼 커다란 입을 표현해 놓은 토우들은 여러 점이 남아 있다.

앞에서 살펴본 이화여자대학교박물관 소장의 토우장식 고배 뚜껑에서는 가야금을 뜯고 있는 인물 앞에서 엎드려 두 손으로 잔을 받쳐 들어 올리는 인물이 표현되어 있다(도 4-11). 이 인물은 아마도 술잔을 올리는 모습일 것이다. 그 건너편에는 성기를 드러내고 팔다리를 간드러지게 놀리며 춤을 추는 남성 춤꾼이 표현되어 있는데, 이렇게 악기를 연주하고 노래를 부르고 춤을 추는 장면을 표현한 것은 전형적인 주악가무(奏樂歌舞)와 음주가무(飮酒歌舞) 장면을 표현한 것으로 보인다. 동서고금에서 술 마시고 노래 부르고 춤추는 것만큼 즐거운 놀이가 또 어디 있겠느냐.

앞에서 서역인들과 서역 문물에 대한 이야기를 하면서 신라 토우와 토용 중에 표현된 곡예를 하는 인물상, 즉 잡기상(雜技像)에 대해서 잠깐 살펴보았다(도 3-1). 신라의 장식토우 가운데는 물구나무를 서거나 몸을 기이하게 구부린 모습, 또는 오른발을 번쩍 들어 오른손에 대고 왼손은 아래로 내려 다리를 잡은 모습, 두 다리를 앞으로 뻗고 두 손은 어깨 위로 돌려 땅을 짚으면서 전신을 길게 솟구친 모습을 한 인물들이 있다. 또한 고깔모자를 쓰고 양팔을 벌려 뛰는 모습을 나타낸 남자상도 보이고, 동그랗게 몸을 움츠린 모습은 아마도 장대타기의 꼭대기에 올라앉은 모습이다. 장대타기와 아크로바트와 같은 곡예를 옛날에는 "잡기(雜技)"라고 불렀다. 중국에서는 한나라 때부터 손님이나 병사를 위무하기 위하여 잡기가 자주 벌어졌다고 한다. 그래서 잡기의 공연과 감상자를 표현한 도용이 일찍부터 만들어지기도 했다(도 3-10).

『삼국사기』에서도 금색의 공을 돌리며 노는 "금환(金丸)" 놀이, 서역에서 전해진 것으로 보이는 사자놀이의 일종인 "산예(狻猊)" 놀이, 가면을 쓰고 춤을 추는 가면무(假面舞)의 일종인 "월전(月顚)" 등에 대한 기록이 전하고 있다. 또한 8세기의 당나라 장안에서는 서역에서 전해진 "호악(胡樂)"이 성행했다고 하는데, 아마 신라에서도 그러한 기풍이 전해졌을 것으로 생각된다. 중국 신강성(新疆省) 투루판 지역의 아스타나 고분군에서는 가면을 쓰고 춤추는 인물상, 사자무(獅子舞)를 추는 인물상, 곡예를 부리는 상 등과 같이 다양한 도용들이 발견되었는데, 이들은 당나라와 신라의 잡기를 보여주는 흥미로운 형상들이다.

그 외에 신라의 토우나 토용 중에는 가면을 쓰고 춤추는 인물상(도 8-22)이나 학춤을 추는 인물상(도 8-23) 등이 있는데, 이는 모두 가면을 쓴 것이다. 가면은 사용 방법에 따라 크게 두 가지로 구분할 수 있다. 가면 자체에 눈이나 입 등의 구멍을 뚫어서 직접 사람이 얼굴에 쓰고 사용할 수 있도록 만들어진 것과 비실용적인 것이 있다. 비실용적인 것은 아주 작거나 사람이 쓸 수 없는 것이어서, 주술용으로 해석된다.

대체로 가면은 일반적으로 사용한다기보다, 그 성격 자체가 상징적인 힘을 과시하거나 종교적, 주술적 기능을 가진 경우나 행사 의식 등에 쓰이는 경우가 많으며, 죽은 사람을 위해서 만들어지기도 한다. 가면은 사용 목적이나 장소에 따라 특정인이 사용하는 것으로, 가면 쓴 사람은 가면의 힘을 빌려서 신이나 조상의 혼령의 화신으로서 강력한 힘의 소유자가 되었다. 즉 강력한 정령을 불어넣은 가면을 씀으로써 지배의 수단이나 상징적 표지로 삼았던 것이다. 혹은 초자연적인 것으로부터의 호신용, 혹은 방어의 수단으로 가면을 사용하기도 한다.

가면은 춤에서도 종종 사용된다. 민간에서 내려오는 춤들 중에는 가면을 쓰고 추는 탈춤이 여러 종류가 지금도 전해지고 있다. 가면을

도 8-22 가면 쓴 남자 토우
신라 | 5-6세기 | 경주 황남동 출토 | 국립중앙박물관 소장.

도 8-23 학춤에 사용하는 학탈을 쓴 인물 토우
신라 5-6세기 | 경주 황남동 출토 | 국립중앙박물관 소장.

쓰고 춤을 추는 것을 가면무(假面舞)라고 하는데, 가면무 중에서 가장 대표적인 전통춤으로는 신라시대부터 전해져 온다고 하는 〈처용무(處容舞)〉가 있다. 조선시대에는 처용무를 궁중 무용으로 연행했는데, 역병을 물리치는 신령한 처용의 힘을 재현하는 의례이기도 했다. 가면을 쓴 다섯 명의 처용이 춤을 추는 조선의 처용무는 지금도 연행이 이어지고 있으며, 2009년에는 유네스코 인류무형유산에 등재되기도 했다.

가면 중에는 죽은 이를 위한 가면도 있었는데, 이는 장례용 가면이다. 매장이나 장송 의례에서 쓴 후, 의례의 마지막에서는 죽은 사람과 함께 매장하거나 불태워서 죽은 이를 따르게 하는 경우가 많다. 무덤에서 발견되는 가면은 금, 은, 청동, 옥, 또는 토기 등 다양한 재료로 만들어지는데, 아마도 가장 대표적인 것은 고대 이집트의 투탕카멘 왕의 황금가면을 들 수 있을 것이다. 최근에는 신라 고분에서 출토되는 금관도 죽은 사람에게 씌우는 가면의 일종으로 해석하는 견해가 나오기도 했는데, 신라 금관은 가면의 일종으로 보기는 어렵다.

신라 토우 중에 보이는 학 모양의 탈을 쓴 인물상은 두 손을 머리 위로 치켜들고 두 다리를 벌리고 서 있는 형상으로 학춤을 추고 있는 듯하다(도 8-23). 학춤은 지금도 부산 동래 지역에서 민속춤으로 전하고 있다. 조선시대 후기에 김홍도가 그렸다고 전하는 〈평양감사향연도(平壤監司饗宴圖)〉에서는 학탈을 쓴 두 명의 인물이 건물 계단 아래쪽에서 대기하고 서 있는 장면이 보이는데, 이러한 학탈을 쓴 인물들은 학춤을 추려고 대기 중인 춤꾼이었다고 생각된다. 이러한 그림의 예로 볼 때, 학탈을 쓴 학춤은 부산 이외에도 여러 지역으로 확산되어 전래되었음을 알 수 있다(도 8-24).

도 8-24 평안감사향연도의 세부
전 김홍도(1745-?년) | 조선 후기 | 국립중앙박물관 소장.

신라인의 희로애락

신라 토우에 나오는 여러 가지 인물들은 신라인들의 희로애락과 같은 감정을 표현한 경우도 있다.

가장 인상적인 것은 애통해하는 슬픔을 표현한 인물상들이다. 그 중에서도 회백색 연질토기로 만들어진 통곡하는 남자상은 슬픈 얼굴을 하고 엉덩이를 땅에 대고 퍼질러 앉아있는데, 머리에는 모자 비슷한 것을 쓰고 있다(도 8-25). 일본 도쿄국립박물관의 오구라[小倉] 소장품 중에서도 매우 비슷한 토우가 있다. 작은 장식토우 중에는 이렇게 두 다리를 뻗고 마치 땅을 치며 통곡하는 듯한 자세가 많이 보인다.

경주 지역에서는 무릎을 꿇고 앉아서 두 팔은 앞으로 모으고 슬퍼하는 인물상도 종종 보인다. 머리카락은 정수리와 뒤통수에서 동그랗게 말아 마무리한 점이 독특하다(도 8-26). 비슷한 머리형을 한 인물 중에서는 두 손으로 땅을 짚고 무릎을 꿇어 엎드려 절하는 모습도 보이는데, 머리카락을 오른쪽 귀 뒤에 모아서 마무리한 점이나 큰 엉덩이로 볼 때 여인상일 가능성이 있다. 이렇게 무릎을 꿇거나 엎드려 절하는 모습은 중국의 도용이나 일본의 하니와[埴輪]에서도 흔히 볼 수 있다.

장식토우들의 얼굴은 너무나 작아서 표정을 잘 알 수는 없지만, 아마도 두 손을 가지런히 앞으로 모아 공손하게 여민 자세를 하고 있거나 무릎을 꿇거나 구부리고 있는 자세를 한 인물상들은 슬픔을 억제하고 있는 애통해하는 상을 표현한 것으로 해석해도 무방할 것이다.

앞에서 이미 신라 토우를 살펴보면서 즐거워하는 표정, 즉 신라인의 기쁨이 표현된 얼굴들을 알아보았다. 가장 기뻐하는 표정이 표현된 머리만 남아 있는 영감님의 얼굴은 현재 높이가 약 9.8cm로(도 2-23), 다소 크기 때문에 토우라기보다는 토용에 속하는 것으로 생각된다. 이 할아버지의 얼굴에 표현된 표정은 신라인의 기쁨을 아주 잘 보여준다.

그 외에도 금령총 출토 주형토기에서 노를 젓고 있는 인물들은 모두 즐거워하는 얼굴 표정이 익살스럽게 표현되어 있다. 이 인물은 가볍게 삿대를 쥐고, 고개를 갸우뚱하게 젖히고 배를 젓고 있는 모습이다(도 2-18). 큼직한 코와 유별나게 널찍한 귀를 가지고 있으며, 크게 과장한 성기가 표현되어 나체의 인물임을 알 수 있다. 혀를 빼물고 있는 입 모양에서 힘든 일을 하고 있다는 것을 익살스럽게 표현하고 있다. 부드러운 一자로 표현한 입모습에서 상냥하게 웃는 얼굴을 찾아볼 수 있는 토우를 비롯하여, 부드럽고 순하게 웃는 인상

도 8-25 **팔다리를 뻗고 통곡하는 남자 토우**
신라 5-6세기 | 경주 황남동 출토 | 국립중앙박물관 소장.

도 8-26 **인물 토우**
신라 5-6세기 | 경주 출토 | 국립중앙박물관 소장.

을 풍기는 남자 토우들은 여러 점이 남아 있다. 이렇게 웃고 있는 토우 중에는 배 끝에 앉아서 한쪽 손으로 삿대를 젓고 있는 자세로 표현된 것도 있다. 이렇게 배를 타고 노를 젓거나, 삿대를 젓고 있는 남자들이 대부분 비교적 밝고 웃는 인상으로 표현되었다는 사실은 주의해볼 만한 일이다.

기쁨을 이야기하다 보면 사랑 이야기를 빼놓을 수 없다. 신라인의 사랑에 대한 이야기는 『삼국유사』에도 여러 가지 이야기가 전하고 있다. 또한 신라 토우에는 남녀의 에로틱한 사랑을 사실적으로 표현한 예들이 다수 확인된다.

농경사회에서 대지의 풍요와 여성의 다산(多産)은 서로 일정한 연대성을 지니고 있으며, 토양과 여성의 자궁을 동일시하는 문화가 있었음을 알 수 있다. 따라서 농경 노동과 생식(生殖)을 동일시하는 것은 매우 일반적이었다. 그러므로 남녀의 성행위를 묘사하는 것은 번식과 번영을 추구하는 것이라고 해석할 수 있다.

작은 장식토우들이 항아리와 같은 그릇에 부착되었던 것은 벽사(辟邪)의 뜻을 담은 것도 많지만, 직접적인 성행위 장면이나 남녀의 성기를 과장하게 표현한 것이 많은데, 이들은 생식을 상징하는 것으로서 이듬해 파종할 씨앗이나 기타 소중한 것을 보관하기 위한 용기로 사용되었던 것임을 짐작게 한다. 성애(性愛)의 장면을 나타낸 토우들을 보면 보통 남자보다 여자가 크게 표현되어 있다. 아마도 여자의 생산 능력을 위대한 자연의 섭리로 해석했기 때문이라고 생각한다. 이러한 성애 장면을 표현한 토우들은 번영을 추구하는 기원과 주술적인 의미를 표현한 것으로, 단순한 본능적인 쾌락을 나타내는 것 이상의 심오한 의미가 담겨 있다고 해석된다.

도 8-27 성교중인 남녀 토우
신라 5-6세기 | 국립중앙박물관 소장.

오래전 어떤 잡지에 신라의 토우를 연재하여 소개하는 글을 실었는데, 신라 토우의 성애상(性愛像)을 다루는 글을 썼다가 외설이라고 항의를 받은 적이 있다. 사실은 생생하게 묘사하지도 못했는데 말이다.

장식토우에서 보이는 성애상은 먼저 남자상과 여자상을 만들고 두 사람을 마주 붙여서 서로가 팔로 껴안은 자세를 나타낸 것이 보통이다(도 8-27). 두 개의 인물을 따로따로 떼어 보아도 비교적 정성껏 만들어져 있어서, 오똑한 코나 눈, 입 그리고 때로는 콧구멍까지 잘 표현했으며 귀도 잘 다듬어져 있는 경우가 많다. 팔은 길게 뻗어 상대편의 등 뒤까지 돌아와 꼭 껴안은 모습이 많고, 대부분 얼굴 표정도 밝다. 미추왕릉 지구에서 출토된 토우장식장경호(도 4-10)에 표현되어 있는 성애 장면의 인물상을 보면, 뒤로 돌아보는 큼직한 둔부를 가진 여인과 커다랗게 남근을 과장하여 표현한 남자의 모습을 아주 생생하게 묘사하고 있다(도 8-28).

제Ⅷ장 신라인은 어떻게 살았을까

도 8-28 토우장식 장경호(도 4-10)의 성교중인 남녀 토우 세부
신라 5-6세기 | 경주 미추왕릉지구 출토 | 국립경주박물관 소장.

그런가 하면 얼굴의 자세한 부분이 생략되어서 남자와 여자를 구별하기 어려운 경우도 있다. 이런 경우에도 남자로 생각되는 모습의 인물은 머리에 동그랗게 띠를 두르고, 다른 인물은 두드러지게 큰 둔부를 표현해 놓아서 여자로 판별할 수 있는 경우가 많다. 흔히 성기를 과대 노출한 남자상 가운데는 머리에 관모를 착장한 예가 있어서, 머리의 띠나 관모가 무슨 의미를 가진 것이 아닌가라는 생각이 든다. 어떤 토우 중에는 마치 가면을 쓴 듯 기묘한 얼굴을 한 여인이 봉긋하고 큰 유방과 커다란 배꼽을 노출시키고 있는데, 음부를 과장하여 표현한 경우도 있다. 이런 경우에 남자상은 아주 작은 몸집을 하고 있으며, 여자상의 하반신에 역시 성기를 마주한 모습으로 만들어지기도 한다. 보통 성애 장면에서 여인의 오른손은 목뒤로 둘러 뒷덜미를 받치고, 왼손은 상대의 오른손을 마주 붙들고 있으며, 여자의 긴 다리가 남자의 등 뒤로 돌려져 끌어안고 있다. 이는 마치 엄숙한 의식을 치르는 듯한 기묘한 광경을 연상케 한다. 두 눈이나 찢어진 입 모양이 분명한 여인상들에 비해, 남자상은 머리 부분과 팔다리가 결실된 경우가 많다. 대체로 남자에 비해 여인상이 훨씬 크게 빚어진 것은 역시 여자의 생식 능력이 지닌 위대한 자연의 섭리에 대하여 경외심(敬畏心)을 표현한 것으로 해석할 수 있다.

이러한 성애상들은 생식 번영을 추구하는 주술적 기원을 담고 있는 것 이외에도, 죽은 사람의 생전 모습을 재현하여 죽음 저쪽의 세계에 가서도 살아 있을 때와 다름없는 생활을 계속한다는 믿음을 표현하거나, 혹은 그런 기원의 자세를 담아서 만든 것이라고 해석하기도 한다. 종종 여인상 중에 임신하거나 해산하는 듯한 자세로 표현된 상들이 있는데, 이들도 역시 풍요와 다산(多産)을 기원하거나, 안산(安産)

을 비는 의미가 아닐까 생각한다.

신라인의 정신세계

신라가 삼국을 통일한 원동력은 호국불교(護國佛教)와 화랑(花郎) 정신을 꼽는다. 나는 지금껏 물질문화의 자료만을 다루어 온 것 같아서, 신라인의 정신세계를 논할 능력은 없다. 그러나 그들의 바탕에 깔려 있는 마음 쓰임새는 짐작할 수 있으리라고 생각한다. 다음으로는 신라인의 정신세계를 보여 주는 대표 유물 몇 점을 꼽아 보고자 한다.

먼저 신라인의 정신세계를 쉽게 볼 수 있는 가장 대표 유물은 바로 돌에 글씨를 새겨 놓은 비석들이라고 할 수 있다. 명활산성작성비(明活山城作城碑, 도 8-29)나 남산신성비(南山新城碑, 도 8-30)는 요즘으로 치면, 신라인들이 돌에 새겨 놓은 하자보증서 같은 것으로 생각할 수 있다. 경주 외곽이나 각지에 쌓은 성벽에는 석벽을 쌓은 사람들이 만약 그 성벽이 무너지면 반드시 책임을 지겠다는 글을 새겨 넣고 있다. 오늘날 큰 건축 및 토목 공사에서 일정기간 이내에 하자가 생기면 하자보수를 책임지는 제도와 다를 바가 없다. 즉, 만든 제품에 대한 AS인 셈이다. 남산의 신성은 길이가 3.5km인데, 성벽 쌓기를 책임진 집단은 그들이 쌓은 "성벽이 3년 안에 무너지면 책임을 지겠다"라고 하면서, 자신들의 이름까지 밝혀서 비석에 글자를 새겨 넣었다. 이 집단은 13보 2자씩을 마을 단위로 쌓았는데, 이 사업에는 총 200개의 집단이 동원된 셈이다. 남산성은 진평왕 13년, 즉 서기 591년에 쌓았으며, 문무왕 19년인 679년에 다시 크게 쌓았다. 명활산성은 보문으로 가는 입구 오른쪽에 있는 산성인데, 명활산성작성비는 글솜씨도 뛰어나서 유명하다. 이와 같이 철저히 자신들의 일에 책임을 지는 자세는 지금도 우리에게 가장 바람직한 일과 정신이 아닐까?

도 8-29 **명활산성작성비**
신라 551년 | 경주 명활산 출토 | 국립경주박물관 소장.

도 8-30 **남산신성비 제2비**
신라 591년 | 경주 남산 출토 | 국립경주박물관 소장.

  돌에 새긴 또 다른 맹세의 글은 임신서기석(壬申誓記石, 도 8-31)에서도 찾아볼 수 있다. 임신서기석은 두 사람의 화랑이 심신단련을 서약하는 글귀를 돌에 새겨 간직한 것으로, "시(詩), 상서(尙書), 예기(禮記), 전(傳), 론(論) 등을 3년 안에 습득한다"고 하고, 나라가 어지러우면 함께 충성을 다할 것을 서약하며 이를 어기면 큰 죄로 생각할 것이라는 내용을 기록해 놓았다. 또한 이 서약은 신미년에 처음 맹세했고, 그로부터 3년 뒤인 임신년에 다시 한번 서약하면서 새긴 것이라는 내용도 새겨져 있다. 이 글에 나오는 신미년의 정확한 연대에 대해서는 학자들마다 의견이 달라서 몇 가지 견해로 나누어져 있어서, 552년설

612년설이 있다. 『삼국유사』의 김유신전에는 유신 공이 임신년에 화랑이 되었다는 기록이 있는데, 이를 고려한다면 이 임신서기석은 유신 공이 다른 동료 화랑들과 마음을 다짐하는 글이라고 생각해봐도 괜찮지 않을까? 신라인들은 성벽을 쌓으면서도 돌에 글자를 새기고, 공부를 하면서도 돌에 맹세를 새겼다.

요즈음은 컴퓨터 앞에서 공부하고 일하는 것이 보통이지만 옛날에는 책상 앞에 눈만 들면 보이는 위치에 지향하는 좌우명을 써 붙여두고 마음을 다져가며 공부하였다. 그때 써 놓은 좌우명들로는 "불가능은 없다", "칠전팔기(七顚八起)", "인생은 짧고 예술은 길다" 등등과 같은 글귀들이 있었다. 옛날 광복 직후와 한국동란 직후에는 전기도 넉넉하지 않아서 제한 송전을 했으므로, 나도 호롱불을 밝혀 놓고 숙제를 하면서 그런 좌우명들을 써보기도 했다.

도 8–31 **임신서기석**
신라 552년 / 612년 | 경주 석장동 출토 | 국립경주박물관 소장.

신라인의 정신세계를 이야기할 때 제일 중요한 문제 중 하나는 사람이 죽은 후에 가게 될 사후세계(死後世界)에 대한 것이 아닐까? 불교가 전래되기 이전의 신라인들은 거대한 고분을 만들고 일상생활과 관련된 갖가지 물건들을 무덤 속에 넣어 주는 풍습이 있었다. 아마도 죽은 사람은 이승을 떠나서 저승으로 간다고 생각했기 때문일 것이다. 현존하는 고분 출토 유물들 중에서 이승과 저승길의 관계를 보여주는 유물들은 운송과 관련된 유물들이 아닐까. 이렇게 운반과 이동에 관련된 유물들은 실제 생활에서도 유용하게 사용되었을 것이지만, 죽은 사람을 저승으로 실어다주는 데에도 사용되었다고 생각해볼 수 있다.

고대의 수송 수단은 동물을 타거나 또는 동물이 끄는 수레를 이용하는 것이 기본적이었으며, 물가에서는 배를 사용했을 것이다. 이러한 수레나 배는 역시 사람이 죽은 이후에 죽은 이를 저세상으로 실어다 주는 역할도 했다고 생각한다. 아마도 고분 벽화에 수레와 같은 수송 수단을 그리거나, 수레나 배와 같은 상형토기들을 무덤 속에 만들어 넣어 준 것은 그러한 이유였을 것이라고 짐작할 수 있다.

일상생활에서의 물품 운반이나 수송 방법에 대해서는 식재료의 확보와 관련하여 앞에서 잠깐 살펴보았다. 사람이 물건을 운반하는 방법은 다양하다. 안고 가기, 지고 가기, 이고 가기, 업고 가기, 메고 가기, 끌거나 밀고 가기, 굴리기 등의 수단이 있는데, 운반할 물건의 덩치가 작으면 어딘가에 담아야 한다. 대체로 소쿠리나, 장군이나 항아리같이 커다란 그릇에 담아서 운반하는데, 끈으로 묶거나 그물로 싸서 들거나 지고 이동하는 것이 보통이다.

장식토우 중에는 토기나 소쿠리에 물건을 담아서 머리에 이거나, 지게에 지고 가는 인물이 종종 보인다. 옆으로 길게 생긴 장군을 끈으로 묶어 등에 지고 가는 인물은 얼굴이 평화스럽고 두 팔을 벌리고 있다. 긴 장군을 앞뒤로 향하게 하여 머리에 인 것은 아마도 여인일 것이다(도 5-5). 동그란 항아리를 두 손으로 들어 올리는 여인도 보인다. 짐을 머리에 이거나 등으로 지는 것은 얼마 전까지 어디서나 볼 수 있는 광경이었다.

다음으로 어딘가에 담아 운반하는 데 가장 쉬운 방법은 지게로 지는 것이다(도 5-5). 신라 토우에 표현된 지게의 모양은 오늘날과 거의 차이가 없으며, 입이 넓은 큰 항아리를 지게에 얹어 동그란 띠로 고정시킨 모양이 표현된 토우도 볼 수 있다. 지게의 두 다리, 그리고 그 지게의 두 다리 사이를 가로질러 막대기 모양까지 표현하고 있으며, 지고 있는 항아리는 입이 벌어지고 길쭉한 모양인데, 속은 비어 있어 전체적으로 아주 작은 이 소형의 토우 가운데 가장 사실적인 솜씨가 역력하다.

우리들이 어렸을 때는 지게에 큼직한 장군을 지고 밭으로 나가는 시골 풍경을 흔하게 보고 자랐다. 그때 보았던 일을 상기한다면, 사람 생활의 변화는 긴 시간 동안 서서히 그리고 면면히 이어져 왔음을 실감케 한다. 아주 오래전이기는 하지만, 한때 서울역에서는 지게꾼들이 시골에서 오는 손님들의 짐을 져서 나르는 것을 흔히 볼 수 있었던 시절도 있었다.

신라 고분에서는 수레나 배 모양의 수송 수단을 표현한 상형토기들이 다수 발견되었다. 수레형 토기는 신라 고분에서 출토된 상형토기 중에서 가장 많이 보이는 토기 형태 중 하나이다. 경주 계림로 25호 옹관묘(甕棺墓)에서 출토된 수레형 토기는 살이 촘촘한 두 개의 바퀴 사이에 적재함이 있고 그 적재함의 뒤와 양옆은 막혀 있으며 앞쪽은 트인 채이고 그 가운데 긴 이음대가 나와 있다(도 5-6). 『양서(梁書)』 신라전에는 소에게 수레를 끌게 하였다는 기사가 있고, 고구려 벽화에서도 화려하게 치장한 수레를 소가 끌고 마부까지 딸린 모습이 종종 표현되어 있다(도 2-11, 7-20). 이러한 예들을 고려한다면, 계림로 25호 옹관묘 출토 수레도 원래 소가 끌고 있었을 가능성이 크다.

수레형 토기는 대체로 받침대 위에 수레가 놓이고 그 사이에 각배나 항아리가 마주 세워져 중공 형태가 되는 것이 일반적이지만, 계림로 출토품과 같이 받침대 없이 바로 수레를 그대로 본뜬 형태도 있다. 완형은 아니지만 황성동 출토의 토용 중에는 따로 떨어져 나온 수레바퀴가 발견되어, 당시 수레 모양을 짐작하는 데 도움이 된다(도 2-10). 수레형 토기 중에는 컵 모양의 용기가 붙어 있는 특이한 양식도 있는데, 이들은 원래 음료수를 운반하기 위한 특수한 수레 형태를 본뜬 것인지, 아니면 글자 그대로 무덤에 넣기 위한 부장용(副葬用)의 명기(明器)인지, 혹은 물이나 비와 관련된 기우제와 같은 제사용 그릇인지는 논란이 있다. 아직까지는 그 용도들에 대해서 그 어느 쪽으로 단언하기는 곤란하다.

"주형토기(舟形土器)"라고 불리는 배모양 토기들은 신라와 가야 여러 지역에서 출토되었는데, 특히 경주 금령총에서 출토된 주형토기들에는 나체의 노젓는 뱃사공이 함께 조형화되어 있어서 흥미롭다(도 2-17, 18). 이 배를 타고 노젓는 인물은 혀를 빼물고 힘들다는 표현을 하고 있는 익살스러운 모습인데, 아마도 이 뱃사공들은 배를 모는 생업에 종사하던 사람들이었을 것이다. 노젓는 사람은 기다란 선체 한쪽 안에 앉아서 뱃전을 가로지르는 긴 막대기를 두 손으로 쥐고 있다. 배는 양쪽 끝이 치켜 올라간 형식이다. 리움미술관에 소장된 배모양 토기들은 노젓는 인물상이 없는데, 배의 형식은 두 가지 종류가 있다. 하나는 "독목주"라고 불리는 배 모양으로, 통나무의 가운데를 파내서 만든 것이 있다. 이후 배를 만드는 기술이 발전하여 준구조선(準構造船)의 형식으로 만든 배(도 8-32)가 있고, 다른 하나는 평평한 바닥 판에 판

도 8-32 준구조선 형식의 배모양토기
신라 5세기 | 이건희 기증품 | 국립중앙박물관 소장.

도 8-33 배모양토기
가야 | 리움미술관 소장.

때기를 대서 만든 것처럼 보이는 배 형식이다(도 8–33).

나는 고등학교를 진주에서 다녔다. 그때는 남강을 사이에 두고 강 이쪽과 저쪽을 "배 건너"라는 말로 구분했다. 남강 다리가 있었음에도 불구하고, 배를 타야만 건널 수 있었던 옛날 말 표현을 그대로 쓰고 있었던 것이다. 일기예보에 비가 온다고 하면, "배 건너" 사는 친구들은 청소 당번도 빼주면서 어서 가라고 등을 떠밀며 보내고 우리끼리 청소를 하는 것이 상례였다. 강을 사이에 두고 살았던 옛날 사람들의 생활도 우리와 같았을까?

제IX장 성덕대왕신종 이야기

신라는 법흥왕 연간인 527년 이차돈의 순교를 계기로 불교를 공인하였다. 불교 공인 이후에는 불교가 신라인들의 정신 세계와 일상생활에 큰 영향을 미치기 시작했다. 불교 공인 이후 등장한 여러 가지 새로운 불교공예품들은 신라인의 정신 세계를 보여주는 중요한 유물들이다. 그중에서도 불교 사찰에서 사용하던 범종(梵鍾, 梵鐘)은 신비로운 소리를 내며 신라인들의 불심(佛心)을 고양시키는 데 중요한 역할을 했던 금속공예품이다.

국립경주박물관에 가면 정문을 들어서서 입구에서 서쪽 편으로 신라시대에 만들어진 커다란 성덕대왕신종(聖德大王神鍾)이 모셔진 종각이 있다(도 9-1, 2). 성덕대왕신종은 현존하는 범종 중에서 가장 커다란 것으로, 신라시대 경주의 봉덕사(奉德寺)에서 사용하던 범종이었다. 여기에서는 성덕

도 9-1 **성덕대왕신종 종각 전경**
국립경주박물관 소재.

도 9-2 **성덕대왕신종**
통일신라 771년 | 국립경주박물관 소장.

대왕신종을 중심으로 종소리에 대한 추억과 신라인들의 종과 방울 이야기를 해보도록 하겠다.

종과 방울 소리의 추억과 서양의 종

"학교 종이 땡 땡 땡 어서 모이자.
선생님이 우리를 기다리신다."

우리나라 어린이들이 자주 부르는 노래이다. 이 노래를 들으면서 공부한 어린이가 지금은 어느 세대까지일까? 이 노래를 부르며 우리가 학교에 다닐 때는 정말 학교 종이 울렸다. 그리고 그 소리는 쉬는 시간, 공부 시작 시간을 알려 주었다. 종소리를 들으며 학교에 다녔던 사람들은 공부 시간에 종소리가 어서 울리기를 기다리던 기억이 많이 남아 있으리라 생각한다.

필자의 고등학생 시절은 한국전쟁 직후였다. 교사(校舍)의 반은 불타고 파괴된 반토막 교실에서 공부를 시작하였다. 학교 종이 없어져서 교무실 앞마당에 커다란 포탄의 탄피를 세워 놓고 두드려서 소리를 내곤 하였다. 지금 생각하면 그 포탄의 금속은 금속공예기법으로도 매우 정교하게 만들어졌던 덕분이었는지, "땡 땡 땡"이 아니라 제법 장중한 소리를 냈다고 기억하고 있다. 이렇게 탄피에서 울리는 학교 종소리를 들으며 학창 시절을 보냈다.

최근에 "톤즈의 성자"로 일컬어지는 이태석 신부님의 이야기를 보면, 이태석 신부님의 아침은 망고나무에 얹힌 가스통을 두드려서 내는 소리로 시작했다고 한다.

아주 예전에는 우리가 살던 동네에서도 두부장수의 새벽을 알리는 종이 "딸랑딸랑"거리는 소리를 내며 아침을 시작했고, 쓰레기 수거차도 이런 종소리를 내면서 골목길을 돌아다녔다. 이런 옛날 마을의 종소리는 뭔가 시작하는, 혹은 사람들의 주목을 끌기 위한 일상생활 속의 소리였다. 이때는 우리가 생활 속에서 사용하는 소리를 "종소리"와 "벨(Bell) 소리"로 구분하기도 했다. 종소리는 전통적인 범종 소리나 제야의 종소리와 같은 보신각종의 소리 같은 것, 혹은 딸랑이와 같은 것으로 내는 소리를 말하는데, 벨 소리라고 하면 서양에서 전해진 새로운 소리를 말한다. 그래서 현관에서 울리는 서양식 벨은 "초인종"이라고 구별해서 부르기도 한다.

전통 사찰에 가면 다양한 종소리가 들린다. 장중하고 간격이 긴 절간의 큰 종소리는 은은하게 멀리 퍼져나가는가 하면, 추녀 끝에 매달린 풍경(風磬)은 바람의 강도에 따라 여러 가지 소리를 낸다. 풍경 소리는 우리의 가곡 〈성불사의 밤〉에 나오는 가사 그대로이다.

도 9-3 **풍경**
현대 | 지리산 화엄사.

"성불사 깊은 밤에 그윽한 풍경 소리
뎅그렁 울릴 때면 또 울릴까 망설이고
그칠 때 또 들리리라 소리 없이 기다려져
새도록 풍경 소리 데리고 잠 못 이뤄 하노라."

지금도 사찰에 가면 절집 추녀 끝에 풍경이 매달려 있어서**(도 9-3)** 뎅그렁 뎅그렁 바람에 따라 소리를 울리며 절집을 찾은 사람들의 아련한 마음을 울린다.

옛날 일상생활에서 또 한 가지 중요한 종

소리는 통행금지를 알리는 종소리인 "인경(人磬)" 소리가 있었다. 옛 서울 한성에서 울리던 인경(人磬)이란 "인정(人定)"이라고도 하는데, 서울에서는 보신각종이, 경주에서는 성덕대왕신종이 그 역할을 했다고 한다. 인경은 대체로 저녁 10시경과 새벽 4시경에 쳐서, 도성 내의 통행금지와 해지 시간을 알렸다. 저녁 종은 28번을 치는데, 이는 수미산의 28천을 상징하며, 새벽 종은 33번을 치는데, 이는 도리천의 33천을 상징적으로 표현한다, 우리나라의 야간통행금지 제도는 광복 직후 미군정에 의해서 실시되었고, 이 제도가 없어진 것은 1982년 전두환 정권 때였다.

내가 어릴 때 우리 집 대청에는 유명한 밀레의 그림 〈만종(晚鐘)〉의 복사본이 작은 액자에 담겨 걸려 있었다(도 9–4). 일하던 농부 내외가 밭 가운데서 기도하는 모습이다. 내 어머니의 설명으로는 밭에서

도 9–4 만종
장 프랑수와 밀레(1814-1875년) | 프랑스 1859년 | 프랑스 파리 오르세미술관 소장.

일하는 농부가 성당에서 울리는 종소리를 들으며 기도하는 모습인데, 밭일을 멈추고 하루를 정리하며 집으로 돌아가 저녁을 맞이한다는 뜻이라고 하였다. 80년 전 어머니의 설명이 적절했다는 생각이 새삼 든다. 정확하게는 성당의 종소리에 하루일과를 끝내고 저녁기도를 바치는 모습을 그린 것이다. 그러나 동양에서 만종은 생을 마감했다는 뜻으로도 쓰인다. 이 그림을 조금이라도 아는 사람이라면, 아마도 그림 속에서 울려 퍼지는 평화스러운 종소리를 마음으로 들을 수 있을 것이다.

그러고 보면, 서양의 성당에서 울리는 종소리는 그때그때 어떤 메시지를 전한다. 미사 시각을 알리는 종소리, 축제의 날에 울리는 종소리는 장례미사에서 울리는 종소리와는 달랐을 것 같다. 마을에 급한 일이 벌어졌을 때 성당의 종은 급하게 울려댔다. "노트르담의 꼽추"에 나오는 종은 크고 우람하지만, 시골 성당에서는 여러 개의 종을 매달아서 치는 경우도 있다.

서양종을 대표하는 것으로는 런던의 빅벤(Big Ben)을 떠올리게 된다. 웨스트민스터 사원의 시계탑에 있는 13개의 종은 매 시간마다 치는데, 그중에 가장 큰 것이 빅벤으로 무게가 13톤에 이른다. 2012년 영국 여왕의 즉위 60주년 행사로 이 시계탑을 "엘리자베스 타워"로 개칭한다는 뉴스를 보았다.

서양에서는 결혼할 때를 "웨딩벨(wedding bell)"이라고 하여, 역시 종소리로 표현하는 관습이 있다. 이와 같이 종소리로 특정한 시기를 표현하는 것은 오래된 전통이다. 십자군시대에는 평화로운 시간이란 "이슬람 사원의 첨탑에서 울리는 무에진(muezzin)의 기도 소리와 그리스도교의 종소리를 함께 들을 수 있을 때"라고 표현하였다. 이란의 이스파한에서 모스크에 갔을 때 첨탑에서 외치는 무에진의 탁 트인 목

소리가 기억난다. 중동에서의 평화는 불가능한 일일까?

　　세계에서 가장 큰 종은 중국 북경(北京)의 대종사고종박물관(大鐘寺古鐘博物館)에 소장되어 있는 영락대종(永樂大鐘)이다(도 9-5). 명나라 영락연간(永樂年間)인 1403-1424년경에 제작된 것으로, 높이 675cm, 무게 46,500kg이며, 한자와 산스크리트어 등 230,000여 글자가 종의 안팎에 새겨져 있다.

　　모스크바의 크렘린 광장에 있는 차르 황제의 종(Tsar Bell, 도 9-6)도 세계에서 가장 유명한 대종 중 하나이다. 이 종은 높이 8m, 무게가 190t이나 되는데, 종을 주조할 때 균열이 생겨서 한쪽이 떨어져 나갔기 때문에, 만들어진 이후로 한 번도 소리를 낸 적이 없는 종이다.

　　서양에서는 이렇게 거대한 대종이나, 성당이나 수도원에 있는 종이나, 혹은 개인집 현관에 달아 놓은 초인종도 모두 다 "벨(bell)"이라고 하는데, 동양에서는 소리를 내는 기구가 여러 가지 이름을 가지고 있다. 서양의 성당이나 교회 종은 종 아랫부분이 나팔꽃 모양으로 떡 벌어져 있어서 소리가 밖으로 쉽게 퍼져나가게 된다(도 9-7). 그러나 동양의 종은 아랫부분을 오므려서 소리가 안에서 한번 모였다가 흩어지며 울려 퍼지는 효과를 살리고 있다. 또한 우리는 소리를 내는 기구들을 기능과 용도와 생김새에 따라 각각 다른 이름을 붙였고, 각 기구들의 소리를 표현할 때도 각각 다른 소리로 표현했다.

　　학교 종은 "땡 땡 땡"
　　절간의 풍경 소리는 "뎅그렁~"
　　절간의 범종 소리는 "덩-- 덩--"
　　강아지 목에 달린 방울 소리는 "달랑 달랑"

도 9-5 영락대종
중국 명 15세기 | 중국 북경시 대종사고종박물관 소장.

도 9-6 차르 황제종
러시아 1733-1735년 | 러시아 모스크바 크렘린 소장.

도 9-7 테레사 종
프랑스 1936년 | 음성 감곡성당 매괴박물관 소장.

고대의 방울과 타악기

우리나라의 고대 유물 중에서 소리 내는 기구를 살펴보면 선사시대부터 다양한 방울들의 존재가 눈에 뜨인다.

청동기시대에는 간두령(竿頭鈴), 팔두령(八頭鈴), 쌍두령(雙頭鈴), 동탁(銅鐸)과 같은 다양한 형태의 청동제 방울들이 제작되었다**(도 9-8)**.

간혹 방울 중에는 흙으로 만든 방울도 있다. "훈(壎)"이라고 부르는 것은 토제 방울 안에 흙으로 빚은 알맹이를 넣어서 흔들면 소리가 나게 하는 것이다. 때로는 토제 그릇 아래에 방울을 담아서 소리를 내게 하는 경우도 발견된다. 이런 그릇에 술을 담아 비우고 흔든다면 멋있는 건배 장면이 연출되지 않았을까? 고려시대의 훈은 아악(雅樂)에

도 9-8 청동방울
청동기시대 | 국립중앙박물관 소장.

사용하는 관악기의 일종이었다.

앞에서 살펴본 〈성불사의 밤〉에 나오는 풍경과 같이, 사찰이나 건물 밖에는 소리를 내는 풍경이 매달린다. 여름이면 대청마루 끝에 풍령(風鈴)을 달기도 했다. 풍령은 외형이 나팔꽃처럼 벌어지고 안에 달린 혀가 널찍하고 밖으로 길게 나와서 가느다란 바람에도 흔들려서 소리를 낸다.

불교에서는 승려들이 지니는 승물(僧物) 중에서 지팡이 모양의 석장(錫杖)이 소리내는 기구로 주목된다. 석장은 지팡이 손잡이의 꼭대기에 보주, 쌍룡, 보탑, 또는 불상으로 장식하고 금속으로 방울이나 고리를 매달아서 흔들면 소리가 난다(도 9-9). 이렇게 소리 내는 지팡이는 산행 등에서 뱀이나 독충을 방지하는 역할을 하며, 법회나 탁발과 같은 의례 때에 흔들어 소리를 내기도 한다.

불교 의례에서 소리를 낼 때 사용하는 또 다른 기구로는 금강령(金剛鈴)이라고 부르는 의례용 방울이 있다. 금강령은 금강저(金剛杵)의 형태에 방울을 결합시킨 것으로, 손에 들고 흔들기 때문에 절에서는 요령(搖鈴)이라고 부르기도 한다. 송광사에 소장된 금동요령(金銅搖鈴)은 윗부분이 파손되어 없어졌지만, 방울 부분의 표면에 사방으로 나누어 용문(龍文)을 새기고 바탕은 어자문(魚子文)으로 장식했으며, 방울의 어깨 부분은 섬세하게 연꽃을 양각한 아름다운 고려시대의 작품이다(도 9-10).

사찰에서 사용하는 물건 중에서 두드려 소리를 내는 기구는 종과 방울 종류 이외에도 매우 많다. 이렇게 사찰에서 사용하는 소리를 내는 기구들은 범음구(梵音具)라고 부르는데, 종과 방울 이외의 범음구로는 반자(飯子)와 법고(法鼓)와 같은 예들이 있다.

반자는 쇠북의 일종으로, 몸체의 한쪽은 뚫려 있고, 막혀 있는 다른 쪽을 두드려서 소리를 내는데, 이 소리를 통해서 절의 대중에게 여러 가지 메시지를 전하는 기능을 가지고 있다. 신라시대부터 반자를 사용하기 시작했으며, 고려시대와 조선시대를 거쳐서 지금도 사찰에서는 반자를 사용하고 있다. 국립중앙박물관에는 통일신라시대의 반자가 한 점 전하고 있다(도 9-11). 신라와 고려시대

도 9-9 금동석장두
고려 | 호림박물관 소장.

도 9-10 금동요령
고려 10-11세기 | 순천 송광사성보박물관 소장.

도 9-11 **함통6년명 청동반자**
신라 865년 | 국립중앙박물관 소장.

의 반자들은 명칭과 사용한 사찰의 이름 등을 기록한 명문이 새겨진 경우가 많은데, 고려시대 반자의 명문에 의하면, 반자의 명칭은 "盤子(반자)", "半子(반자)", "判子(판/반자)", 혹은 "金鼓(금고)" 등으로 다양하게 기록되어 있다.

한편, 민간에서는 반자와 비슷하게 생긴 징(鉦)이나 꽹과리와 같은 타악기와 함께, 운라(雲羅), 자바라(啫哮羅), 나팔, 영각(令角), 농각(農角) 등과 같이 다양한 농악기를 사용하여 음악을 즐겼음을 알 수 있다.

한국전쟁 당시 양쪽 군대가 대치하는 상황에서, 일반인인 우리들은 보호받을 아무런 장치도 가지고 있지 않았다. 그래서 마을 사람들은 마을 외곽을 빙 둘러 가면서 빨랫줄을 매고, 군데군데 무엇이든지 소리를 낼 만한 물건들을 매달았다. 주전자, 양철 바께쓰, 냄비, 심지어 양은 주걱까지 매달아서 흔들면 서로 부딪혀 요란한 소리를 내게 한 것이다. 이는 마을에 들어오려는 수상한 낌새가 보이면, 아무데서나, 누구나 흔들어 경고를 하기 위한 것이었다. 또한 저녁에는 불조심하라고 소리를 내며 순찰을 돌았는데, 그때도 이상 상황을 경고할 때는 납작한 나무 판때기 두 짝이면 충분히 큰 소리를 내는 것이 가능하였다.

어렸을 때 외가에 큰이모가 병이 나서 갔는데, 이모에게 가까이 가지 못하게 하였다. 폐결핵이었는데, 옮는다고 멀리 앉으라는 것이었다. 머리맡에는 놋대접 안에 놋주발을 놓고 놋숟가락을 걸쳐 놓았는데, 이모가 누군가를 부를 때는 그 숟가락으로 주발을 두드려 소리를 냈다. 놋대접과 놋주발, 놋숟가락이 오늘날의 초인종 역할을 했던 것이다. 당시의 의술은 그 병을 극복하지 못하여 그분은 끝내 작고하셨다.

방울은 갖가지의 겉모양을 갖춘 몸체 안쪽에 둥글고 작은 알을 넣어 흔들어 소리를 내는 기구로서, 자체적으로 소리를 낼 수 있다는 점이 특징이다. 한자로 "령(鈴)"이라고 하는 방울은 보통 둥그스름한 몸체를 가지고 있으며, "탁(鐸)"이라고 하는 방울은 종 모양으로 길쭉한 타원형에 아랫부분이 종처럼 뻥 뚫린 구조를 가진다. 탁 안에 들어가는 소리 내는 알은 혀처럼 기다란 형태가 많아서 "설(舌)"이라고 부르는 경우가 많다. 불교 의례에서 사용하는 금강령이나 풍경 같은 것은 방울 중에서도 "탁"에 가까운 형식에 속한다.

고대의 샤먼들은 나뭇가지에 방울을 매달아 흔들면서 주술을 펼쳤고 오늘날의 무녀들도 여러 개의 방울을 흔들어 신을 불러들인다(도 9–12). 방울 소리는 신과 연결하는 소리이기도 하며, 일상생활을 안전하게 지켜주는 소리이기도 했다.

우리나라에서는 청동기시대부터 다양한 형태의 둥그스름한 알을 넣은 각종 청동 방울들이 제작되었는데(도 9–8), 삼국시대가 되면 금으로 만든 방울, 즉 금방울들도 만들어졌다. 삼국시대 금방울 중에서 가장 유명한 것은 일제 강점기에 발굴 조사된 경주 금령총(金鈴塚)에서 출토된 금방울이다(도 9–13). 이 고분

도 9–12 무당방울
현대 | 김업순 무당 관련 기증자료 | 국립민속박물관 소장.

도 9–13 금제방울
신라 6세기 | 경주 금령총 출토 | 국립중앙박물관 소장.

은 금으로 만든 작고 아름다운 방울들이 출토되어 고분의 이름이 금령총이라고 붙여졌다. 금방울은 황남대총에서도 출토되었는데, 황남대총의 금방울은 누금세공기법으로 화려하게 장식했다.

경주 금령총에서는 남색의 유리잔을 비롯하여 금관, 금제태환식 귀걸이, 각종 구슬목걸이 등 여러 가지 장신구가 발견되었으며, 금방울은 오른쪽 허리 부분에서 요패들과 함께 출토되었다. 금령총에서는 앞에서 살펴본 바와 같이 잘생긴 귀공자가 마구를 잘 갖추어 장식한 말에 올라앉은 기마인물형토기와 웃통을 벗은 종자의 기마상을 비롯한 다양한 상형토기가 출토되었다(도 2-14~18). 출토유물이 대부분 작고 귀여운 것이어서, 무덤에 묻힌 주인공은 어린이였다고 추정하고 있다. 작은 공자가 금방울을 허리에 차고 돌아다니면, 그 방울 소리를 들으면서 공자 곁에 있던 부모는 자식의 존재를 실감했을 것이다. 경쾌하게 뛰면 건강할 것이고 느리면 걱정을 했겠지. 일찍 죽은 어린 공자의 허리에 방울을 채워 묻어주면서 그 부모는 얼마나 아프게 오열하였을까? 방울 소리를 어린 공자와 함께 묻으며 오열하는 소리가 들리는 듯해서, 나는 그 작은 방울을 볼 때마다 늘 가슴 한쪽이 아려 온다.

마르코 폴로의 『동방견문록(東方見聞錄)』에는 원나라의 수도에서 각 지방으로 뻗은 공도(公道)의 역전제도(驛傳制度)를 설명하는 내용이 보인다. 역로(驛路)에는 숙소를 비치하고 말을 기르면서 칸의 사신이 이용하도록 하고 있다. 문서를 전달하는 사람을 "비각인(飛脚人)"이라고 불렀는데, 이는 나는 듯이 달리는 사람이라는 뜻이다. 비각인은 전력으로 질주하여 다음 주자와 교대하여 속도를 내면서 문서를 전달하는데, 이들은 여러 개의 방울을 달고 달려서, 멀리서도 방울 소리를 듣고 그 소리에 따라 다음 사람이 준비하고 있다가 문서통을 넘겨받아서 그대로 또 질주하여 문서를 전달하였다. 이렇게 비각인들에 의해서 광대한 원나라의 문서는 상상을 초월하는 속도로 중앙에서 지방으로 전달되었던 것이다. 이는 현대판 릴레이 경주식 퀵 서비스와 같다.

한때 젊은이들이 백팩에 작은 방울을 달고 다니던 때가 있었는데, 제각기 다른 자신의 소리를 내며 다니는 것이 보기 좋았다. 각각 가방의 방울 소리는 주인의 움직임을 대변하는 듯이 서로 다른 소리로 들려서, 방울 달고 다니는 것은 아주 재미있는 자기표현의 발상이었다고 생각한다. 우리 집 강아지는 목에 방울을 달았더니 그 소리가 그 녀석의 건강이나 기분을 잘 알려 주었다. 소리가 경쾌하면 건강한 것이고, 소리가 느려지면 어딘가 강아지 건강에 문제가 있다고 느껴졌다.

"동창이 밝았느냐 노고지리 우지진다
소치는 아이 놈은 상기 아니 일었느냐
재 넘어 사래긴 밭은 언제 갈려 하느냐."

느긋한 시골의 아침 풍경은 소치는 아이가 데리고 나가는 소의 방울 소리로 시작된다. 소치는 아이에 이끌려 소는 목에 단 방울 소리를 내면서 풀을 먹을 수도 있고 밭갈이도 해야 했다. 소를 몰고 밭에 나가는 아버지의 움직임도 소 방울 소리를 통해서 알 수 있다. 소에게 풀을 먹이며 들에 나가 놀면서 소치는 꼬마들도 자신들의 놀이에 열중하면서도 소 목에 달린 방울 소리를 들으면서 소가 멀리 가지 않았다는 것을 확인하며 느긋하게 놀 수 있었다.

여름날 길 가다가 달구지를 얻어 타고 방울 소리 들으며 아픈 다리를 달래던 시골길의 기억도 이제는 없어져 버린 풍경이다. 방울을 목에 달고 사랑받는 소는 이제 어디에서도 볼 수가 없다.

세종대왕이 지켜준 성덕대왕신종

　서양과는 달리, 우리나라의 종은 대체로 불교 사찰에서 사용한 경우가 많아서, 사용한 곳에 따라서 각각 독자적인 이름이 붙여진 경우가 많다. 현존하는 우리나라 종 이름은 대체로 종에 새겨진 명문이나 소장처를 따라서 붙여진 경우가 많다. 국립경주박물관의 종각 안에 모셔진 성덕대왕신종의 명칭은 종 명문에 나오는 명칭을 따른 것이다.

　성덕대왕신종은 현재 우리나라에 남아 있는 종 중에서 가장 큰 종이다. 거대하고 잘생긴 이 종은 그 크기보다도 유명한 것이 바로 아름다운 종소리이다. 이 종은 예전부터 "에밀레종"이라고 알려져 왔기는 하지만, 우리는 이제 그렇게 부르지 않으면 좋겠다. 표면에 새겨진 명문에 의하면, 이 종은 신라 경덕왕(재위 742-764)이 부왕인 성덕대왕을 위해서 만들기 시작했는데 완성하지 못했고, 그 뒤를 이은 혜공왕 7년인 771년에 완성되었다고 한다. 즉, 종을 만드는 데 무려 30년이 걸린 것이다. 에밀레종이라는 전설은 종 만드는 일이 얼마나 어려운 작업인지를 대변하는 전설일 뿐이다.

　종의 기원에 대해서는 여러 가지 논의가 있지만, 대체로 중국 고대의 악종(樂鐘)과 인도의 동령(銅鈴)의 영향을 받으면서 중국에서 범종이 제작되기 시작했다고 한다. 중국 범종의 영향을 받으면서 현재와 같은 동아시아 각국의 종 형식이 변화 발전하여 현재와 같이 정형화되었다고 알려져 있다. 동아시아의 종은 종 윗부분이 약간 좁아지면서 몸체는 둥글게 부풀고 다시 아래쪽에서 약간 여미는 듯한 모양을 하고 있으며, 종 윗부분인 천판(天板) 위에 종을 매달기 위한 고리인 "종뉴(鍾紐)"를 만든다. 종의 몸체는 나라마다 각각 형식이 달라서, 중국 종은 밋밋하고 일본종 역시 유려한 형태는 갖추지 못하였다. 또한 각 부분의 명칭이나 생김새는 나라마다 각각 다른 특징을 가지고 있는데,

한국종은 종뉴를 한 마리의 용 모양으로 만들고 그 옆에 별도의 "음통(音筒)", 혹은 "용통(甬筒)"이라고 부르는 파이프 모양의 관(管)을 만들어 놓은 점이 특징이다. 음통은 종의 상판에 구멍을 뚫고 붙여서, 종소리를 크게 하기 위한 구조물이라고 알려져 있다. 한국종은 천판 위쪽의 용이 보통 한 마리인 단룡(單龍)의 종뉴를 가졌지만, 중국과 일본은 쌍룡으로 종뉴를 만들고 음통이 없다. 한국, 중국, 일본의 종을 보면 종 몸체의 형태도 다소 차이가 있지만, 단룡과 음통의 구조가 있으면 바로 한국종이라고 보아도 무방할 만큼 한국종이 독창적인 양식을 가지고 있다.

한국종은 보통 몸체 위쪽에 보상화문으로 장식한 상대(上帶)라는 문양대를 배치하고, 몸체 맨 아래에도 역시 비슷한 문양으로 장식한 하대(下帶)라는 문양대를 배치한다(도 9–14). 상대 아래쪽에는 사방에 사각의 연곽(蓮廓)을 만들고 그 안에 아홉 개의 연봉오리를 붙여 장식한다. 종신(鍾身) 가운데 부분에는 비천상이나 주악상을 장식하는 것이 많다. 종을 치는 부분은 연화형의 "당좌(撞座)"이며, 종신 부분에 명문을 새기는 경우도 많다. 한국종은 대부분 종의 입부분인 종구(鍾口)가 일직선

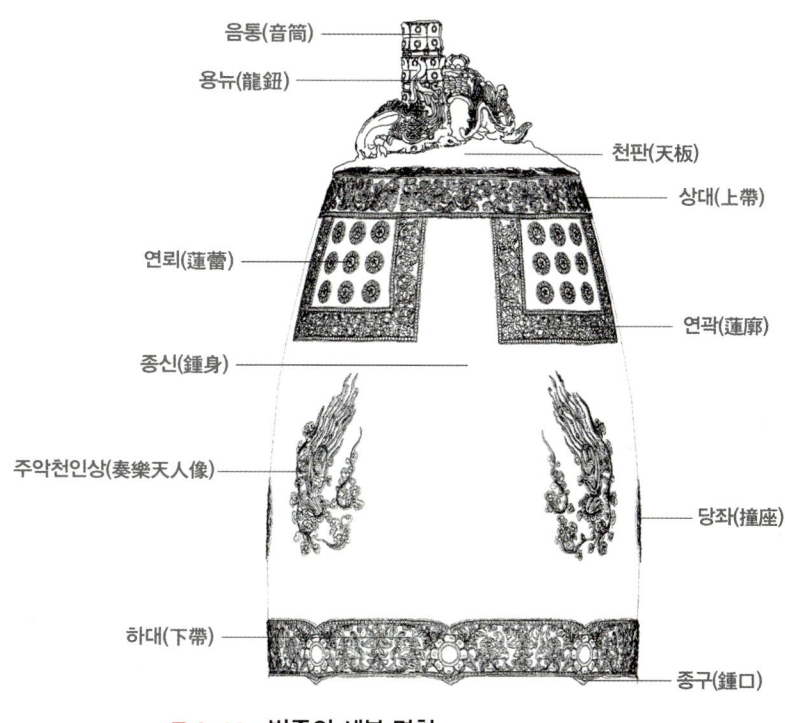

도 9–14 범종의 세부 명칭

제IX장 성덕대왕신종 이야기

으로 만들어지는데, 유일하게 예외적인 것이 능형(菱形)으로 만들어진 성덕대왕신종이다.

종은 청동을 주조하여 제작한다. 앞에서 본 바와 같이 성덕대왕신종과 같이 대형의 종 만들기는 30년이나 걸릴 정도로 어려운 일이었다. 성덕대왕신종을 어디에서 제작했는지는 확실하지 않지만, 지금까지 알려진 자료들을 통해서 종 만들기 과정을 살펴보면 다음과 같은 순서로 진행된다.

종을 만들 때는 땅 속에 종 모양의 구덩이를 먼저 판다. 나중에 쇳물을 흘려 부을 때 열이 밖으로 새지 않게 하려는 배려이다. 이렇게 하면 나중에 쇳물을 부을 때도 쇳물이 흘러가는 경로를 짧게 할 수 있다.

그 다음으로는 안틀 만들기를 한다. 먼저 구덩이 한가운데 축을 세우고 안틀을 만든다. 안틀은 흙을 섞어서 종의 안쪽 모양을 빚어서 축을 중심으로 만드는데, 이것이 나중에 종의 안쪽 빈 공간이 되는 것이다. 그 안틀 바깥쪽에 밀랍을 이용하여 종의 두께와 문양, 명문 등을 만들어 붙인 후, 그 바깥쪽에 겉틀을 형성한다.

종의 모양은 천판과 종신으로 나누어지며, 천판 위쪽에는 종을 매달기 위한 고리와 음통을 만든다. 그리고 쇳물을 흘려보낼 탕구(湯口)를 뚫어둔다. 종신에는 상대와 하대, 그리고 주문양인 공양비천상과 그 아래의 당좌 등의 문양이 배치되었다. 공양비천상 사이의 공간에는 1,037자의 긴 명문이 자리잡고 있다. 상대와 하대, 연곽의 문양은 보상당초문이 중심이며, 연뢰(蓮蕾)와 당좌는 연화문으로 표현되었다. 이런 모든 문양과 명문은 밀랍으로 만들어 붙인다.

이렇게 밀랍으로 만들어진 종의 형태가 완성되면 그 위에 다시 고운 흙을 바르고 다시 흙을 붙여서 겉틀을 만든다. 이렇게 완성된 겉틀과 안틀에 열을 가하면, 안에 있던 밀랍이 녹아서 흘러나온다. 이때 밀랍이 있던 빈자리가 종 모양이 된다. 이렇게 밀랍으로 원형을 만들어서 주조(鑄造)하는 기법을 금속공예에서는 밀랍주조기법, 혹은 실랍법(失蠟法, lost-wax casting)이라고 한다.

원형과 겉틀이 완성되면, 종 윗부분에 마련된 탕구(湯口)를 통하여 녹인 쇳물을 부어서 맨 아래서부터 차곡차곡 쇳물이 들어가도록 부은 다음, 쇳물이 식은 후에 안틀과 겉틀의 흙을 제거하고 청동으로 만든 종의 외면을 다듬으면 종이 완성된다. 쇳물을 부을 때 주의할 점은 쇳물이 일정한 온도를 유지하면서 아래로 고르게 한 번에 모두 흘러 내려가야 한다는 점이다. 쇳물의 흐름을 좋게 하여 틀 안으로 잘 들어가게 하기 위해서는 나무를 태운 그을음을 안틀과 겉틀에 고루 바르기도 한다. 약간의 기포(氣泡)만 잘못 생겨도 종소리가 울려 퍼질 수가 없다. 또한 쇳물이 다 들어가기 전에 겉틀이 식지 않도록 계속 바깥쪽에서 열을 가하며 배려해야만 한다.

대형 종을 만들 때는 겉틀과 안틀의 온도 조절과 쇳물의 양과 온도 조절이 어렵기 때문에, 쇳물이 잘 녹을 수 있고 유동성을 좋게 하기 위해서 인과 같은 금속들을 함께 섞어서 작업했는데, 이러한 주조 과정의 어려움 때문에 신라의 장인들은 여러 차례의 시행착오를 겪었을 것이다. 그러는 과정에서 어린아이를 희생으로 넣었다는 소문이 돌면서 에밀레종이라고 부르게 되었다는 이야기가 잘못 전해진 것이라고 짐작된다. 종 명문에 의하면, 이 종소리를 듣고 사람과 동물을 비롯한 모든 존재가 속세의 번뇌에서 벗어나 복을 받기를 원한다고 기록하기 때문에, 종 제작을 위해서 어린 아기를 희생시켰다는 이야기는 종 제작의 근본 취지에 완전히 어긋나는 일이다.

종은 동과 주석을 적당량 합금한 청동으로 제작한다. 종을 만들기 위한 청동의 합금비율이 오묘하여, 중국에서는 신라의 동종(銅鍾) 재료를 향동(響銅), 즉 소리를 내는 동이라고 부르기도 했다. 성덕대왕신종은 만들기가 어려워서 30년이라는 긴 시일을 소요하여 제작하였으며, 금속의 흐름을 원활하게 하기 위해 여러 가지 성분을 첨가하여 제작했던 것으로 생각된다.

성덕대왕신종의 표면에 새겨진 명문은 모두 1,037자로, 종의 발원자와 목적, 제작자의 이름 등이 기록되어 있다(도 9-15). 발원 목적은 부왕과 모후의 명복을 빌기 위한 것이 가장 중요하지만, 동시에 군신이 함께 백성을 평안히 하고 나라

도 9-15 성덕대왕신종(도 9-2)의 명문 세부
국립경주박물관 소장.

를 부강하게 하며 정성을 모아 신종을 만드니, 이 종소리는 마귀를 굴복시키고 모든 어룡(魚龍)까지 구제(救濟)하며 보는 이, 듣는 이가 모두 발복하기를 기원한다고 하였다. 종 명문 중에서 또 하나 주목할 것은 만든 사람을 "주종대박사(鑄鍾大博士)"라고 부르며, 그의 직위는 "대나마(大奈麻)", 이름은 "박종일(朴從鎰)"이라고 밝히고 있다는 점이다. 대나마는 신라의 관직 17등급 중에서 10번째의 관등으로, 5두품에 해당한다. 이 명문은 당시 사회에서 장인(匠人)을 존중하고 있었음을 알 수 있는 좋은 예가 될 것이다.

조선시대에는 성덕대왕신종을 인경으로 치고 있었고, 일제강점기에 국립경주박물관으로 옮겨 온 후에는 종각에서 자주 그 소리를 들을 수가 있었다. 웅장하고 은은한 소리가 높아졌다가 낮아졌다가 하며 오랫동안 울리다가 긴 여운을 남겨 한참을 귀 기울이게 하는데, 이를 "맥놀이 현상"이라고 부른다. 음향학적 관점에서는 근접한 주파수

를 가진 소리 두 개가 만나면서 일어나는 현상으로 해석하고 있다.

오랫동안 국립경주박물관에서는 매년 12월 31일 제야의 종을 성덕대왕신종으로 치고 있었으나, 언제부터인지 타종이 끝나면 몰려든 사람들이 종에다가 동전이나 돌을 던지는 일이 빈번하게 일어났다. 그래서 해마다 직원들이 안타까운 마음으로 종을 감싸고 빙 둘러서서 보호해보려고 했지만 속수무책으로 오히려 직원들이 동전이나 돌에 맞아 다치는 사고가 빈번하게 일어났다. 사람들이 종소리를 향유할 마음 자세가 되어 있지 않은 것 같기도 하고, 일년 내내 그냥 지내다가 가장 추운 겨울 한밤중에 종을 치는 것도 결코 좋은 일이 아닌 것 같아서, 1992년 본관 수리를 시작하면서 제야의 종 타종 행사를 중지하였다. 또한 현재의 포항 가도가 좁아서인지, 대형화물차들이 박물관 옆 작은 샛길을 이용하여 종각 바로 옆길로 배기가스를 내뿜으며 질주하는 일도 많아졌다. 그래서 종에 대한 어떤 보호 조치가 필요하다고 생각하였으므로, 제야의 종 타종을 중지하는 대신, 종소리를 녹음하여 보급하기로 결정했다.

금속공예 관련 전문가의 의견을 들으면, 종은 두드리기 위한 것이므로 아무리 쳐도 상관없다고 하기도 하는데, 아무리 금속이라도 계속 두드리는 데는 연한이 있을 것이기 때문에 그에 대한 확인이 필요하다고도 하였다. 다행히 종소리의 녹음은 주식회사 〈성음〉에서 맡아주어서, 개구리가 울지 않을 때를 이용하여 교통을 통제하고 채음(採音)을 하였다. 한밤중에 갑자기 종소리가 울려 퍼지니, 동네 개들이 온통 짖어대고, 월성에서는 이름 모를 동물의 우짖는 소리도 들렸다. 그때는 멀리 선도산 자락에서까지 개 짖는 소리가 들리는 듯했다.

그 이후 지금까지 성덕대왕신종의 타종은 중지하고 있었는데, 최근 과학적인 조사를 거쳐 보존을 위한 활발한 움직임이 보이고 있다.

보존과학자에 따라 보는 관점도 달라서, 금속이라고 하더라도 나이가 있을 것이니 이제 그만 그쳐야 한다는 의견이 있는가 하면, 종이란 원래 때려주기 위해 만든 것이니 타종해도 좋다는 의견도 있다. 여하튼 지금은 더 이상 종을 치지 않는다. 그 대신 국립경주박물관에 들어서면, 일정 간격을 두고 녹음된 종소리를 들을 수 있다. 이러한 소리의 전시는 매우 효과적이고 친근감을 주어서, 관람객들의 호응이 높다.

이제 성덕대왕신종이 걸어 온 길을 따라가 보자.

이전에 남북의 대치로 안보 문제가 중요한 때, 박물관 유물들의 위급 사태에 대한 절차를 살펴보고 정비한 적이 있었다. 박물관에서는 꼭 전쟁이 아니라도 위급에 대비한 유물의 안전 대책은 항상 강구하여야 한다.

내가 만약 경주박물관에서 소장유물 한 점만 대피시킬 수 있다면 무엇으로 할까? 그때마다 나는 이 성덕대왕신종을 손꼽았다. 주위의 동료들은 항상 나를 놀려댔다. 그 종을 지고 갈까, 이고 갈까, 업고 갈까, 메고 갈까, 끌고 갈까, 굴려서 갈까, 땅에 묻기도 어렵겠다고 하며 어이없어했다. 그 어떤 방식도 위급 사유가 벌어질 때는 속수무책이다. 솔직히 그런 걱정 안 하는 나라에서 살고 싶다. "이 거대한 종을 무슨 재주로 업고 나서랴"하는 마음은 항상 거기에 있었다. 이 범종이 그동안 어떻게 기적적으로 살아남아서 우리 앞에 있게 되었는지를 알기 때문이다.

이라크 걸프전 때 황폐하고 처참한 바그다드 국립박물관 전시실을 뉴스에서 본 일을 기억하는가? 마침 대학에서 박물관학 강의를 할 때여서 "박물관의 안전 문제에 관하여" 여러 질문을 받게 되었다. 전쟁이란 급작스레 닥치는 일이지만 박물관으로서는 중요 유물을 아마도 지하 창고나 어디 제3의 격납고로 옮겨 두었으리라고 믿는다고 했었다.

그 후 알려진 바에 따르면 박물관의 훼손으로 2003년에만 유물 13,515점이 도난당했고, 2004년 7월까지 겨우 4,000점이 회수되었다고 한다. 이때의 유물 점수는 흔한 말로 고무줄 식이다. 왜냐하면 특히 고고학적 유물은 일괄로 표현하는 것이 대부분이기 때문이다. 금제 귀걸이 한 쌍이나, 한 개, 또는 파편 한 짝은 모두 1점으로 계산될 수도 있다. 박물관 유물 점수의 극단적인 예로는 고대 활자를 생각해 볼 수 있다. 활자는 한 판에 들어 있는 활자 수백에서 수천 점을 일괄로 정리하여 1점으로 하는 경우가 많다. 성덕대왕신종도 박물관 관리를 위한 장부상의 숫자에서는 한 점일 뿐이다.

성덕대왕신종은 30여 년간의 고생 끝에 완성된 대종으로, 당시 봉덕사에 봉안되었다고 한다. 그래서 오랫동안 이 종은 봉덕사종이라 불리었다. 그러나 현재까지도 봉덕사라는 절의 위치가 어디였는지는 확실하지 않다. 봉덕사가 어디에 있었던 절인지를 알아보기 위해서는 봉덕사종이 언제까지 봉덕사종으로 존속하고 있었는지를 살펴볼 필요가 있다.

봉덕사는 성덕왕 붕어 직후에 창건되어 효성왕 연간인 738년에 완공된 사찰로 알려져 있다. 따라서 성덕왕을 위한 신종을 이 절에 봉안하는 것은 성덕왕의 원찰에 합당한 것으로 인정된다. 『고려사(高麗史)』에서도 봉덕사에 신라 혜공왕이 주조한 12만 근의 대종이 있어서 그 소리가 백 리까지 들렸다 한다.

조선시대 초기에는 중국에서는 동금법(銅禁法)이 시행되고 있었다. 동이 부족하였을 뿐만 아니라 동전을 불법으로 찍어내는 일을 막기 위하여 생긴 법인데, 같은 시기의 조선에서도 전국적으로 동을 거두어들여 무기를 만들고자 하였다. 그렇지만 다행히 당시 세종대왕은 전교를 내려 "경주의 봉덕사대종과 개성의 연복사대종은 훼손시키지 말라"고 했다. 이 봉덕사대종이 바로 지금 남아 있는 경주박물관의 성덕대왕신종인 것이다. 세종대왕의 한글 창제나 과학의 진흥, 음악에 대한 기여 등 수많은 공덕 중에서, 이 성덕대왕신종을 지켜 준 힘 또한 결코 가벼이 여기지 못할 업적이라고 할 것이다.

이러한 기록으로 볼 때, 세종대왕 연간까지 성덕대왕신종은 봉덕사에 있었던 것으로 보인다. 그렇지만 이후 북천의 범람으로 봉덕사가 폐사(廢寺)되어, 세조 8년인 1460년에 이 종을 영묘사(靈廟寺)로 옮겼다는 기록이 남아 전한다. 아마도 봉덕사는 북천 근처에 있었을 것이다.

15세기 중반 성덕대왕신종은 영묘사로 옮겨졌다고 하지만, 영묘사의 위치 또한 오랫동안 베일에 싸여 있었다. 『삼국유사』에서는 영묘사가 남천 하류에 있었다는 기록만 전하고 있는데, 근래에 와서는 이 위치가 그동안 흥륜사로 알려진 절터와 겹친다는 의견이 나왔다. 또한 흥륜사로 잘못 알려져 왔던 그 절터에서 "靈廟寺(영묘사)", 혹은 "令妙寺(영묘사)"라는 명문이 있는 기와가 출토되어, 이곳이 영묘사의 옛터였다는 사실을 더욱 뒷받침하게 되었다.

조선시대 기록에 의하면 성덕대왕신종은 1506년 경주 남문 밖으로 옮겨져 군사를 소집할 때나 경주 읍성의 인경으로 쓰였다고 알려져 있다. 아마도 그 자리는 현재 봉황대 고분의 서남쪽으로 추정된다. 이후 성덕대왕신종은 일제강점기인 1915년 5월에 당시 봉황대에 있던 종각에서 당시 경주박물관으로 옮겨졌다(도 9–16). 오랫동안 경주박물관 구관인 동부동에 보관되어 있던 성덕대왕신종은 1975년 5월 27일 현재의 인왕동 국립경주박물관 신관의 종각으로 이전되었으며(도 9–17), 국보 29호로 지정되어 있다.

도 9-16 1915년 성덕대왕신종의 이운 장면
도 9-17 1975년 5월 27일 성덕대왕신종의 이운 장면

신라종과 그 이후의 종들

현존하는 종 중에서 성덕대왕신종보다 일찍 제작된 종으로는 강원도 오대산 상원사에 있는 상원사종(上院寺鍾)이 있다. 현존하는 가장 오래된 신라종인 상원사종은 통일신라시대인 725년에 만들어졌다(도 9-18). 이 종도 원래 소재지라고 알려진 "시납사원(施納寺院)"에 대해서는 밝혀진 바가 없어서 원래 어디에 있던 종인지 알 수 없다. 다만 조선시대 예종 원년인 1469년에 안동 문루에 있던 종을 상원사로 옮겼다고 전할 뿐이다. 이 종도 성덕대왕신종 못지않게 기적 같은 일을 겪으면서 지금까지 우리 앞에 남아 있는 것이다.

상원사종과 관련된 가장 최근의 일은 한국전쟁이다. 1·4 후퇴 당시 북한군을 뒤쫓으면서 우리 국군은 오대산을 초토화하기로 했던 모양이다. 패잔병 색출을 위한 작전의 일환으로 상원사를 불태우라는 명령을 듣고 달려간 한 국군 장교의 전언을 들은 방한암(方漢岩) 대선사는 다른 승려들에게 대피를 명하고, 자신은 옷깃을 가다듬고 본전에 앉아서 자기와 함께 건물에 불 지르라고 말하였다. 그 장교는 방한암 대선사의 행동에 너무 놀라고 감복하여, 건물의 문짝만 뜯어다가 마당에 쌓아놓고 불태웠다고 한다. 산 아래에서 불길을 바라보던 지휘관은 절이 불타고 있는 것으로 확인하고 철수하여, 절과 함께 상원사종이 살아남게 되었던 것이다. 그때의 그 장교는 과연 어떤 분이셨을까? 한국전쟁 당시에 장교였다면 지금쯤은 90세를 많이 넘겼으리라. 살아 계신다면 한번 꼭 만나 뵙고 싶은 분이다. 아마도 그분은 명령불복종이라는 군대의 규율 때문에 본인의

도 9-18 상원사종
신라 725년 | 오대산 상원사 소장.

행동을 숨기고 있을지도 모른다. 군율을 어겼다고 스스로 판단하여, 끝내 어디에도 그 일로 나서지 않고 있을지도 모른다. 그렇지만 나는 만날 수만 있다면 이 소중한 문화재의 보존을 위한 공로에 감사를 드리면서 큰 절이라도 하고 싶다.

지금은 상원사종이 종각 건물 안에 보존되고 있지만, 한때는 아주 가까이서 볼 수 있었다. 당시의 관람객들은 눈이 아니고 손으로 만져보려는 태도를 가지고 있었기 때문에, 결국 보존상의 문제로 코를 갖다 대듯이 가까이서 볼 수 있는 기회는 사라지고 말았다.

광복 직후인 1948년에는 양양군 선림원지(禪林院址)에서 "정원20년명(貞元卄年銘)"을 가진 종이 발견되기도 했다. 정원(貞元) 20년은 신

도 9–19 선림원지 범종 파편
신라 804년 | 국립춘천박물관 소장.

제IX장 성덕대왕신종 이야기

라 애장왕(哀莊王) 5년인 804년에 해당한다. 이 종은 역시 오대산 월정사(月精寺)에서 보관하고 있었는데, 아쉽게도 1950년 한국전쟁 중에 완전히 파괴되었다. 선림원지종은 현재 파편만 국립춘천박물관에 보관되어 있는데(도 9-19), 파편 상태라 종 성분을 세밀하게 조사할 수 있었다.

신라에는 현재 남아 있는 상원사종과 성덕대왕신종 이외에도 여러 곳에 대종(大鍾)이 있었다고 한다. 『삼국유사』에 의하면 신라의 서울 서라벌, 즉 경주에는 절간이 하늘의 별처럼 많고 탑은 기러기처럼 즐비하며, 법당과 범종이 또한 많았다고 기록하고 있다. 문헌기록에 남아 있는 대종 중에서 특히 주목되는 것은 경주 황룡사와 감은사의 대종이다. 『삼국유사』에 의하면, 황룡사 대종은 49만 근을 들여서 만들었던 것으로, 신라 최대의 종이었다고 한다. 그렇지만 수많은 전쟁을 겪으면서 불타 버렸다. 감은사종은 왜구가 일본으로 실어가려고 하다가 바다에 빠뜨렸다고 하는데, 지금도 동해안 마을사람들은 바다에서 종소리가 들려온다고 하며 바다에 빠진 종에 대한 전설 같은 이야기를 즐겨 하고 있다.

범종은 신라시대를 이어 고려시대에도 다수 제작되었다. 한국 고대의 동종을 "고려종(高麗鍾)"이라고 통칭할 만큼 많은 양의 고려시대 종이 전해져 오고 있다. 고려시대의 종은 현존 예가 워낙 많고 크기와 형식도 다양하다.

신라종이나 고려종은 시대에 따라 약간의 양식적 변화를 보여준다. 가장 두드러진 차이로는 고려시대의 종에는 종의 어깨, 즉 천판과 종신이 붙는 부분에 꽃 모양의 장식이 붙는다든지, 혹은 음통 위에 구슬 모양의 장식이 붙는 등 장식적 요소가 많아진다는 점을 들 수 있다. 고려시대 전기(前期)의 종으로 천흥사종, 청녕(淸寧) 4년명 종과 같은 예가 있으며 고려시대 후기의 종으로는 내소사종, 탑산사종 등이 있다. 고려시대의 종 중에는 해외, 특히 일본으로 유출된 종이 상당히 많다. 이중에서 청녕 4년명 종은 1967년 경기도 여주군 금사면(金沙面) 상품리(上品里)에서 출토된 것으로(도 9-20), 요(遼)나라의 연호를 따라 쓴 명문이 남아 있어서 제작시기를 알 수 있다. 청녕 4년은 1058년에 해당한다. 단룡의 용뉴(龍鈕)에 원통형(圓筒形)의 음통이 달려 있으며, 어깨 부분에는 납작한 연화형으로 장식된 아홉 개의 연뢰(蓮蕾)가 장식된 연곽(蓮廓)이 사방에 배치되어 있다. 어깨부분에는 연꽃문양의 장식문양대가 납작하게 장식되어 있어서 고려종의 특징을 보여주고 있다.

도 9-20 　**청녕4년명 종**
고려 1058년 ｜ 국립중앙박물관 소장.

　　현존하는 고려종은 대부분 중형이나 소형종이 많으며, 대종은 그다지 많지는 않다. 세종대왕이 성덕대왕신종과 함께 지켜준 연복사(演福寺) 대종은 개성 남문에 걸려 보관되어 온 고려시대 말기의 대표적인 대형 범종이다(도 9-21). 연복사종은 전통 신라종이나 고려종과는 완전 다른 형식으로, 중국 범종의 형식을 따르고 있는데, 이러한 중국식 범종의 출현은 전통 범종 양식에 큰 변화를 불러오는 계기가 되었다.

　　중국의 종은 선진시대(先秦時代)부터 청동제 악기(樂器)의 하나로 제작되었는데, 선진시대의 청동종들은 원형의 단면을 가지는 범종들과는 달리 납작한 타원형의 평면을 가지는 편종(編鐘)이 일반적이다. 그러므로 중국종의 기원에 대해서는 이러한 편종 형태의 악기에서 기원했다는 설도 있고, 상대(商代)의 동

도 9-21 　**연복사종**
고려 1346년 ｜ 개성 남문 소재.

제IX장　성덕대왕신종 이야기

령(銅鈴)에서 기원한 것으로 보기도 하거나 징이니 바라 같은 형태의 악기인 "요(鐃)"에서 기원한다고 보는 견해, 그리고 인도의 동령에서 기원한다는 견해 등 여러 가지 논란이 있다. 기록에 의하면, 동한(東漢) 시대에는 시각(時刻)을 알리는 종이 존재했던 것으로 보인다. 동아시아에서 종을 한자로 쓸 때는 "鐘"과 "鍾"이 모두 사용되었다. 한국종들은 명문에 "鍾"자로 쓴 경우가 많지만, 중국과 일본에서는 대체로 "鐘"자를 사용하는 것이 일반적이다. 최근 중국의 간체자에서는 두 글자를 모두 "钟"으로 표기한다.

일반적인 중국종은 불교 사찰이나 도교 사원에서 사용하던 종들로서, 종의 몸체가 원통형에 가까우며 종구(鍾口)는 직선인 경우도 있지만 물결 모양이나 꽃 모양의 곡선 형태를 한 것도 있다. 종신에는 장식이 있는 경우도 많지만, 신라종이나 고려종과는 장식의 배치가 다르다. 종을 매다는 종고리, 즉 종뉴(鍾鈕)는 단순한 고리 형태이거나 두 마리의 용이 등을 맞댄 모양의 쌍룡형(雙龍形)이 일반적이다.

현존하는 중국종 중에서 가장 오래된 것은 일본의 나라박물관(奈良博物館)에 소장되어 있는 중국 남조 진(陳)나라의 태건(太建) 7년명 종이다. 진나라 태건 7년은 575년으로, 우리나라의 삼국시대에 해당하는 종이긴 하지만, 종의 형식이 일본종 형식에 가깝고, 기년명이 후대의 것이라는 견해도 있어서 중국종의 초기형식으로 볼 수 있는지에 대해서는 논란이 있다. 일본에서는 698년의 명문을 가진 묘신지종(妙心寺鐘)이 가장 오래된 종으로 알려져 있는데**(도 9-22)**, 종의 형태는 진나라 태건 7년명 종의 형식과 관련이 있다. 일본종의 기원에 대해서는 중국 남조와 백제, 신라종의 영향이 논의되고 있지만, 신라종과는 다소 형식이 다르다.

『일본서기(日本書紀)』에 의하면, 스슌덴노(崇峻天皇) 원년인 588년,

아스카데라(飛鳥寺)의 조영(造營)을 위하여 백제에서 사공(寺工), 와박사(瓦博士), 화공(畵工) 등과 함께 노반박사(鑪盤博士)가 건너갔다고 기록되어 있다. 이들은 청동 제품의 제작이 가능했던 장인들로서, 불상과 범종을 주조했을 것이라고 추정된다. 또한 『일본서기』에서는 고구려에서 동종을 가져왔다는 기사도 있기 때문에 한반도의 고구려, 백제, 신라의 범종들이 일본종의 형성에 직접적으로 영향을 미쳤을 것으로 추정된다. 일본종의 형성에 큰 영향을 미쳤던 고구려와 백제의 종이 남아 있지 않다는 점은 매우 아쉽다. 일본종은 종신이 밋밋하고 가로 세로의 구획을 직선으로 긋고 당좌는 그 아래쪽에 만들어지며, 연곽과 연뢰 대신 다수의 유(乳)가 있는 점이 특징이다.

중국종은 대체로 대형이 많고 불교와 도교 사원 모두에서 쓰였던 것으로 보인다. 서안(西安) 비림(碑林)에 있는 경룡관종(景龍觀鐘)은 당나라 경운(景雲) 2년, 즉 711년에 제작된 도교 사원의 종이다(도 9-23). 높이는 247cm이며, 문양에서도 도교적 색채가 강하고 명문에도 도교를 숭상하는 의미가 포함되어 있다. 명나라 연간에는 유명한 영락대종이 제작되었는데(도 9-5), 영락대종은 높이 675cm, 무게 46.5t에 이르는 초대형의 종이다. 이에 비하면 러시아의 대종은 엄청난 크기를 자랑하면서도 주조 당시부터 깨져서 처음부터 제구실을 못하였다. 미얀마에서도 80t 크기의 대종이 1733년에 주조되었다고 하는데, 지금도 미얀마에는 다양한 크기의 다양한 형식의 종들이 남아 있다.

도 9-22 묘신지종
일본 698년 | 일본 교토(京都) 묘신지 소장.

도 9-23 경룡관종
중국 당 711년 | 중국 비림박물관 소장.

제X장   박물관 관람의 주의 사항을 곁들여

　　나는 평생 외국 여행을 가도 항상 박물관을 구심점으로 했기 때문에, 유학을 가서도 박물관을 중심으로, 회의도, 관리관도 모두가 박물관이었다. 잠시 출장을 가도 박물관 일이었고, 출장 목적에 따라 어떤 때는 진열장만 보고, 또 어떤 때는 조명과 색조만 보고 다녔다. 또 어떤 경우에는 "전시장의 보안 상태는 어떤가? 설명 패널은 어떤가?" 등등을 고민하며 박물관을 방문하였다. 어떤 여행이든 출장이든, 약간 가벼운 마음으로 떠나도 결국은 박물관에 한번 가보아야 된다고 생각하며 여러 박물관을 다녔다. 나는 오랫동안 크루즈 여행을 한번 해보기를 원했는데, 불행히도 그런 행운은 내 것이 아니었나 보다. 크루즈에 같이 갈 좋은 동반자도 없었던 탓도 있을지도 모른다. 그저 박물관과 관계없이 남들처럼 즐기는 여행이 한번 해보고 싶었던 것이었는데, 결국 아직까지 한 번도 크루즈 여행은 해보지 못했다. 크루즈에는 박물관이 없었기 때문이었을까?

　　나 자신은 박물관에서 도망가 보고 싶어 하면서도, 이상하게 남에게는 박물관에 가라고 강권하다시피 한다. 다행히 우리 모두에게 해외여행이 잦아지면서, 국내에서도 사람들이 국내외 박물관을 찾는 기회가 매우 많아졌다. 게다가 국내의 박물관들도 하도 커져서, 한 번의 방문으로 한 곳을 제대로 다 보기는 어렵없다. 물론 일반인들에게 어느 나라든 외국에 가서 박물관만 보라고 하는 것은 무리한 이야기이다. 그러나 다행스럽게도 많은 사람들이 유명 박물관을 반드시 찾아보아야 하는 곳으로 인식하기 시작했으니, 박물관에서 일을 하던 내 입장에서는 얼마나 반가운 일인지 모른다.

가까운 이들이 여행을 떠나면 나는 꼭 이렇게 말한다. 짧은 기간에 박물관을 보는 데는 두 가지의 요령이 있다. 먼저 그 박물관의 명품을 점찍어서 찾아보거나, 혹은 내가 평소에 보고 싶었던 것을 미리 골라놓고 가서 찾아보는 방법이 있다. 루브르에 갔으면 모나리자는 보아야 하지 않을까 하는 마음이라면, 그것부터 먼저 찾아보면 된다.

온 김에 다 한 번은 봐야지 하고 욕심을 부리고 싶을 수도 있겠지만, 사실 그건 불가능한 일이다. 그래도 다 보는 것을 한번 시도해 봐야지 싶으면, 두 번째 요령을 알려줄 테니 한번 따라해 보라. 그냥 전시실의 한 가운데를 질러서 지나가라. 그러면 눈에 띄는 전시품이 있을 것이다. 그럴 때 한 번 더 들여다보고 오면 된다. 그렇게 전시실 한 가운데를 질러서 쭉 보다가 눈에 띄는 것을 보다 보면, 좋아하는 전시품이 생기기도 한다. 박물관의 전시실은 대부분 "메인 월(main wall)"이라고 하는 "주벽(主壁)"이 있고, 거기에 그 전시실의 전시품 중에서 가장 뛰어난 것, 혹은 가장 특별한 것을 전시하는 것이 보통이다. 따라서 전시실에 들어가서 가장 먼저 눈에 띄는 주벽의 전시만 보아도, 대표적인 유물들을 다 보았다고 생각해도 무방하다.

내가 우리 집 거실에 앉아서 늘 불만을 가지고 있지만 어쩔 수 없는 일이 하나 있다. 박물관학자로 자부하면서도 내가 사는 거실 주벽에는 커다란 TV를 두고 그림을 그 옆에 걸어 놓은 공간 배치 때문이다. 나도 TV를 즐겨 보지만 이건 좀 아니라는 생각이 늘 든다. 그렇지만, 그렇다고 해서 TV를 한쪽으로 밀어 놓으면 방안의 균형이 안 맞을 듯하고, 현실적으로도 TV 시청에 문제가 따르기 마련이라서 그냥 불만만 가지고, 주벽 가운데 TV를 두고 산다.

이처럼 박물관 주벽에 놓아야 할 전시품의 선정은 교과서에서 이야기한 대로 되지는 않는다. 담당자에 따라 평가가 달라지기도 하겠지만, 이럴 때 즐겨 쓰는 말이 있다. 주벽에 두어야 할 전시품의 선정은 "보편타당성 있으면 되고," "편견이나 아집은 없어야 하고," 더욱 중요한 일은 "상업적인 의도가 있어서는 절대로 안 된다"는 것이다.

박물관학에서는 "박물관 피로(Museum Fatigue)"라는 말이 있다. 좋은 전시품에 만족한다고 해도, 혹은 반대로 아무런 부담 없이 전시장을 둘러본다고 해도, 박물관을 돌아다니면 육체적인 피로감과 함께 정신적 포만감으로 피로를 느끼게 되는데, 이것이 "박물관 피로"이다. 이 말은 "관람 피로"라는 말로 번역되기도 한다. 박물관 피로를 고려하여, 박물관에서는 관람객들에게 45분 내외의 관람 후에는 간단한 휴식을 가지기를 권장한다. 박물관 피로는 잠깐의 휴식으로 금방 회복되는 것이 특징이다. 즉, 전시실의 소파나 정원에 앉아서 쉬거나, 커피숍 등을 이용하면서 회복할 수 있는 것이다. 아마도 백화점에서 아이 쇼핑 경험이 있다면 박물관 피로와 비교해 보시라. 금방 이해가 될 것이다.

이와 함께, 박물관 측에서 관람객에게 이해를 구해야 할 일도 적지 않다.

먼저 관람객들은 박물관 내에서의 사진 촬영에 있어서 자제가 필요하다. 어떤 곳에서는 일체의 사진 촬영을 허용하지 않는 곳도 있고, 허용하는 곳에서도 삼각대와 플래시 사용은 금지되는 것이 원칙이다. 박물관 사업과 관련된 사진 촬영이나 TV용 촬영도 특별한 규정이 있기 때문에, 사진기의 사용에 따르는 유물의 훼손이나 관람 장애를 최대한으로 막아야 한다. 사실 이 문제는 모든 박물관이 먼저 사진 자료나 슬라이드 등을 미리 비치하여 원하는 관람객에게 봉사할 수 있도록 조치하는 것이 선행 조건이 될 것이다. 현대의 스마트폰으로 기념 촬영하는 것까지 막을 수는 없겠지만, 작품을 위해서 관람객들은 플래시를 터뜨리는 것만은 제발 자제하길 바란다. 플래시는 다른 관람객에게 직접적인 피해를 줄 뿐만 아니라, 전시품의 보존 환경에도 피해를 준다. 대부분의 전시품은 환한 조명 아래에서 견디어 온 것이 아니며, 전시품의 원래 습관에 맞추어 주는 것이 보존을 위해 바람직하기 때문이다. 출토 유물이 대부분인 전시품들은 어두운 무덤이나 땅속에서 오랜 세월 묻혀 있다가 세상으로 나왔기 때문에, 박물관 내부의 지나친 조명과 관람객의 입김 및 눈총에 익숙하지 않아서 매우 곤혹스러워할 것이다. 그래서 보통 일주일에 하루는 박물관의 휴관일로 정하여, 유물들에게도 휴식을 준다. 사실 그 휴관일에 박물관 직원들은 전시품 교체, 전시실 정비, 전시품 점검 등으로 은근히 바쁜 날이기도 하다.

박물관이 관람객에 대한 통제를 하는 것은 불가피하다. 특히 수학여행이나 단체 관광 여행객이 많이 찾는 박물관에서는 각 전시실에서 수용할 수 있는 인원을 정확히 파악하여 관람 정원이 초과하게 되는 상황을 막아야 한다. 그러므로 각급 학교의 수학여행 시기나 단체 여행객의 방문 시기는 박물관과 미리 조정될 필요가 있다. 이것은 박물관 관람뿐만 아니라 숙박 및 편의 시설의 활용 문제와도 관련된다. 국립경주박물관의 경우에는 봄이나 가을 수학여행 시즌이 되면, 엄청나게 많은 단체 관람객들이 오기 때문에, 단체 관람객의 수용에 대해서 여러 가지 주의를 기울여왔다.

박물관 전시 공간에서의 수용 한계는 일반적으로 1평방미터에 1.5명 정도의 관람객이 무난하고 적절하다고 볼 수 있긴 하지만, 박물관 관람객의 제한은 전시품의 크기에 따라서도 달라질 수 있다. 전시품이 큰 경우와 작은 것이 진열된 경우에는 일률적으로 적용하기 곤란하다. 그러므로 관람객 수용 제한은 전시실 공간과 전시품의 크기 등을 맞추어 적절하게 통제할 필요가 있다. 이러한 통제는 관람객이 쾌적한 환경에서 여유 있는 감상을 할 수 있도록 유도할 것이며, 궁극적으로는 전시실의 공기조화까지 원활하게 운용하는 결과를 가져올 것이다. 전시실에 대한 공기조화기(공조기)의 용량을 산출할 때는 이러한 점도 충분히 검토되어야 한다. 공기조화 수준에 적절하게 입장객 수를 통제하지 않는다면, 유물 보존과 전시실 환경 안전에 커다란 맹점을 초래할 것이다. 초창기의 박물관 건축 과정에서는 공기조화기의 용량을 공간 면적으로만 계산하여, 박물관 전시실 내부의 실제 공기가 나빠져서 문제를 일으킨 일이 많다.

한참 전에는 선거 유세가 한창일 때 사람들이 한강 백사장에 모여들었다. 그런데 한강 백사장에 모인 사람의 수는 집계하는 쪽의 입장에 따라 늘었다 줄었다 하는 경우가 많았다. 한동안 대중 유세가 없어지면서 시민들의 시위가 이어졌는데, 이때 시위대의 참가 인원에 대해서도 발표하는 쪽의 입장에 따라서 서로 상반된 인원 집계 결과가 나오기도 했다. 이는 일정 면적에 어느 정도의 사람을 수용하는가를 고려하여 기계적으로 집계하기 때문이다. 즉, 1평방미터 안에 몇 명이 있는지를 추산하여 참가 인원을 집계하는 방식을 썼기 때문이다. 그렇지만, 박물관 관람객 숫자의 추산을 이렇게 할 수는 없다.

단체 관람객의 박물관 관람 시간은 철저한 예약제를 실시하여, 가능한 한 밀집되지 않은 상태에서 이용하도록 하는 것이 바람직하다. 교육적으로는 수학여행 철에 밀려드는 학생을 위한 박물관 교사의 배치와 안내가 반드시 있어야 한다. 이러한 상호 배려는 크게는 박물관의 시설이나 보관 유물의 안전을 위한 것이지만, 일차적으로 관람객의 안전을 위한 필수적인 사항이다. 또한 박물관과 관람객의 안전 문제에서 한 걸음 더 나아가서, 관람객이 전시품을 자유스럽게 관람할 수 있는 절대적인 공간을 확보한다는 점에서도 필요한 사항이다.

최근 박물관에서는 진열장의 높이에 대해서도 충분히 검토하여 조정했기 때문에, 관람객들이 학습을 위한 기록을 쉽게 할 수 있도록 배려하여 전시한 경우를 종종 볼 수 있다. 그렇지만 전시품 자체가 노출되어 전시된 경우도 있고, 전시품이 유리장 속에 들어가 있는 경우에도 혹시 어떤 일이 일어날지 모르기 때문에, 전시장 안에서 학습하는 학생들의 필기도구는 반드시 연필을 사용하는 것이 좋다. 혹시 실수를 하더라도 연필은 쉽게 지울 수 있기 때문이다. 전시장 내에서의 연필 사용은 유물의 훼손을 막을 수 있는 관람객이 지켜야 할 중요한 주의사항으로, 이에 대한 철저한 사전 교육이 이루어질 필요가 있다.

최근 박물관들에서는 유물을 유리장 없이 전시하는 노출 전시를 가급적 피하려는 경향이 늘고 있다. 이는 노출 전시품을 눈으로 보지 않고 손으로 만져 보고자 하는 관람객이 많이 있기 때문이다. 그렇지만 아직까지 국립경주박물관에는 리노베이션하는 과정에서도 중앙 로비를 비롯한 몇몇 공간에 노출 전시품들을 배치해 놓았다(도 10-1, 2). 다만 가이드라인을 만들어 놓았음에도 불구하고, 관람객들 중에는 그 선을 넘고자 하는 사람들이 종종 있어서 서로 난감해지는 경우가 많다. 전시품을 만져 보려는 행위는 유물을 직접적으로 훼손시킬 수 있기 때문에, 그 유혹에 관람객 스스로 넘어가지 말아야 한다. 전시품을 만져 보려는 사람들이 늘어나면, 진열장의 유리를 통하지 않고 유물을 직접 볼 수 있는 기회는 당연히 박탈당할 수밖에 없다는 것이 현실이다.

박물관에서 관람객 스스로가 지켜야 할 예의를 잘 지키면서 유물들을 만날 때 좀 더 즐겁고 행복한 박물관 나들이가 될 것이다.

도 10-1 국립경주박물관 노출 전시 공간 1
신라역사관 중앙로비.

도 10-2 국립경주박물관 노출 전시 공간 2
신라역사관 내부.

이제까지 국립경주박물관에 소장된 여러 가지 유물들을 중심으로 신라인들의 의식주 생활 문화와 관련된 여러 가지 이야기들을 두서없이 나누어보았다. 마지막으로, 현대인들이 고대인들의 생활 문화를 연구할 때 가장 흔하게 착각하기 쉬운 것은 역사적 변화와 생활 문화를 정치사나 연대기적으로 정확하게 구분하는 것이 가능하다고 생각하는 점에 대해서 이야기해보고자 한다.

우리는 20세기에서 21세기로 넘어오면서 살아오고 있다. 1999년에서 2000년으로 넘어올 때, 즉 20세기에서 21세기로 넘어가던 때는 사회적으로 여러 가지 행사들이 거행되면서 정신없이 살았기 때문에, 사실 20세기와 21세기가 무엇이 달라진 것인지 세기의 변화를 크게 느끼지 못하고 살았다. 다만 연도를 적을 때 앞쪽 숫자가 달라진 것 밖에 없는 듯한 일상생활이 그냥 이어졌던 것이 사실이다.

역사적으로 보면, 전염병의 만연이나 전쟁의 상처, 부패한 왕권의 교체 등과 같은 사회적 사건들은 사회 변화의 속도를 재촉하고, 여기저기 보이지 않는 데서도 삶과 사고방식을 바꾸게 했던 것으로 보인다. 현대인들에게는 아마 21세기의 전 세계적 코로나 감염병 확산이 그러한 예가 될 것이다. 옛날에는 왕조가 바뀌면 도읍지와 궁궐이 바뀌었고, 그와 함께 정권 주변에서는 생과 사가 엇갈렸다. 쿠데타가 일어나면 가장 먼저 계엄령이 선포되고 통행금지가 강화되었다는 점에서 사회 변화를 실감하기도 했다. 쿠데타와 전쟁과 같은 사건을 겪어내면서, 사회 안의 정복자와 피정복자 사이에서는 순식간에 신분의 변화가 일어나고 사회 규범들은 뒤흔들리게 된다.

그렇지만 한편으로는, 사회생활과 문화의 변화는 바꾸자고 한다고, 어떤 특정 시점에서 "자 이제 시작이다"라고 외친다고 금방 달라지는 것이 아니다. 역사학계에서는 정치사적인 사건이나 왕조의 변천 등으로 시대를 구분하지만, 생활 문화의 징표인 문화유산의 연구에서는 그 변화의 시간을 정치사적 변화와 동일시하기 어려운 경우도 많다. 왜냐하면 생활 문화는 갑자기 급격한 변화를 일으킨 경우도 있지만, 대부분의 경우에는 긴 시간을 두고서 서서히 변화가 이루어졌기 때문이다. 특히 과거의 유물들을 가까이에서 보고 해석하는 과정에서 여러 형식의 유물들을 눈앞에 착착 늘어놓고 보면, 박물관 전문직의 눈에는 그 형식들의 변화와 유지 기간이 생각보다 매우 길게 이어졌다는 점이 보인다.

아마도 인간 생활의 변화를 불러온 인류 문화상 가장 큰 첫 번째 사건은 불의 사용이었을 것이다. 불의 사용은 긴 시간을 두고 음식을 익혀 먹는 식생활의 변화를 가져온 것 이외에도, 인간이 어둠과 추위를 극복하고 맹수와 같은 자연의 위험으로부터 보호받을 수 있는 데 큰 도움을 주었다. 나아가서는 토기와 자기, 기와를 굽는 일, 금속기를 달구어 갖가지 이기(利器)를 만드는 능력을 갖추어 준 것도 불의 역할이었다. 토기 제작이 가져온 생활의 변화를 비롯하여, 금속기와 유리의 제작을 통해서 일어난 모든 물질 문화의 변화는 결국 모두 불에서 비롯된 것이다. 따지고 보면 장작불, 기름을 이용한 호롱불이 전기로 변하면서 생활이 달라진 것은 바로 나의 세대가 처음 체험한 일이었다. 행인지 불행인지 그 과도기를 우리가 겪은 것이다. 지금 전기가 나간다면 나의 모든 일상은 마비될 것이 분명하다. 그런데 우리는 전기의 고마움을 잘 모르고 있다.

석기시대가 금속기시대로 바뀌었을 때까지, 그 변화는 참으로 서서히 진행되었을 것이다. 아마도 금속기를 사용하면서 인류는 매우 편리한 생활을 하게 되었다고 자주 느꼈을 것이다. 갈고 다듬고 또 갈아서 공들여 만든 석기를 잘못 다루면 그냥 못쓰게 되고 만다. 그러나 금속기는 제작에 실패하거나 혹은 망가진 것을 다시 녹여서 물건을 만들면 자원의 재생이 가능하다. 결국 석제 유물의 양이 많은 데 비해서, 현존하는 금속제 유물이 적은 이유는 바로 이러한 자원의 재활용 가능성에 있었던 것이다.

생활 문화에서 물질 문화의 변화 과정을 몸으로 느끼는 데는 어느 정도 변화의 확산 시간이 필요했을 것이다. 아마도 현대의 우리가 느끼는 급속한 물질 문화적 변화를 눈앞에서 보는 경우와는 조금 달랐을 것이라고 생각한다.

식품의 가공 과정을 예로 들어보자. 맷돌은 지금도 쓰이기는 하지만, 석기시대부터 음식을 갈아 먹는 데 사용해왔던 도구이다. 오랜 세월이 흘러가면서 맷돌의 형태는 조금씩 개량되기도 했지만 기본적인 형태는 크게 변하지 않으면서 사용되어 왔다. 옛날에는 곡식이나 식재료를 부수고 갈고, 거르고, 체로 치고, 섞고 하던 일들이 모두 맷돌과 절구 같은 도구를 가지고 손으로 해야 했다. 일하는 사람의 손으로 도구를 사용하여 대단히 고된 과정을 거쳐야만 가능했던 일이었다. 그런데 오늘날에는 어떠한가? 믹서라는 이름의 새로운 전기를 이용하는 도구는 그 기능이 다양하고 사용 범위도 한없이 넓어져서 경이로울 따름이다. 옛날 고등학생이었던 나는 그 아득히 멀고 긴 역사를 가진 맷돌로 녹두를 갈면서 힘들었던 기억을 생생하게 간직하고 있다. 나는 이런 기계 문명을 항상 남들보다 한걸음 늦게 접했음에도 불구하고, 믹서의 출현은 정말 경이로운 사건이었다.

나는 20세기 중반에도 삼국시대의 장식토우에서 보이는 디딜방아를 옛날 그대로 사용했던 경험을 가지고 있다. 그때는 한국전쟁 기간으로, 전쟁으로 모든 것이 마비된 상태였다. 집집마다 절구를 마당 한 켠에 두고 두루 사용하고 있었다. 기껏해야 곡식을 도정하거나 가루를 내던 간단한 작업도 디딜방아를 쓰면 얼마나 힘들고 공을 들여야 했는지 모른다. 지금은 거짓말처럼 다양한 쓰임새를 가진 갖가지 전동기구들을 가지고, 이런 일들을 쉽게 해치울 수가 있다.

조리기구는 어떤가? 음식을 익혀 먹던 옛날의 몇 가지 기구들은 전부 전기를 이용한 기구로 바뀌었다. 지금 아파트에서 사는 사람들은 오븐이나 전자레인지와 같이 기능성이 풍부한 새로운 조리기구들을 사용하고 있지만, 불행하게도 나는 아직 그 새로운 기구들을 제대로 알지도 못하고 다루지도 못한다. 이런 새로운 주방용 조리기구들은 끓이기, 조리기, 굽기, 지지기 등과 같은 기본적인 조리방식 이외에도, 집에서는 쉽게 해볼 생각을 하기 어려웠던 건조, 훈제, 삭히기 등과 같은 다양한 조리법을 자유자재로, 비교적 짧은 시간에 할 수 있도록 해주고 있다.

오래전 외국에서 반환된 문화재들을 점검하는데, 그중에서 무엇에 쓰는지 모르는 신라 토기의 조합 유물이 있었다. 나는 그게 무엇인지 전혀 감을 못 잡고 있었는데, 한 젊은 직원이 그것을 보고 소주를 내리는 데 사용하는 것이라고 알려 주어서 충격을 받았던 기억이 있다. 시골에서 자라면서 그런 기구를 사용하는 것을 익히 보아왔던 그 젊은이는 사용 경험이 있어서 금방 그릇의 용도를 알아챘던 것이었다.

옛날 아궁이에 불을 때서 솥밥을 할 때는 밥 짓기가 가장 어려웠다. 그래서 혼자 살면서 내내 삼층밥 짓지 않느냐는 놀림을 많이 받았었다. 그러나 요즘 세상에 그런 걱정을 왜 하겠는가. 씻어서 넣기만 하면 알아서 밥을 해주는 전기밥솥이 있는데 말이다. 나는 손으로 살림 살아야 하던 전근대시대 문화에서부터 기계가 다 해주는 신문명의 시대로 이어지는 문화적 과도기에 걸쳐서 살면서, 새로운 조리기구들을 다양하게 접하고 비교적 유용하게 사용하면서 살고 있기는 하다. 그렇지만, 현대의 신식 살림살이를 설명하는 일은 앞서가는 젊은 살림꾼이

할 일인 듯하다. 이런 신식 기구들의 모든 성능을 충분히 이용하지 못하고 있는 나는 신식 살림살이 설명에서는 빠져야겠다. 가끔 새 기구들을 한번 써 볼까 하면서 자세히 들여다보면 뭔지 기능도 다 모르는 경우가 많아서, 나는 이런 신식 기구 사용이나 설명하기에는 절대 자격이 없다. 요리를 못하고 즐겨하지도 않으니, 계속 앞서가는 새로운 살림살이 용품들을 무슨 재주로 다룰 수 있겠냐. 역시 내 인생에서 못 해보는 것들이 하나 더 늘어나는 것일 뿐이다.

우리나라 음식 문화에서 젓가락의 사용은 매우 중요한 위치를 차지하고 있다. 한동안 젓가락의 사용은 두뇌 발달에도 영향을 준다고 하기도 했고, 한동안 줄기세포로 언론의 주목을 받았던 황우석 박사가 연구 과정을 설명하면서 조수들의 미묘한 솜씨가 젓가락을 잘 쓰던 솜씨를 실험실에서 발휘했다고 하는 이야기를 한 적도 있었다. 한국 사람들의 손놀림 재간이 뛰어난 것이 금속제 젓가락 사용과 관계가 있다는 데는 사실 나도 동감한다. 젓가락질에 자신이 있으면, 밥상의 콩을 집어 보시라. 콩을 잘 집어야 젓가락질을 제대로 하는 것이다.

이전에 대학에 있을 때, 동료 교수 중에 학문적으로나 인간적으로나 야무지고 나무랄 데 없는 뛰어난 이가 한 명 있었는데, 그 사람한테도 딱 한 가지 내가 큰 소리로 흉보는 일이 있었다. 그 사람의 젓가락 사용법이 제대로 되지 못한 점이다. 나는 이전부터 밥상머리에서 어릴 때부터 젓가락질을 제대로 배워야 한다고 생각하며 살아왔는데, 그런 나의 생각을 아직까지 모두 바꾸지는 못했다. 그래도 결국 나는 그 사람한테 언제부터 젓가락질을 배우기 시작했는지를 물어보지는 못했다.

우리나라에서 젓가락 사용이 언제부터 시작되었는지는 아직 나도 잘 모르겠지만, 적어도 고려시대부터는 널리 사용하기 시작한 것으로 보인다. 출토상태가 어떠하던, 고려시대 유적에서는 숟가락과 젓가락으로 갖추어져 나오는 경우가 많으니, 사용하지 않은 것을 넣은 경우가 있거나, 숟가락만 나오는 경우가 있다고 하더라도, 이 즈음부터는 지금처럼 밥 먹을 때 숟가락과 젓가락을 세트로 사용했다고 볼 수 있다. 만약 젓가락질을 제대로 못하던 저 교수님이 고려시대에 체면치레가 필요 없거나 주변의 눈치 따위 상관이 없는 신분으로 태어났었다면, "에이 숭 잡히느니 안 쓸란다"라고 고집을 피우면서 젓가락 사용을 포기할 수도 있었을지도 모른다. 반대로 그분 같은 사람이 고려시대에 권력을 쥐고 있던 지배계층에 속했었다면, 사용하기도 힘든 젓가락 사용을 굳이 권장하지 않아서 젓가락 보급이 더 늦어졌을 수도 있었을 것이다.

조리기구와 젓가락으로 식생활 문화를 살펴보았다면, 마지막으로 다리미를 통해서 의생활 문화를 언급하며 마무리해야겠다. 나는 예전에 백제 무령왕릉 출토 청동 다리미의 형식 분류를 하고 용도를 검토한 적이 있었다. 그러나 그런 형식 분류나 편년 연구는 진짜 형식적 연구였을 뿐이었다. 나 자신이 그런 다리미를 어렸을 때 실제로 사용했었다는 사실은 이번에 이 책을 쓰면서 새삼스럽게 기억해내게 되어서 스스로도 놀라고 있다. 다만 내가 옛날에 사용하던 다리미는 백제계 형식이 아니라 신라계 형식의 다리미를 사용했었다. 나와 같은 시절을 살았던 또 다른 누군가는 옛 백제의 땅에서 백제계 다리미를 사용했을까? 누군가가 이러한 질문에 대한 뒷이야기를 좀 더 이어줄 수 있으면 좋겠다.

그런 다리미를 쓰다가, 전기다리미를 쓰게 되면서 얼마나 놀랍고 신기했는지는 아마 지금의 그 누구도 상상하지 못할 것이다. 길고 긴 세월 동안 별 변화 없이 사용해오던 다리미가, 하루아침에 깜짝 놀랄 만큼 커다란 변화를 보였다는 점에서 매우 기이한 느낌을 받았다.

처음 전기다리미를 접한 이후부터 지금까지 얼마나 많은 종류의 새로운 전기다리미가 나왔는지 모른다. 게다가 지금은 동네 세탁소가 많아지고 편리해져서, 이제는 세탁소의 이용이 일상화되었으니 참으로 중요한 생활 문화의 변화 발전 시기를 내가 살고 있다는 생각이 든다. 이 모든 일상생활의 도구들이 매일매일 하루가 다르게 발전해 나가며 변화하고 있는 이 시대를 살아가면서, 나도 모르는 사이에 내 자신이 신구(新舊)의 가교(架橋), 혹은 연결고리가 되어 가고 있다는 생각이 들었다. 이 책은 바로 이러한 옛날과 현대를 잇는 연결점으로서의 내 생각을 정리한 것이다.

이전에는 빨래도 강가로 나아가서 했다. 강가에서 빨랫감을 표면이 울퉁불퉁한 빨래판에 비벼 빨고, 가져와서 삶고 다시 머리에 이고 강가로 나아가서 또 헹구고 하며 빨래를 했다. 씻기 애매한 빨랫감은 빨랫방망이로 두들겨 맞아야 하기도 했다. 이제 이 모든 것을 집안으로 들여놓은, 세탁기라는 자동 기계가 해주는 것을 보고 있으면, 세탁기의 위력에 탄복하게 된다. 세탁기를 집에서 돌리고 있다 보면, "세탁기 너 참 정말 기특하구나"라는 혼잣말이 절로 흘러나온다.

21세기를 살면서 문득 지난 시간을 생각해보면, 나 자신도 전기와 기계 문명의 영향을 받은 새로운 생활 문화들에 어느새인가 익숙해져서 전기랑 각종 신식 기구들이 없으면 당장 일상생활에 심각한 불편을 느끼게 되었다. 이렇게 삶을 영위하는 데 필요한 여러 가지 생활용품들은 예나 지금이나 사람들이 살아가는 데 필수불가결한 요소들이었다. 이런 생활용품들뿐만 아니라, 전쟁 수행을 위한 병기나 무구들, 사치와 향락을 위한 호사품들도 사람들이 살아가는 데 필요한 것들이었다. 이 모든 것들이 현대 사회에 와서 급격한 기술과 물질 문화의 발달로 인하여 크게 변화하게 되었는데, 이러한 현대 문화의 급격한 변화가 모두 삶의 질을 높이기 위한 개선(改善)이라고 볼 수는 없다. 특히 정서적인 면에서 보면, 이러한 현대 문화의 변화는 좋고 편리한 부분으로만 발전했다고 보기는 어렵게 되었다.

전기를 이용하는 그 많은 인공조명 기구들은 참으로 별짓을 다 한다. 밤은 없어졌고, 사람들은 밤중에서 자유롭게 돌아다니며 생활하게 되어 좋은 점도 많지만, 한편으로는 잃어버린 것도 많다. 가물가물하는 호롱불에 이마를 맞대고 출렁이는 그림자를 벽에서 보면서 아기자기 살던 정겨운 풍경은 이제 어느 곳에서도 찾을 길이 없다. 옛날이라면 서로 가까이에서 이마를 마주대고 앉아 있을 가족들조차도, 지금은 모두 각각 다른 방에서 고개를 숙이고 핸드폰을 들여다보며 문자를 주고받기에 여념이 없다.

현대 기계와 전기의 편리함은 오래된 사람살이의 낭만과 정서를 모두 사라지게 했지만, 지금 우리는 핸드폰과 전기와 컴퓨터가 모든 것을 해결해 준다고 믿는 이상하고 신기한 세상을 기묘하게 살아가고 있다. 사라진 옛 물건들과 사람의 생활들이 아직도 남아 있는 박물관을 거닐면서, 현대의 바쁘고 편리한 일상생활에서 잠시 벗어나, 옛사람들의 생활과 낭만을 다시금 찾아보는 것이 필요하다. 누구든지 지금 나의 경주박물관 속 신라인 이야기를 들어보면서, 백 년이 채 안 되는 시간 동안 잊혀져버린 우리 선조들의 일상생활 문화와 삶의 단면을 만나기 위해서 박물관에 가끔씩 들러 보고, 옛 신라인들의 일상생활과 우리의 삶을 함께 돌아보고 성찰하고 향유하는 시간을 가질 수 있게 되기를 바란다.

함께 읽으면 좋은 책들

국문

고경희, 1989, 『안압지』, 대원사.

고고역사부 편, 2012, 『국립중앙박물관 소장 고려시대 동경銅鏡 자료집 - 호주명湖州銘 항주명杭州銘 소주명蘇州銘 동경』, 국립중앙박물관.

국립경주문화재연구소·국립경주박물관, 2020, 『말 갑옷을 입다』, 국립경주문화재연구소·국립경주박물관.

국립경주문화재연구소, 2022, 『서울에서 만나는 경주 쪽샘 신라고분』, 국립경주문화재연구소·한성백제박물관.

국립경주박물관, 1989, 『新羅의 土俑』, 국립경주박물관.

_____, 1991, 『경주와 실크로드』, 국립경주박물관.

_____, 1993, 『경주 황성동 석실분』, 국립경주박물관.

_____, 1996, 『신라인의 무덤 - 新羅陵墓의 形成과 展開』, 국립경주박물관.

_____, 1997, 『新羅土偶 - 新羅人의 삶, 그 永遠한 現在』, 국립경주박물관.

_____, 1999a, 『聖德大王神鍾 綜合論考集』, 국립경주박물관.

_____, 1999b, 『聖德大王神鍾 綜合調査報告書』, 국립경주박물관.

_____, 2002, 『안압지관』, 국립경주박물관.

_____, 2007a, 『國立慶州博物館 所藏 鏡鑑』, 국립경주박물관.

_____, 2007b, 『銅鏡: 과거를 비추는 거울』, 국립경주박물관.

_____, 2008, 『新羅, 서아시아를 만나다』, 국립경주박물관·국립제주박물관.

_____, 2010, 『慶州 鷄林路 14號墓』, 국립경주박물관.

_____, 2015a, 『경주의 황금문화재』, 국립경주박물관.

_____, 2015b, 『국립경주박물관』 상설전 도록, 국립경주박물관.

_____, 2016, 『慶州 金冠塚: 遺物篇』, 국립경주박물관.

_____, 2018, 『황룡사』, 국립경주박물관.

_____, 2021a, 『고대 한국의 외래계 문물』, 국립경주박물관.

_____, 2021b, 『신라역사관』, 국립경주박물관.

국립공주박물관, 1990, 『龜甲文과 鬼面文』, 국립공주박물관.

_____, 2020, 『武寧王陵 새로운 반세기를 준비하며: 무령왕릉 발굴 50주년 기념 국제학술대회 논문집』, 국립공주박물관.

_____, 2021, 『무령왕릉 발굴 50년: 1971-2021 새로운 반세기를 준비하며』, 국립공주박물관.

국립김해박물관, 2011, 『땅 속에 묻힌 염원: 창녕 말흘리 유적 출토유물 대공개』, 국립김해박물관.
국립무형유산원, 2017, 『국가무형문화재 제122호 연등회』, 국립무형유산원.
국립문화재연구원, 2018, 『국제학술심포지엄 정창원 소장 한반도 유물 - 정창원正倉院을 통해 밝혀지는 백제·통일신라의 비밀』, 국립문화재연구원.
국립부여박물관, 1993, 『국립부여박물관』, 국립부여박물관.
_____, 1998, 『중국낙양문물명품전』, 부여박물관.
_____, 2016, 『부소산』, 국립부여박물관.
국립중앙박물관, 1991, 『佛舍利莊嚴』, 국립중앙박물관.
_____, 1996, 『국립중앙박물관』, 국립중앙박물관.
_____, 1997a, 『入絲工藝: 우리나라 金屬工藝의 精華』, 국립중앙박물관.
_____, 1997b, 『한국 고대의 토기』, 국립중앙박물관.
_____, 2003a, 『統一新羅』, 국립중앙박물관.
_____, 2008b, 『황금의 제국 페르시아』, 국립중앙박물관.
_____, 2010a, 『고려동경 - 거울에 담긴 고려 사람들의 삶』, 국립중앙박물관.
_____, 2010b, 『황금의 나라 신라의 왕릉 황남대총』, 국립중앙박물관.
_____, 2012a, 『천하제일 비색청자』, 국립중앙박물관.
_____, 2012b, 『유리, 삼천 년의 이야기 - 지중해·서아시아의 고대 유리』, 국립중앙박물관.
_____, 2016, 『慶州 金冠塚: 遺構篇』, 국립중앙박물관.
_____, 2017, 『쇠·철·강: 철의 문화사』, 국립중앙박물관.
국립청주박물관, 1992, 『國立博物館所藏 韓國의 銅鏡』, 국립청주박물관.
_____, 2011, 『국립청주박물관』, 국립청주박물관.
_____, 2015, 『청주 사뇌사 금속공예 III』, 국립청주박물관.
국립현대미술관, 1993, 『아! 고구려: 1,500년전 集安 고분 벽화전』, 조선일보사.
김리나 책임편집, 2005, 『세계문화유산 고구려고분벽화』, ICOMOS 한국위원회·문화재청.
김부식 (고전연구실 옮김), 1995, 『北譯 三國史記』 전 2권, 重版, 도서출판 신서원.
김현희·윤상덕·김동우, 2005, 『통일신라·발해: 고대 문화의 완성』, 국립중앙박물관 명품선집 6, 국립중앙박물관.
나디아 허 (남혜선 옮김), 2016, 『동물원 기행』, 어크로스.
나이토 사카에, 2018, 「정창원 소장 한반도 유물」, 『국제 학술 심포지엄 정창원 소장 한반도 유물 - 정창원 正倉院을 통해 밝혀지는 백제·통일신라의 비밀』, 국립문화재연구원.
동북아역사재단 편, 2015, 『정창원 역사와 보물』, 동북아역사재단.
문화재관리국, 1974, 『天馬冢 發掘調査報告書』, 문화재관리국.

문화재관리국, 1985, 『皇南大塚 北墳 發掘調査報告書』, 문화재관리국.

_____, 1987, 『雁鴨池』, 문화재관리국.

_____, 1994, 『皇南大塚 南墳 發掘調査報告書』, 전 2권, 문화재관리국.

미국공보원, 1956, 『스튜벤글라스 유리水晶에 彫刻된 東方繪畵』, 서울: 美國公報院.

부산광역시립박물관 복천분관, 1997, 『삼국시대의 동물원』, 부산광역시립박물관 복천분관.

사카에하라 토와오 (이병호 옮김), 2012, 『정창원문서 입문』, 태학사.

신라 천년의 역사와 문화 편찬위원회 편, 2016a, 『신라의 건축과 공예』, 신라 천년의 역사와 문화 연구총서 18, 경상북도문화재연구원.

_____, 2016b, 『신라인의 생활과 문화』, 신라 천년의 역사와 문화 연구총서 17, 경상북도문화재연구원.

_____, 2016c, 『유적과 유물로 본 신라인의 삶과 죽음』, 신라 천년의 역사와 문화 연구총서 21, 경상북도문화재연구원.

신라문화유산연구원, 2010, 『경주 동산리 유적 I - 청동기시대』, 신라문화유산연구원.

안휘준, 2007, 『고구려 회화 - 고대 한국 문화가 그림으로 되살아나다』, 효형출판.

廉永夏, 1991, 『韓國의 鐘』, 서울大學校出版部.

李蘭暎, 1975, 「韓國匙箸의 形式分類」, 『歷史學報』 67, 歷史學會.

_____, 1976, 『신라의 토우』 교양국사총서 22, 세종대왕기념사업회.

_____, 1981, 「漢代 雜伎像과 一部 新羅土偶와의 관계」, 『美術資料』 28, 국립중앙박물관.

_____, 1992, 『韓國古代金屬工藝研究』, 一志社.

_____, 2003, 『高麗鏡 研究』, 도서출판 신유.

_____, 2005, 『박물관 창고지기』, 통천문화사.

_____, 2008, 『박물관학: 박물관 관리 운영의 이론과 실무』, 삼화출판사.

_____, 2012, 『한국 고대의 금속공예』 개정판 (초판 2000년 발행), 서울대학교출판문화원.

李蘭暎·金斗喆, 1999, 『韓國의 馬具』, 마문화연구총서 III, 한국마사회 마사박물관.

李成市 (김창석 옮김), 1999, 『동아시아의 왕권과 교역 - 신라·발해와 정창원 보물』, 청년사.

일연 (고전연구실 옮김), 2004, 『新編 三國遺事』, 신서원.

장상훈, 2021, 「완당 김정희 선생 백주기 유작전」, 『박물관신문』 593.

주경미, 2002, 『중국 고대 불사리장엄 연구』, 일지사.

_____, 2020, 「北魏時代 平城地域 출토 금속공예품의 국제성」, 『중앙아시아연구』 25-2, 중앙아시아학회.

_____, 2022, 「무령왕릉 출토품의 미술사 연구 현황과 과제」, 『百濟文化』 66, 공주대학교 백제문화연구소.

최선주, 2022, 『박물관 큐레이터로 살다 - 시간을 만지는 사람들』, 주류성.

崔在錫, 1995, 『正倉院 소장품과 통일신라』, 一志社.

韓炳三 責任監修. 1981, 『土器』韓國의 美 5, 中央日報社.

湖巖美術館, 1995, 『大高麗國寶展』, 호암미술관.

일문

京都文化博物館, 1994, 『大唐長安展』, 京都: 京都文化博物館.

九州國立博物館, 2010, 『馬: アジアを駆けた二千年』, 福岡: 九州國立博物館.

群馬縣立歷史博物館, 1992, 『群馬縣立歷史博物館 綜合案內』, 群馬縣: 群馬縣立歷史博物館.

宮內庁正倉院事務所 監修, 1993, 『正倉院』, 東京: 財團法人菊葉文化協會.

奈良國立博物館, 1996, 『第48回 正倉院展』, 奈良: 奈良國立博物館.

_____, 2009, 『第61回 正倉院展』, 奈良: 奈良國立博物館.

_____, 2018, 『第70回 正倉院展』, 奈良: 奈良國立博物館.

東京國立博物館, 1984, 『中國陶俑の美』, 東京: 朝日新聞社.

_____, 2007, 『悠久の美: 中國國家博物館名品展』, 東京: 朝日新聞社.

東京國立博物館, 2012, 『中國王朝の至宝』, 東京: NHK・毎日新聞社.

兵庫県立歷史博物館 編, 1996, 『大唐王朝の華 – 都・長安の女性たち』, 東京: 朝日新聞社.

杉山洋, 1996, 『梵鐘』日本の美術 355, 東京: 至文堂.

相賀徹夫 編, 1982, 『世界陶磁全集 10 中國古代』, 東京: 小學館.

松本包夫, 1984, 『正倉院裂と飛鳥天平の染織』, 京都: 紫紅社.

新潟県立近代美術館 編, 1999, 『唐皇帝からの贈り物 – 中國の正倉院 法門寺地下宮殿の秘宝』, 東京: 新潟県立近代美術館・朝日新聞社・博報堂.

深井晉司・田邊勝美, 1983, 『ペルシア美術史』, 東京: 吉川弘文館.

田辺勝美・前田耕作 責任編集, 1999, 『世界美術大全集 東洋編 第15卷 中央アジア』, 東京: 小學館.

朝鮮總督府, 1932, 『大正十三年度古蹟調查報告: 慶州金鈴塚飾履塚發掘調查報告』全2冊, 京城: 朝鮮總督府.

朱榮憲 編, 1985, 『高句麗古墳壁畵』, 東京: 朝鮮畵報社.

後藤四郎, 1978, 『正倉院: 日本美術全集 5 天平の美術』, 東京: 學習研究社.

Miho Museum, 2004, 『長安 陶俑の精華』, 滋賀縣: Miho Museum.

중문

孔祥星・劉一曼, 1992, 『中國銅鏡圖典』, 北京: 文物出版社.

_____, 1994, 『中國古銅鏡』, 台北: 藝術圖書公司.

洛陽文物工作隊, 1990, 『洛陽出土文物集粹』, 北京: 朝華出版社.

段書安 責任偏執, 1998, 『中國靑銅器全集 第16卷 銅鏡』, 北京: 文物出版社.

大同市博物館 編, 2016, 『平城文物精粹: 大同市博物館館藏精品錄』, 南京: 江蘇鳳凰美術出版社.

法門寺博物館 編, 1994, 『法門寺』, 西安: 陝西旅遊出版社.

陝西歷史博物館 外 編, 2003, 『花舞大唐春 – 何家村遺寶』, 北京: 文物出版社.

楊伯達 主編, 2004a, 『中國金銀玻璃琺瑯器全集 1 金銀器(一)』, 石家莊: 河北美術出版社.

_____, 2004b, 『中國金銀玻璃琺瑯器全集 2 金銀器(二)』, 石家莊: 河北美術出版社.

朱伯謙 主編, 2000, 『中國陶瓷全集 4 三國兩晉南北朝』, 上海: 上海人民美術出版社.

張延皓 主編, 1990, 『法門寺』, 西安: 中國陝西旅遊業出版社.

河北省文物局 編, 2000, 『滿城漢墓』, 廣州: 岭南美術出版社.

湖南省博物館, 1959, 「長沙兩晉南朝隋墓發掘報告」, 『考古學報』 3, pp. 75-105.

湖南省博物館 編, 2017, 『長沙馬王堆漢墓陳列』, 北京: 中華書局.

영문 및 기타

Saleh, Mohamed and Hourig Sourouzian, eds. 1987. *Official Catalogue: The Egyptian Museum Cairo*. Mainz: Verlag Philipp von Zabern.

Anthony, David W. ed. 2010. *The Lost World of Old Europe: The Danube Valley, 5000-3500 BC*. New York: Institute for the Study of the Ancient World at New York University and Princeton University Press.

Monah, Dan. 2016. *Anthropomorphic Representations in the Cucuteni-Tripolye Culture*. Oxford: Archaeopress Publishing Ltd.

Watt, James C. Y. ed. *China: Dawn of a Golden Age, 200-750 AD*. New York: The Metropolitan Museum of Art, 2004.

도판목록

도 2-1 빌렌도르프의 비너스, 기원전 23000년, 오스트리아 빌렌도르프 출토, 높이 10.8cm, 오스트리아 비엔나 자연사박물관(Natural History Museum, Vienna, Austria) 소장. ⓒJorge Royan

도 2-2 토용 여인상 앞면, 신라 7세기, 경주 황성동 석실분 출토, 높이 16.5cm, 국립경주박물관 소장.

도 2-3 토용 여인상(도 2-2)의 뒷면, 국립경주박물관 소장.

도 2-4 토용 여인상(도 2-2)의 오른쪽 옆면, 국립경주박물관 소장.

도 2-5 십일면관음보살이 들고 있는 병, 신라 8세기 중엽, 경주 석굴암, 국보. ⓒ불국사성보박물관

도 2-6 보살이 들고 있는 병, 신라 7세기, 경주 단석산 신선사 마애불상군, 높이 6m, 국보. ⓒ송은석

도 2-7 청동정병, 통일신라 9세기경, 군위 인각사지 출토, 높이 39.7cm(왼쪽), 35.2cm(오른쪽), 불교중앙박물관 소장, 보물.

도 2-8 노인의 머리(남자 문관상 두상), 신라 7세기, 경주 황성동 석실분 출토, 높이 4.7cm, 국립경주박물관 소장.

도 2-9 토용 소, 신라 7세기, 경주 황성동 석실분 출토, 길이 12.5cm, 국립경주박물관 소장.

도 2-10 토제수레바퀴(1, 2: 앞면, 3, 4: 뒷면), 신라 7세기, 경주 황성동 석실분 출토, 지름 10.0cm, 국립경주박물관 소장.

도 2-11 소가 끄는 수레, 고구려 408년, 덕흥리 고분. [사진출처 : 朱榮憲 編, 1985, 『高句麗古墳壁畵』, 東京: 朝鮮畵報社, 圖 85]

도 2-12 소가 있는 외양간, 고구려 4세기, 안악 3호분. [사진출처 : 朱榮憲 編, 1985, 『高句麗古墳壁畵』, 東京: 朝鮮畵報社, 圖 18]

도 2-13 공양품, 신라 7세기, 경주 분황사 탑 출토, 최대 길이 25.7cm, 국립경주박물관 소장.

도 2-14 토제기마인물상, 신라 6세기, 경주 금령총 출토, 높이 24.0cm(왼쪽), 21.0cm(오른쪽), 국립중앙박물관 소장, 국보.

도 2-15 토제기마인물상 중 공자 얼굴, 국립중앙박물관 소장, 국보.

도 2-16 토제기마인물상 중 종자, 국립중앙박물관 소장, 국보.

도 2-17 주형토기, 신라 6세기, 경주 금령총 출토, 높이 14.9cm, 국립중앙박물관 소장.

도 2-18 주형토기(도 2-17)의 세부 인물상, 국립중앙박물관 소장.

도 2-19 원추형 관모를 쓴 남자 토우, 신라 5-6세기, 경주 황남동 출토, 높이 2.5cm, 국립중앙박물관 소장.

도 2-20 반모형 관모를 쓴 남자 토우, 신라 5-6세기, 경주 황남동 소형고분군 출토, 높이 5.8cm, 국립중앙박물관 소장.

도 2-21 토용 복두를 쓴 문인상, 신라 7세기, 경주 황성동 석실분 출토, 높이 17.9cm, 국립경주박물관 소장.

도 2-22 **채색토용 남자상**, 통일신라 8세기, 경주 용강동 석실분 출토, 높이 20.5cm, 국립경주박물관 소장.

도 2-23 **노인남자 토우**, 신라 5-6세기, 경주 황남동 출토로 전함, 높이 9.8cm, 국립중앙박물관 소장.

도 3-1 **곡예를 하는 인물 토우**, 신라 5-6세기, 높이 4.2cm(가운데), 국립중앙박물관·국립경주박물관 소장.

도 3-2 **석조무인상**, 통일신라 8세기, 경주 원성왕릉, 높이 260.0cm, 보물.

도 3-3 **금동사리외함 사천왕상**, 통일신라 7세기 후반, 경주 감은사 터 서탑 출토, 사리함 높이 28.0cm, 국립경주박물관 소장, 보물.

도 3-4 **토용 서역인상 앞면**, 신라 7세기, 경주 황성동 석실분 출토, 높이 17.9cm, 국립경주박물관 소장.

도 3-5 **토용 서역인상(도 3-4)의 옆면**, 국립경주박물관 소장.

도 3-6 **호모를 쓴 공양인상**, 신라 7세기, 경주 단석산 신선사 마애불상군. ⓒ국가유산청

도 3-7 **토용 무인상**, 신라 7세기, 경주 황성동 석실분 출토, 현재 높이 12.3cm, 국립경주박물관 소장.

도 3-8 **삼채도용 말과 마부**, 중국 당 8세기, 중국 섬서성 서안시 서교당묘(西郊唐墓) 출토, 말 높이 58.2m, 마부 높이 47.3cm, 중국 섬서역사박물관 소장. [사진출처 : 京都文化博物館, 1994, 『大唐長安展』, 京都: 京都文化博物館, p. 42, 圖 22]

도 3-9 **토용 문인상**, 통일신라 8세기, 경주 용강동 석실분 출토, 높이 17.0cm, 국립경주박물관 소장.

도 3-10 **가채회도(加彩灰陶) 가무잡기 도용(歌舞雜技陶俑)**, 중국 전한대 기원전 2-1세기, 중국 산동성 제남시 무영산(無影山) 11호묘 출토, 바닥판 44.8×67.8cm, 중국 제남시박물관 소장. [사진출처 : 相賀徹夫 編, 1982, 『世界陶磁全集 10 中國古代』, 東京: 小學館, p. 88, 圖 79]

도 3-11 **은제타출문잔**, 신라 5세기, 경주 황남대총 북분 출토, 입지름 8.8cm, 국립경주박물관 소장, 보물.

도 3-12 **〈매신라물해(買新羅物解)〉 세부**, 일본 8세기, 일본 쇼소인(正倉院) 소장. ⓒThe Shosoin Treasure

도 3-13 **장식보검**, 신라 4-5세기, 경주 계림로 14호분 출토, 길이 36.8cm, 국립경주박물관 소장, 보물.

도 3-14 **금제단검식금구**, 중앙아시아 5-6세기, 카자흐스탄 보로보에(Borovoye) 출토, 폭 6.7cm, 높이 5.9cm, 러시아 에르미타시박물관(The State Hermitage Museum, St. Petersburg) 소장. ⓒThe State Hermitage Museum

도 3-15 **귀면장식금구**, 신라 5-6세기, 경주 계림로 14호분 출토, 길이 2.4cm(맨오른쪽), 국립경주박물관 소장.

도 3-16 **금동식리**, 신라 5-6세기, 경주 식리총 출토, 길이 35.0cm, 국립중앙박물관 소장.

도 3-17 **은제인물당초문완**, 중국 북위 5세기, 중국 산서성 대동시 공농로교장(工農路窖藏) 출토, 중국 대동시박물관 소장. [사진출처 : 楊伯達 主編, 2004, 『中國金銀玻璃琺瑯器全集 1 金銀器(一)』,

石家莊: 河北美術出版社, p. 224, 圖 270]

도 3-18 **금제팔찌**, 신라 5세기, 경주 황남대총 북분 출토, 지름 7.2cm, 국립경주박물관 소장, 보물.

도 3-19 **날개달린 사자장식 금제각배**, 아케메네스조 페르시아 기원전 500-400년, 이란 하마단 출토, 높이 21.3cm, 이란 테헤란국립박물관 소장

도 3-20 **금제장식판(스키타이인들이 뿔잔에 피를 나누어 마시는 장면)**, 스키타이 기원전 4세기경, 우크라이나 쿨 오바(Kul Oba) 쿠르간 유적 출토, 길이 5.0cm, 폭 3.7cm, 러시아 에르미타시박물관 (The State Hermitage Museum, St. Petersburg) 소장. ⓒThe State Hermitage Museum

도 3-21 **금동각배**, 삼국시대 5-6세기, 창녕 교동 출토, 길이 29.0cm, 국립중앙박물관 소장.

도 3-22 **금동각배**, 신라 5-6세기, 경주 금관총 출토, 길이 32.4cm, 국립중앙박물관 소장.

도 3-23 **토제녹상각배(土製鹿上角杯)**, 가야 5-6세기, 높이 24.4cm, 국립중앙박물관 소장.

도 3-24 **토제각배**, 신라, 대좌 높이 11.3cm, 길이 23.0cm, 국립중앙박물관 소장.

도 3-25 **토제마두식각배**, 가야 5-6세기, 부산 복천동 7호분 출토, 높이 14.4cm(왼쪽), 입지름 8.7cm(왼쪽), 동아대학교석당박물관 소장, 보물. ⓒ복천박물관

도 3-26 **좌파리구중가반(佐波理九重加盤)**, 통일신라 8세기, 뚜껑 지름 17.1cm, 일본 쇼소인(正倉院) 소장. ⓒThe Shosoin Treasure

도 3-27 **인물문 상감유리구슬 목걸이**, 신라 5-6세기, 경주 미추왕릉지구 C-4호분 출토, 전체 길이 24.0cm, 국립경주박물관 소장, 보물.

도 3-28 **인물문 상감유리구슬(도 3-27)의 세부**, 국립경주박물관 소장, 보물.

도 3-29 **잠자리구슬 목걸이 세부**, 기원전 3세기-기원후 1세기, 동지중해 연안 출토, 전체 길이 43.0cm, 일본 히라야마 이쿠오(平山郁夫) 실크로드미술관 소장.

도 3-30 **인물문 모자이크구슬**, 기원전 3세기-기원후 1세기경, 동지중해 연안 및 이집트 출토, 전체 길이 60.0cm, 일본 히라야마 이쿠오(平山郁夫) 실크로드미술관 소장.

도 3-31 **유리완**, 중국 북위 5세기, 중국 산서성 대동남교 북위묘군(大同南郊北魏墓群) 출토, 입지름 10.3cm, 중국 대동시박물관 소장. [사진출처 : 大同市博物館, 2016, 『平城文物精粹: 大同市博物館館藏精品錄』, 南京: 江蘇鳳凰美術出版社, p. 58]

도 3-32 **유리그릇**, 신라 5-6세기, 경주 서봉총, 금관총, 천마총, 황남대총 북분 출토, 높이 7.3-9.2cm, 국립중앙박물관·국립경주박물관 소장.

도 3-33 **봉수형유리병**, 신라 5세기, 경주 황남대총 남분 출토, 높이 24.7cm, 국립경주박물관 소장, 국보.

도 3-34 **『스튜벤 글라스』 전시도록 표지**, 1956년.

도 3-35 **검무 도안 유리 작품**, 김기창, 현대, 『스튜벤 글라스』 전시 출품작.

도 3-36 **장대석**, 통일신라 8-9세기, 길이 3m, 국립경주박물관 소장.

도 3-37 **금동풍탁**, 통일신라 8-9세기, 경주 안압지 출토, 높이 16.0cm, 국립경주박물관 소장.

도 3-38 　신라양가상묵 및 신라무가상묵의 명문이 기록된 먹, 통일신라 8세기, 길이 약 26.0cm, 일본 쇼소인(正倉院) 소장. ⓒThe Shosoin Treasure

도 3-39 　자초랑댁명 보라색 융단 / 색전첩포기(色氈貼布記), 통일신라 8세기, 일본 쇼소인(正倉院) 소장. ⓒThe Shosoin Treasure

도 3-40 　평탈칠기, 통일신라 8세기, 경주 안압지 출토, 높이 13.5cm, 국립경주박물관 소장

도 3-41 　청동금은평탈경, 통일신라 8-9세기, 지름 18.2cm, 동원 이홍근 기증품, 국립중앙박물관 소장.

도 3-42 　금은도금청동죽절주박산로(金銀鍍金靑銅竹節柱博山爐), 중국 전한대 기원전 2세기, 중국 섬서성 흥평시 두마촌(豆馬村) 무릉배장묘(茂陵陪葬墓) 출토, 전체 높이 58.0cm, 향로 입지름 9.0cm, 바닥 지름 13.3cm, 중국 섬서역사박물관 소장. [사진출처 : 東京國立博物館, 2012, 『中國王朝の至宝』, 東京: NHK・毎日新聞社, p. 114. 도 66]

도 3-43 　장신궁에서 쓴 금동등, 중국 전한대 기원전 2세기, 중국 하북성 만성한묘(滿城漢墓) 두관묘(竇綰墓) 출토, 높이 48.0cm, 중국 하북성박물관 소장, [사진출처 : 河北省文物局 編, 2000, 『滿城漢墓』, 廣州: 岭南美術出版社, 圖 16]

도 3-44 　다리(多利)라는 사람이 만든 은제팔찌, 백제 520년, 공주 무령왕릉 출토, 지름 14.0cm, 국립공주박물관 소장.

도 3-45 　법문사탑 지궁 후실 출토 상태, 중국 당 9세기, 중국 섬서성 서안시 법문사(法門寺). [사진출처 : 法門寺博物館 編, 1994, 『法門寺』, 西安: 陝西旅遊出版社, p. 53]

도 3-46 　은제도금호, 중국 당 7-8세기, 중국 섬서성 서안시 하가촌(何家村) 출토, 높이 14.8cm, 입지름 2.3cm, 중국 섬서역사박물관 소장. [사진출처 : 陝西歷史博物館 外 編, 2003, 『花舞大唐春 – 何家村遺寶』, 北京: 文物出版社, p. 240, 圖 64]

도 3-47 　은제도금합, 중국 당 7-8세기, 중국 섬서성 서안시 하가촌 출토, 완 높이 8.4cm, 입지름 21.6cm, 뚜껑 높이 3.4cm, 중국 섬서역사박물관 소장. [사진출처 : 新潟県立近代美術館 編, 1999, 『唐皇帝からの贈り物 – 中國の正倉院 法門寺地下宮殿の秘宝』, 東京: 新潟県立近代美術館・朝日新聞社・博報堂, p.138, 圖 93]

도 3-48 　경주 안압지 전경, 경주 인왕동 소재.

도 3-49 　국립경주박물관 월지관 내부 전경.

도 4-1 　철제원형경, 신라 5세기, 경주 황남대총 북분 출토, 지름 14.5cm, 국립경주박물관 소장.

도 4-2 　토제여신상, 기원전 5750년경, 튀르키예 차탈휘위크(Çatalhöyük)유적 출토, 튀르키예 아나톨리아문명박물관 소장. ⓒ주경미

도 4-3 　토제여신상 일괄품, 쿠쿠테니 트리폴리예 문명기 기원전 4900-4700년경, 루마니아 포두리(Poduri)유적 출토, 루마니아 님트주립박물관 소장. [사진출처 : Dan Monah, 2016, Anthropomorphic Representations in the Cucuteni-Tripolye Culture. Oxford: Archaeopress Publishing Ltd. p. 418, fig. 263-2]

도 4-4   테라코타 여성상, 에트루리아 기원전 4-3세기경, 높이 74.8cm, 미국 메트로폴리탄미술관 소장 (Accession Number: 16.141). ⓒThe Metropolitan Museum of Art, New York

도 4-5   1호 병마용갱, 중국 진 기원전 3세기, 중국 섬서성 서안시 병마용갱박물관. ⓒ주경미

도 4-6   축사 녹유도제명기(綠釉陶製明器), 중국 후한대 1-3세기, 높이 23.5cm, 미국 메트로폴리탄미술관 소장(Accession number: 1996.605.21). ⓒThe Metropolitan Museum of Art, New York

도 4-7   옷을 입은 목용, 중국 전한대 기원전 2세기, 중국 호남성 장사시 마왕퇴 고분 출토, 중국 호남성 박물관 소장. ⓒ주경미

도 4-8   삼채여자 기마용(三彩女子騎馬俑), 중국 당 8세기, 중국 섬서성 함양시 영태공주묘(永泰公主墓) 출토, 높이 33.5cm, 중국 섬서역사박물관 소장. [사진출처 : 兵庫縣立歷史博物館, 1996, 『大唐王朝の華 – 都·長安の女性たち』, 兵庫縣: 兵庫縣立歷史博物館·朝日新聞社. p. 72. 도 38]

도 4-9   남자 및 여자 토우, 신라 5-6세기, 높이 14.0-25.1cm, 국립경주박물관 소장.

도 4-10   토우장식장경호(土偶裝飾長頸壺), 신라 5-6세기, 경주 미추왕릉지구 출토, 높이 34.0cm, 국립경주박물관 소장, 국보 .

도 4-11   인물토우장식 고배뚜껑, 신라 5-6세기, 높이 10.6cm, 이화여자대학교박물관 소장.

도 4-12   기마인물문행렬도 선각토기 장경호 편, 경주 쪽샘지구 44호분 출토, 길이 28.5cm, 국립경주문화재연구소 소장.

도 4-13   여자 토우 앞면, 신라 5-6세기, 높이 19.1cm, 국립중앙박물관 소장.

도 4-14   여자 토우(도 4-13)의 뒷면, 국립중앙박물관 소장.

도 4-15   토용 여인상, 통일신라 8세기, 경주 용강동 석실분 출토, 최대 높이 17.2cm, 국립경주박물관 소장.

도 4-16   조모입여도병풍(鳥毛立女圖屛風), 일본 8세기, 세로 56.2cm(맨왼쪽), 가로 135.9cm(맨왼쪽), 일본 쇼소인(正倉院) 소장. ⓒThe Shosoin Treasure

도 4-17   장식빗, 통일신라 8-9세기, 길이 10.3cm, 리움미술관 소장. ⓒ리움미술관

도 4-18   금제뒤꽂이, 백제 6세기, 공주 무령왕릉 출토, 전체 길이 18.4cm, 국립공주박물관 소장, 국보.

도 4-19   빗, 통일신라 8-9세기, 경주 안압지 출토, 길이 9.7cm, 국립경주박물관 소장.

도 4-20   동경, 고려, 개성 부근 출토, 지름 13.5cm, 국립중앙박물관 소장.

도 4-21   황유가채도용(黃釉加彩陶俑) 여자기마상, 중국 당 664년, 중국 섬서성 정인태묘(鄭仁泰墓) 출토, 높이 37.2cm, 폭 25.4cm, 중국 섬서역사박물관 소장. [사진출처 : Miho Museum, 2004, 『長安 陶俑の精華』, 滋賀縣: Miho Museum, p. 57 圖 36]

도 4-22   삼채도용 여인상, 중국 당 8세기, 중국 섬서성 서안시 중보촌(中堡村) 출토, 높이 44.6cm, 폭 15.0cm, 중국 섬서역사박물관 소장. [사진출처 : Miho Museum, 2004, 『長安 陶俑の精華』, 滋

賀縣: Miho Museum, p. 81, 圖 52-2]

도 4-23 **두 손을 앞으로 모은 남자와 주름치마 입은 여자 토우**, 신라 5-6세기, 경주 황남동 출토, 높이 8.2cm(왼쪽), 5.3cm(오른쪽), 국립경주박물관 소장.

도 4-24 **색동주름치마를 입은 고구려 여인**, 고구려 5세기, 평안남도 강서 수산리 고분. [사진출처 : 김리나 책임편집, 2005, 『세계문화유산 고구려고분벽화』, ICOMOS 한국위원회·문화재청, p. 41-상]

도 4-25 **춤추는 여자 토우**, 신라 5세기, 경주 황남대총 남분 출토, 높이 6.7cm, 국립경주박물관 소장.

도 4-26 **금동신발**, 고구려(길림성 집안시 출토로 전함), 길이 34.8cm, 국립중앙박물관 소장.

도 4-27 **금동신발**, 백제 5세기, 고창 봉덕리 1호분 출토, 길이 32.7cm, 너비 7.7-10.7cm, 국립전주박물관 소장, 보물.

도 4-28 **토제신발**, 가야 4-5세기, 길이 23.5(왼쪽), 24.0cm(오른쪽), 리움미술관 소장.

도 4-29 **짚신모양 토기**, 신라 5세기, 높이 13.1cm, 리움미술관 소장.

도 4-30 **금동옷걸이 장식**, 통일신라 7-9세기, 경주 안압지 출토, 길이 8.5cm, 지름 8.5cm, 국립경주박물관 소장.

도 4-31 **청동다리미**, 백제 6세기, 공주 무령왕릉 출토, 전체 길이 49.0cm, 국립공주박물관 소장.

도 5-1 **농경문청동기**, 청동기시대, 대전 괴정동 출토로 전함, 길이 12.8cm, 국립중앙박물관 소장.

도 5-2 **괭이를 멘 농부 토우**, 신라 5-6세기, 높이 3.7cm, 국립경주박물관 소장.

도 5-3 **멧돼지를 싣고 가는 기마인물토우**, 신라 5-6세기, 경주 황남동 출토, 높이 6.0cm, 국립중앙박물관 소장.

도 5-4 **지게를 지고 짐을 나르는 인물토우**, 신라 5-6세기, 경주 황남동 출토, 높이 5.5cm, 국립중앙박물관 소장.

도 5-5 **항아리를 머리에 인 여자 토우**, 신라 5-6세기, 높이 3.4cm, 국립중앙박물관 소장.

도 5-6 **수레모양 토기**, 신라 6세기, 경주 계림로 25호분 출토, 높이 13.0cm, 국립경주박물관 소장.

도 5-7 **디딜방아모양 토우**, 신라 5-6세기, 길이 5.9cm, 국립중앙박물관 소장.

도 5-8 **갈돌과 갈판**, 청동기시대, 갈판 길이 38.9cm, 국립중앙박물관 소장.

도 5-9 **맷돌**, 고려, 청주 사뇌사지 출토, 높이 24.0cm, 너비 33.0cm, 국립청주박물관 소장.

도 5-10 **재매정**, 경주 교동. 사적.

도 5-11 **계란이 들어있는 토기 출토상태**, 신라 6세기, 경주 천마총 출토. ⓒ국립문화재연구원.

도 5-12 **각종 패각류가 담겨진 작은 토기들이 들어있는 대형 토기 출토상태 재현**, 신라 5-6세기, 경주 서봉총 출토, 국립중앙박물관 소장. ⓒ주경미

도 5-13 **"醯(해)"명 목간**, 통일신라 8-9세기, 경주 안압지 출토, 길이 16.7cm, 국립경주박물관 소장.

도 5-14   묵화문토기(墨畫文土器)와 "言", "貞", "茶"의 묵서명, 통일신라 8-10세기, 경주 안압지 출토, 입지름 11.3cm, 국립경주박물관 소장.

도 5-15   청동솥, 신라 5세기, 경주 황남대총 남분 출토, 높이 20.1cm, 국립경주박물관 소장.

도 5-16   청동시루, 신라 5세기, 경주 황남대총 남분 출토, 높이 13.0cm, 입지름 25.0cm, 국립경주박물관 소장.

도 5-17   청동시루(도 5-16)의 바닥면, 국립경주박물관 소장.

도 5-18   청동초두, 신라 5세기, 경주 황남대총 남분 출토, 전체 길이 28.8cm, 높이 11.4cm, 국립경주박물관 소장.

도 5-19   양머리모양 청동초두, 신라 5세기, 경주 황남대총 북분 출토, 높이 16.8cm, 국립경주박물관 소장.

도 5-20   청동약관(靑銅藥灌), 나말여초, 높이 19.2cm, 국립광주박물관 소장.

도 5-21   부여 부소산 유적 출토 일괄유물, 통일신라 8-10세기, 정병 높이 37.0cm, 국립부여박물관 소장.

도 5-22   "十口八瓮"명 큰항아리, 통일신라 9-10세기, 경주 안압지 출토, 높이 150.0cm, 입지름 60.0cm, 국립경주박물관 소장.

도 5-23   "十口八瓮"명 큰항아리(도 5-22)의 명문 세부, 국립경주박물관 소장.

도 5-24   청동사이호, 신라 5-6세기, 경주 금관총 출토, 높이 39.6cm, 국립경주박물관 소장.

도 5-25   토제광구장경사이호, 고구려, 서울 몽촌토성 출토, 높이 59.0cm, 서울대학교박물관 소장.

도 5-26   청동장경호, 신라 5세기, 경주 황남대총 남분 출토, 높이 26.6cm, 국립경주박물관 소장.

도 5-27   운문사 동호, 고려 1067년, 전체 높이 55.0cm, 입지름 19.5cm, 청도 운문사 소장, 보물. ©문화재청

도 5-28   청동호우, 고구려 415년, 경주 호우총 출토, 높이 19.4cm, 국립중앙박물관 소장, 보물.

도 5-29   연수명(延壽銘) 은제합, 고구려 5세기, 경주 서봉총 출토, 높이 15.6cm, 입지름 17.8cm, 국립중앙박물관 소장.

도 5-30   연수명 은제합(도 5-29)의 뚜껑 내부 명문, 국립중앙박물관 소장.

도 5-31   청동합, 신라 5-6세기, 경주 식리총, 인동총, 미추왕릉지구 출토, 지름 16.5cm(왼쪽), 국립경주박물관 소장.

도 5-32   은제합, 신라 5세기, 경주 황남대총 남분 출토, 높이 5.5cm, 입지름 11.7cm, 국립경주박물관 소장.

도 5-33   청동쟁반, 신라 5세기, 경주 황남대총 북분 출토, 입지름 35.6cm, 국립경주박물관 소장.

도 5-34   금제완, 신라 5세기, 경주 황남대총 출토, 높이 4.8cm(오른쪽), 국립경주박물관 소장, 보물.

도 5-35   가반형식 금제완, 신라 4-5세기, 경주 월성로 가-13호분 출토, 지름 11.4cm(왼쪽). 13.4cm(오른쪽), 국립경주박물관 소장.

도 5-36   뚜껑이 있는 청동대접, 통일신라 8-10세기, 경주 안압지 출토, 대접 높이 7.1cm, 국립경주박물관 소장.

도 5-37   **청동원저발**, 통일신라 8-10세기, 영천 용계리 출토, 최대 지름 23.3cm, 국립경주박물관 소장.

도 5-38   **청동수저**, 백제 6세기, 공주 무령왕릉 출토, 숟가락 전체 길이 20.4cm, 국립공주박물관 소장.

도 5-39   **동탁은잔**, 백제 6세기, 공주 무령왕릉 출토, 잔 높이 5.6cm, 입지름 8.1cm, 뚜껑 높이 5.2cm, 받침 지름 14.8cm, 국립공주박물관 소장.

도 5-40   **은제도금탁잔**, 고려, 전체 높이 12.3cm, 입지름 8.6cm, 받침 지름 16.5cm, 국립중앙박물관 소장, 보물.

도 5-41   **청동오화형대접**, 통일신라 8-10세기, 황해도 평산 출토, 지름 15.5cm, 국립중앙박물관 소장.

도 5-42   **청동팔곡장배**, 통일신라 8-9세기, 성주 기산리 유적 출토, 최대 입지름 21.5cm, 국립대구박물관 소장.

도 5-43   **청동편구완**, 통일신라 8-9세기, 경주 안압지 출토, 입지름 11.6cm, 국립경주박물관 소장.

도 5-44   **당삼채골호와 청동접시뚜껑**, 통일신라 8세기, 경주 조양동 출토, 입지름 15.0cm, 국립경주박물관 소장.

도 5-45   **은제숟가락 편**, 신라 5-6세기, 경주 금관총 출토, 현재 길이 5.8-9.1cm, 국립중앙박물관 소장.

도 5-46   **용문칠죽작(龍文漆竹勺)**, 중국 전한대 기원전 2세기, 중국 호남성 장사시 마왕퇴(馬王堆) 1호분 출토, 전체 길이 62.0cm, 입지름 10.0cm, 중국 호남성박물관 소장. [사진출처 : 湖南省博物館 編, 2017, 『長沙馬王堆漢墓陳列』, 北京: 中華書局, p. 165-下]

도 5-47   **청동숟가락**, 통일신라 8-9세기, 경주 안압지 출토, 길이 26.7cm, 국립경주박물관소장.

도 5-48   **청동숟가락 일괄품**, 통일신라 8세기, 길이 20.0-25.0cm, 일본 쇼소인(正倉院) 소장. ⓒThe Shosoin Treasure

도 5-49   **패각제숟가락 일괄품**, 일본 8세기, 길이 33.0-34.8cm, 일본 쇼소인(正倉院) 소장. ⓒThe Shosoin Treasure

도 5-50   **청동수저 일괄**, 고려, 청주 사뇌사지 출토, 길이 11.7-19.4cm, 국립청주박물관 소장.

도 5-51   **청동수저**, 조선 1454년 이전, 서울 미아동 온령군묘 출토, 숟가락 길이 26.8cm, 젓가락 길이 25.4cm, 국립중앙박물관 소장.

도 5-52   **경주 포석정**, 통일신라, 경주 배동 소재, 사적. ⓒ주경미

도 6-1   **금동용두장식**, 통일신라 8-9세기, 경주 안압지 출토, 길이 16.4cm(오른쪽), 국립경주박물관 소장.

도 6-2   **집모양토기**, 통일신라 8세기, 경주 북군동 출토, 높이 43.4cm, 국립경주박물관 소장.

도 6-3   **집모양토기**, 신라 4세기, 경주 사라리 5호분 출토, 높이 20.3cm, 국립경주박물관 소장.

도 6-4   **집모양토기**, 신라 5-6세기, 높이 11.9cm, 호암미술관 소장.

도 6-5   **집모양토기**, 신라 5세기, 대구 현풍 출토, 높이 12.5cm, 국립중앙박물관 소장.

도 6-6   **황룡사 치미**, 신라 7세기, 경주 황룡사지 출토, 높이 182.0cm, 국립경주박물관 소장.

도 6-7	**보상화문전**, 통일신라 8세기, 경주 안압지 출토, 너비 35.0cm, 국립경주박물관 소장.
도 6-8	**물결모양전과 보상화문전**, 통일신라 7-8세기, 경주 사천왕사지 목탑지 출토, 전돌 너비 35.0cm, 국립경주문화재연구소·국립경주박물관·국립중앙박물관 소장.
도 6-9	**연등회 행사장**, 현대, 서울 조계사. ⓒ국립무형유산원
도 6-10	**주거지 및 화덕자리 전경**, 청동기시대, 경주 천북면 동산리 401번지 유적내 15호 주거지. ⓒ신라문화유산연구원
도 6-11	**청자등잔**, 중국 남조 6세기, 공주 무령왕릉 출토, 높이 4.7cm, 입지름 8.2cm, 국립공주박물관 소장.
도 6-12	**토제등잔**, 백제, 부여 출토, 높이 3.6cm(오른쪽), 국립부여박물관 소장.
도 6-13	**토제등잔**, 신라 7-9세기, 경주 황룡사지 출토, 지름 11.0cm, 국립경주박물관 소장.
도 6-14	**등잔형토기**, 신라 5-6세기, 경주 금령총 출토, 높이 12.4cm, 너비 14.1cm, 국립중앙박물관 소장.
도 6-15	**납석제촛대**, 통일신라 8-10세기, 전 경주 출토, 높이 25.0cm, 국은 이양선 수집품, 국립경주박물관 소장.
도 6-16	**토제등잔**, 통일신라 8-10세기, 경주 안압지 출토, 높이 3.3-4.1cm, 입지름 8.4-10.4cm, 국립경주박물관 소장.
도 6-17	**청동광명대**, 신라 7-8세기, 경주 인용사지 출토, 높이 35.5cm, 국립경주문화재연구소 소장.
도 6-18	**청동촛대**, 통일신라 8-9세기, 높이 38.0cm, 국립중앙박물관 소장.
도 6-19	**금동수정감장촛대**, 통일신라 8-9세기, 높이 36.8cm, 리움미술관 소장, 국보.
도 6-20	**금동초심지가위**, 통일신라 8세기, 경주 안압지 출토, 길이 25.5cm, 국립경주박물관 소장, 보물.
도 6-21	**백동가위**, 통일신라 8세기, 길이 22.6cm, 일본 쇼소인(正倉院) 소장. ⓒThe Shosoin Treasure
도 6-22	**화엄사 각황전 석등**, 통일신라, 구례 화엄사. ⓒ주경미
도 6-23	**법주사 쌍사자석등**, 통일신라, 보은 속리산 법주사. ⓒ주경미
도 6-24	**쌍사자석등**, 통일신라, 광양 중흥산성 출토, 높이 250.0cm, 국립광주박물관 소장, 국보.
도 6-25	**청동쌍사자광명대**, 고려 11-12세기, 전 홍천 출토, 높이 41.0cm, 국립춘천박물관 소장.
도 6-26	**철제구리은입사촛대**, 조선, 전체 높이 80.0cm, 받침 지름 25.7cm, 국립중앙박물관 소장.
도 6-27	**백자등잔**, 현대 광복이후, 높이 22.5cm, 국립민속박물관 소장.
도 6-28	**석유 호야등**, 현대 광복이후, 높이 48.0cm, 국립민속박물관 소장.
도 6-29	**금제허리띠의 요패 장식(왼쪽 다섯번째 유리병)**, 신라 5-6세기, 경주 금관총 출토, 길이 70.0cm, 국립중앙박물관 소장, 국보.
도 6-30	**백옥향낭노리개** / 백옥투조연화문산호부향낭(白玉透彫蓮花文珊瑚附香囊), 조선, 국립중앙박물관 소장.
도 6-31	**불교공예품 일괄**, 나말여초 9-10세기, 군위 인각사지 출토, 불교중앙박물관 소장.

도 6-32　**금동향로**, 신라 8-9세기, 익산 미륵사지 출토, 전체 높이 30.0cm, 뚜껑 지름 26.2cm, 최대 지름 29.7cm, 국립익산박물관 소장, 보물.

도 6-33　**흥왕사명 청동은입사운룡문향완**, 고려 1229년 / 1289년, 높이 38.1cm, 리움미술관 소장, 국보.

도 6-34　**청자사자형유개향로**, 고려, 높이 21.2cm, 국립중앙박물관 소장, 국보.

도 6-35　**청동병향로(柄香爐)**, 중국 당 8세기, 중국 하남성 낙양시 신회묘(神會墓) 출토, 손잡이 길이 41.0cm, 지름 11.5cm, 높이 7.5cm, 중국 낙양박물관 소장. [사진출처 : 洛陽文物工作隊, 1990, 『洛陽出土文物集粹』, 北京: 朝華出版社, p. 105, 圖 96]

도 6-36　**청동탑형뉴합**, 중국 당 8세기, 중국 하남성 낙양시 신회묘 출토, 높이 15.6cm, 중국 낙양박물관 소장. [사진출처 : 국립부여박물관, 1998, 『중국낙양문물명품전』, 부여박물관, 도판 68]

도 6-37　**청동병향로**, 통일신라 8-9세기, 창녕 말흘리유적 출토, 길이 41.6cm, 국립김해박물관 소장.

도 6-38　**금동투조장식판**, 통일신라 8-9세기, 창녕 말흘리유적 출토, 길이 17.0-19.0cm, 국립김해박물관 소장.

도 6-39　**은제도금훈구**, 중국 당 9세기, 중국 섬서성 서안시 법문사(法門寺)탑 지궁 출토, 지름 12.8cm, 중국 법문사박물관 소장. [사진출처 : 張延皓 主編, 1990, 『法門寺』, 西安: 中國陝西旅遊業出版社, p. 132]

도 6-40　**은제도금훈구(도 6-39)의 내부**, 중국 법문사박물관 소장. [사진출처 : 張延皓 主編, 1990, 『法門寺』, 西安: 中國陝西旅遊業出版社, p. 131-左]

도 6-41　**성덕대왕신종의 병향로를 든 비천상**, 통일신라 771년, 국립경주박물관 소장.

도 6-42　**금동합**, 통일신라 7-8세기, 경주 안압지 출토, 높이 11.2cm, 입지름 10.1cm, 국립경주박물관 소장.

도 6-43　**은제연당초문합**, 신라 7세기, 경주 황룡사 목탑지 출토, 높이 5.0cm, 국립중앙박물관 소장.

도 6-44　**금제합과 은제합**, 신라 7세기, 경주 황룡사 목탑지 출토, 높이 10.8cm(왼쪽), 13.5cm(오른쪽), 국립중앙박물관 소장.

도 6-45　**청동합**, 백제 639년, 익산 미륵사지 서석탑 출토, 지름 8.3cm(오른쪽), 국립익산박물관 소장, 국보.

도 6-46　**청동합과 내부공양품**, 백제 639년, 익산 미륵사지 서석탑 출토, 합 지름 8.3cm, 국립익산박물관 소장, 국보.

도 6-47　**청동은입사보상당초봉황문합**, 고려 11-12세기, 높이 9.9cm, 입지름 18.3cm, 리움미술관 소장, 국보.

도 6-48　**카위 왕비(Queen Kawit)의 석관 부조 중 거울을 들고 있는 카위 왕비**, 이집트 제11왕조 시대(기원전 2055-2004년경), 이집트 데이르 엘 바하리(Deir al-Bahari) 출토, 카이로 이집트박물관 소장(JE47397).

도 6-49 은제금장식거울, 이집트 제12왕조 시대(기원전 1842-1798년경), 이집트 라훔(Lahum) 사트 하토르 이우네트(Sat-Hathor-Yunet) 공주 무덤 출토, 높이 28.0cm, 폭 15.0cm, 카이로 이집트박물관 소장(JE44920). [사진출처 : Mohamed Saleh and Hourig Sourouzian eds. 1987. Official Catalogue: The Egyptian Museum Cairo. Mainz: Verlag Philipp von Zabern. Plate 113]

도 6-50 오자서고사문경(伍子胥故事文鏡) / 백씨오자서경(柏氏伍子胥鏡), 중국 후한대 2-3세기경, 지름 20.7cm, 중국 상해박물관 소장. ⓒ上海博物館

도 6-51 호주진석가명 팔화형경(湖州眞石家銘 八花形鏡), 고려/송, 경북 영덕 강구면 상직리 산73번지 출토, 지름 13.9cm, 국립경주박물관 소장.

도 6-52 청동방격규구조문경(青銅方格規矩鳥文鏡), 신라 5세기, 경주 황남대총 남분 출토, 지름 15.5cm, 국립경주박물관 소장.

도 6-53 청동신수경(青銅神獸鏡), 백제 6세기, 공주 무령왕릉 출토, 지름 17.8cm, 국립공주박물관 소장, 국보.

도 6-54 청동의자손수대경(青銅宜子孫獸帶鏡), 백제 6세기, 공주 무령왕릉 출토, 지름 23.2cm, 국립공주박물관 소장, 국보.

도 6-55 청동의자손수대경, 일본 7세기, 일본 군마현 간논야마(觀音山) 고분 출토, 지름 23.3cm, 일본 군마현립역사박물관 소장.「国(文化庁保管)」ⓒ群馬県立歴史博物館

도 6-56 하화문경(荷花文鏡), 통일신라 8-10세기, 경주 안압지 출토, 지름 9.0cm, 국립경주박물관 소장.

도 6-57 칠화문경(七花文鏡) 파편, 통일신라 8-10세기, 경주 안압지 출토, 현재 길이 8.2cm, 국립경주박물관 소장.

도 6-58 소문경(素文鏡), 통일신라 8세기, 경주 불국사 석가탑 출토, 지름 7.8cm, 불국사박물관 소장, 국보.

도 6-59 파경(破鏡), 통일신라 8세기, 경주 불국사 석가탑 출토, 길이 11.5cm, 불국사박물관소장.

도 6-60 보상화문 팔화경(寶相花文八花鏡) 파편, 중국 당 8-9세기, 익산 미륵사지 출토, 지름 5.4cm, 국립익산박물관 소장.

도 6-61 청동금은평탈경(青銅金銀平脫鏡), 통일신라 8-9세기, 지름 18.2cm, 동원 이홍근 기증품, 국립중앙박물관 소장.

도 6-62 나전경(螺鈿鏡) / 나전단화금수문경(螺鈿團花禽獸紋鏡), 통일신라 8-9세기, 전 경북 출토, 지름 18.6cm, 리움미술관 소장, 국보.

도 6-63 "고려국조(高麗國造)"명 동경, 고려, 지름 14.8cm, 국립중앙박물관 소장.

도 6-64 은제도금경가(銀製鍍金鏡架), 고려, 높이 55.5cm, 폭 36.4cm, 국립중앙박물관 소장.

도 6-65 토제호자, 백제, 부여 군수리 출토, 높이 26.5cm, 국립부여박물관 소장.

도 7-1 선각인물동물문 고배뚜껑, 신라 5-6세기, 경주 계림로 47호분 출토, 지름 15.0cm, 국립경주박물관 소장.

도 7-2　토우장식 고배뚜껑, 신라 5-6세기, 경주 황남동 출토, 높이 9.0cm, 국립경주박물관 소장.

도 7-3　개와 멧돼지 토우장식 토기뚜껑, 신라 5-6세기, 경주 황남동 출토, 개 길이 4.3cm, 멧돼지 길이 5.5cm, 국립중앙박물관 소장.

도 7-4　부엌과 육고(肉庫), 고구려 357년, 안악 3호분. [사진출처 : 朱榮憲 編, 1985, 『高句麗古墳壁畵』, 東京: 朝鮮畵報社, 圖 15]

도 7-5　돼지와 돼지우리 도용, 중국 전한대 기원전 2세기, 22.86×39.37×27.94cm, 미국 미니애폴리스 미술관(Minneapolis Institute of Art) 소장(Accession Number: 95.118.1a-l).

도 7-6　토제기대 장식 중 돼지 세부, 가야, 부산 복천동 32호분 출토, 부산대학교박물관 소장. ⓒ복천박물관

도 7-7　멧돼지 토우, 신라 5-6세기, 경주 황남동 출토, 길이 7.2cm, 국립중앙박물관 소장.

도 7-8　안장을 걸친 말 토우, 신라, 높이 16.8cm, 국립경주박물관 소장.

도 7-9　토용 말, 통일신라 8세기, 경주 용강동 고분 출토, 길이 12.7-16.2cm, 국립경주박물관 소장.

도 7-10　선각동물문 긴목항아리, 신라 5세기, 울산 삼광리 출토, 높이 41.2cm, 국립중앙박물관 소장.

도 7-11　비단벌레장식 말안장(복원품), 신라 5세기, 경주 황남대총 남분 출토, 최대 폭 55.3cm, 높이 33.9cm, 국립경주박물관 소장.

도 7-12　비단벌레, 박제표본, 국립경주박물관 소장.

도 7-13　비단벌레장식 등자, 신라 5-6세기, 경주 금관총 출토, 길이 14.6cm, 국립중앙박물관 소장.

도 7-14　청자기마인물상, 중국 서진 302년경, 중국 호남성 장사시 금분령(金盆嶺) 21호분 출토, 높이 24.0cm, 중국 호남성박물관 소장. [사진출처 : 九州國立博物館, 2010, 『馬:アジアを駆けた二千年』, 福岡: 九州國立博物館, p. 31, 圖 16]

도 7-15　금동등자, 신라 6세기, 경주 천마총 출토, 길이 28.5cm, 국립경주박물관 소장.

도 7-16　철제금은상감호등, 통일신라 8-10세기, 전 평산 출토, 높이 24.4cm, 국립중앙박물관 소장.

도 7-17　청동옻칠호등, 신라, 전 경주 황오동 출토, 높이 15.0cm, 국은 이양선 기증품, 국립경주박물관 소장, 보물.

도 7-18　금동행엽, 신라 5세기, 경주 계림로 14호분 출토, 길이 13.5cm, 국립경주박물관 소장.

도 7-19　소모양토우, 신라 5-6세기, 경주 황남동 출토, 최대 길이 9.5cm, 국립중앙박물관·국립경주박물관 소장.

도 7-20　소가 끌고 있는 수레, 고구려 5세기, 중국 길림성 집안시 무용총. [사진출처 : 국립현대미술관, 1993, 『아! 고구려: 1,500년전 集安 고분 벽화전』, 서울: 조선일보사]

도 7-21　수렵도 중 사슴 사냥, 고구려 5세기, 중국 길림성 집안시 무용총. [사진출처 : 김리나 책임편집, 2005, 『세계문화유산 고구려고분벽화』, ICOMOS 한국위원회·문화재청, p. 79]

도 7-22　수렵문전돌 중 사슴 사냥, 신라 7-8세기, 전 경주 흥륜사지 출토, 현존 길이 32.5cm, 너비

16.0cm, 국립경주박물관 소장.

도 7-23 **사슴모양토우**, 신라 5-6세기, 경주 황남동 출토, 길이 9.1cm, 국립중앙박물관 소장.

도 7-24 **사슴장식항아리 / 쌍록장식광구소호**(雙鹿裝飾廣口小壺), 가야, 전 경남 출토, 높이 15.7cm, 국립중앙박물관 소장.

도 7-25 **토끼모양토우**, 신라 5-6세기, 경주 황남동 출토, 높이 2.2cm, 국립중앙박물관 소장.

도 7-26 **원숭이모양토우**, 신라 5-6세기, 경주 황남동 출토, 높이 3.8cm, 국립중앙박물관 소장.

도 7-27 **청자원숭이모양연적**, 고려 12세기, 높이 10.0cm, 간송미술관 소장. ⓒ간송미술문화재단.

도 7-28 **오리모양토기**, 삼국시대, 대구 달성군 출토, 높이 16.5cm(왼쪽), 15.5cm(오른쪽), 국립중앙박물관 소장.

도 7-29 **왕비의 목제두침**, 백제 6세기, 공주 무령왕릉 출토, 길이 40.0cm, 높이 33.7cm, 국립공주박물관 소장, 국보.

도 7-30 **물고기모양토우**, 신라 5-6세기, 경주 황남동 출토, 길이 5.9-6.6cm, 국립중앙박물관 소장.

도 7-31 **개구리를 잡아먹는 뱀이 장식된 토기뚜껑**, 신라 5-6세기, 경주 월성로 11-1호분 출토, 높이 11.0cm, 국립경주박물관 소장.

도 7-32 **어류, 자라, 게가 장식된 토기뚜껑**, 신라 5-6세기, 경주 황남동 출토, 길이 6.6-7.3cm, 국립중앙박물관 소장.

도 7-33 **거북이장식 토기뚜껑**, 신라 5-6세기, 경주 황남동 출토, 뚜껑 높이 7.0cm, 거북이 길이 6.1cm(오른쪽), 국립중앙박물관 소장.

도 7-34 **백제금동대향로**, 백제 7세기, 부여 능산리사지 출토, 높이 62.5cm, 입지름 19.0cm, 국립부여박물관 소장, 국보.

도 8-1 **토우장식장경호**, 신라 5-6세기, 경주 미추왕릉지구 출토, 높이 34.0cm, 국립경주박물관 소장, 국보.

도 8-2 **토우장식고배**, 신라 5-6세기, 전체 높이 20.3cm, 동원 이홍근 기증품, 국립중앙박물관 소장.

도 8-3 **토우장식고배(도 8-2)의 사냥꾼**, 사냥꾼 높이 8.8cm, 국립중앙박물관 소장.

도 8-4 **토제기마인물상(도 2-14) 중 공자상**, 신라 6세기, 경주 금령총 출토, 전체 높이 23.4cm, 길이 29.4cm, 국립중앙박물관 소장, 국보.

도 8-5 **철제투구와 목가리개**, 신라 5세기, 경주 쪽샘 C10호분 출토, 전체 길이 108.0cm, 국립경주문화재연구소 소장.

도 8-6 **토제기마인물상**, 신라, 경주 출토, 높이 15.0cm, 길이 13.5cm, 국립중앙박물관 소장.

도 8-7 **토제기마인물상**, 삼국, 높이 23.2cm, 바닥 지름 9.2cm, 길이 13.1cm, 너비 14.7cm, 국은 이양선 기증품, 국립경주박물관, 국보.

도 8-8   은제도금오화형접시, 중국 당 9세기, 중국 섬서성 서안시 법문사(法門寺)탑 지궁 출토, 입지름 11.1cm, 높이 1.9cm, 중국 법문사박물관 소장. [사진출처 : 張延皓 主編, 1990,『法門寺』, 西安: 中國陝西旅遊業出版社, p. 142-上]

도 8-9   은제도금다연, 중국 당 9세기, 중국 섬서성 서안시 법문사(法門寺)탑 지궁 출토, 바다 길이 27.5cm, 원반 지름 8.8cm, 중국 법문사박물관 소장. [사진출처 : 京都文化博物館, 1994,『大唐長安展』, 京都: 京都文化博物館, p. 236, 圖 222]

도 8-10 주령구(복제품), 신라 7-9세기, 경주 안압지 출토, 높이 4.8cm, 국립경주박물관 소장.

도 8-11 은제도금논어주령주, 중국 당, 중국 강소성 진강시 정묘교교장(丁卯橋窖藏) 출토, 길이 20.1cm, 폭 1.4cm, 중국 진강시박물관 소장. [사진출처 : 楊伯達 主編, 2004,『中國金銀玻璃琺琅器全集 2 金銀器(二)』, 石家莊: 河北美術出版社, p. 43, 도 83]

도 8-12 무용도, 고구려 5세기, 중국 길림성 집안시 무용총. [사진출처 : 김리나 책임편집, 2005,『세계문화유산 고구려고분벽화』, ICOMOS 한국위원회·문화재청, p. 81]

도 8-13 백제금동대향로(도 7-34)의 완함(阮咸) 연주자 세부, 백제 7세기, 국립부여박물관 소장.

도 8-14 백제금동대향로(도 7-34)의 슬(瑟) 연주자 세부, 백제 7세기, 국립부여박물관 소장.

도 8-15 신라금(新羅琴), 통일신라 8세기, 길이 154.2cm, 양이두 폭 37.0cm, 반대쪽 폭 30.6cm, 일본 쇼소인(正倉院) 소장. ⓒThe Shosoin Treasure

도 8-16 금동사리내함 내부 피리를 연주하는 천인상, 신라 7세기 후반, 경주 감은사 터 서탑 출토, 국립경주박물관 소장, 보물.

도 8-17 금동사리내함 내부 당비파를 연주하는 천인상, 신라 7세기 후반, 경주 감은사 터 서탑 출토, 국립경주박물관 소장, 보물.

도 8-18 가야금을 연주하는 토우, 신라 5-6세기, 높이 13.0cm, 국립중앙박물관 소장.

도 8-19 비파를 연주하는 토우, 신라 5-6세기, 높이 12.0cm, 국립경주박물관 소장.

도 8-20 피리를 연주하는 토우, 신라 5-6세기, 경주 황남동 출토, 높이 11.8cm, 국립중앙박물관 소장.

도 8-21 노래하는 토우, 신라 5-6세기, 높이 18.0cm, 국립경주박물관 소장.

도 8-22 가면 쓴 남자 토우, 신라, 5-6세기, 경주 황남동 출토, 높이 5.5cm, 국립중앙박물관 소장.

도 8-23 학춤에 사용하는 학탈을 쓴 인물 토우, 신라 5-6세기, 경주 황남동 출토, 높이 5.0cm, 국립중앙박물관 소장.

도 8-24 평안감사향연도(平壤監司饗宴圖)의 세부, 전 김홍도(金弘道, 1745-?년), 조선 후기, 세로 71.2cm, 가로 196.9cm, 국립중앙박물관 소장.

도 8-25 팔다리를 뻗고 통곡하는 남자 토우, 신라 5-6세기, 높이 4.0cm, 국립중앙박물관 소장.

도 8-26 인물 토우, 신라 5-6세기, 경주 출토, 높이 9.2cm, 국립중앙박물관 소장.

도 8-27 성교중인 남녀 토우, 신라 5-6세기, 길이 6.1-7.8cm, 국립중앙박물관 소장.

도 8-28   토우장식 장경호(도 4-10)의 성교중인 남녀 토우 세부, 신라 5-6세기, 경주 미추왕릉지구 출토, 국립경주박물관 소장, 국보.

도 8-29   명활산성작성비, 신라 551년, 경주 명활산 출토, 높이 65.0cm, 국립경주박물관 소장.

도 8-30   남산신성비 제2비, 신라 591년, 경주 남산 출토, 높이 120.0cm, 너비 44.0cm, 국립경주박물관 소장.

도 8-31   임신서기석, 신라 552년 / 612년, 경주 석장동 출토, 높이 32.0cm, 국립경주박물관 소장, 보물.

도 8-32   준구조선 형식의 배모양토기, 신라 5세기, 길이 28.6cm, 이건희 기증품, 국립중앙박물관 소장.

도 8-33   배모양토기, 가야, 길이 27.9cm, 리움미술관 소장, 보물.

도 9-1   성덕대왕신종 종각 전경, 국립경주박물관 소재.

도 9-2   성덕대왕신종, 통일신라 771년, 높이 3.658m, 국립경주박물관 소장, 국보.

도 9-3   풍경, 현대, 지리산 화엄사. ⓒ주경미

도 9-4   만종(L'Angélus), 장 프랑수와 밀레(Jean François Millet, 1814-1875년), 프랑스 1859년, 세로 55.5cm, 가로 66.0cm, 프랑스 파리 오르세미술관 소장. ⓒMusé e d'Orsay, Dist. RMN-Grand Palais / Patrice Schmidt - GNC Media, Seoul, 2023

도 9-5   영락대종, 중국 명 15세기, 높이 6.75m, 입지름 3.3m, 중국 북경시 대종사고종박물관(大鐘寺古鐘博物館) 소장. ⓒ주경미

도 9-6   차르 황제종, 러시아 1733-1735년, 높이 6.14m, 입지름 6.6m, 러시아 모스크바 크렘린 소장. ⓒ박성파

도 9-7   테레사 종(Therese Bell), 프랑스 1936년, 높이 58.0cm, 지름 60.0cm, 음성 감곡성당 매괴박물관 소장. ⓒ주경미

도 9-8   청동방울, 청동기시대, 종방울 높이 11.5cm, 국립중앙박물관 소장.

도 9-9   금동석장두, 고려, 높이 28.6cm, 호림박물관 소장.

도 9-10   금동요령, 고려 10-11세기, 높이 20.6cm, 지름 6.6cm, 순천 송광사성보박물관 소장, 보물.

도 9-11   함통6년명 청동반자, 신라 865년, 지름 31.5cm, 국립중앙박물관 소장, 보물.

도 9-12   무당방울, 현대, 길이 23.0cm, 김업순 무당 관련 기증자료, 국립민속박물관 소장.

도 9-13   금제방울, 신라 6세기, 경주 금령총 출토, 지름 1.4cm, 국립중앙박물관 소장.

도 9-14   범종의 세부 명칭.

도 9-15   성덕대왕신종(도 9-2)의 명문 세부, 통일신라 771년, 국립경주박물관 소장.

도 9-16   1915년 성덕대왕신종의 이운 장면.

도 9-17   1975년 5월 27일 성덕대왕신종의 이운 장면.

도 9-18   상원사종, 신라 725년, 높이 167.0cm, 오대산 상원사 소장, 국보.

도 9-19 **선림원지 범종 파편**, 신라 804년, 현재 높이 90.0cm, 국립춘천박물관 소장.
도 9-20 **청녕4년명 종**, 고려 1058년, 전체 높이 83.2cm, 국립중앙박물관 소장.
도 9-21 **연복사종**, 고려 1346년, 높이 320.0cm, 개성 남문 소재.
도 9-22 **묘신지종**, 일본 698년, 높이 151.0cm, 일본 교토(京都) 묘신지(妙心寺) 소장. [사진출처 : 杉山 洋, 1995, 『梵鐘』日本の美術 355, 圖 2]
도 9-23 **경룡관종**, 중국 당 711년, 높이 247.0cm, 중국 비림박물관 소장. ⓒ주경미

도 10-1 **국립경주박물관 노출 전시 공간 1**, 신라역사관 중앙로비.
도 10-2 **국립경주박물관 노출 전시 공간 2**, 신라역사관 내부.

저자약력

진주여자고등학교와 서울대학교 문리과대학 사학과를 졸업했다. 일본 릿쿄대학(立敎大學)과 미국 하와이대학 박물관학 과정을 이수했으며, 단국대학교 사학과에서 박사학위를 받았다. 1957년부터 1993년까지 36년간 국립박물관에 재직했으며, 국립중앙박물관 미술부장과 국립경주박물관 관장 등을 역임했다. 1993~2000년 동아대학교 인문대학 고고미술사학과 교수로 재직했으며, 2000~2006년에는 동 대학에서 초빙교수를 지냈다. 2009년 박물관학을 정립하고 박물관 유물관리와 보존과학을 체계화한 공적으로 보관문화훈장을 받았다.

저서로는 『博物館學入門』(1973), 『신라의 토우』(1976), 『韓國의 銅鏡』(1983), 『韓國古代金屬工藝硏究』(1992), 『부처님 모시고 가는 당나귀』(1993), 『한국 고대의 금속공예』(2000), 『高麗鏡 硏究』(2003), 『박물관 창고지기』(2005), 『博物館學』(2008) 등이 있다.